21世纪高职高专教学改革规划教材 · 会计类

纳税实务

面向企业办税员岗位

（第二版）

舒文存 主编
程竞 汤长胜 袁原 副主编

Nashui Shiwu

Mianxiang Qiye Banshuiyuan Gangwei

东北财经大学出版社
Dongbei University of Finance & Economics Press
大连

图书在版编目（CIP）数据

纳税实务：面向企业办税员岗位 / 舒文存主编. —2版. —大连：东北财经大学出版社，2017.2（2017.8重印）
（21世纪高职高专教学改革规划教材·会计类）
ISBN 978-7-5654-2568-4

Ⅰ. 纳… Ⅱ. 舒… Ⅲ. 纳税-税收管理-中国-高等职业教育-教材 Ⅳ. F812.423

中国版本图书馆CIP数据核字（2017）第025045号

东北财经大学出版社出版
(大连市黑石礁尖山街217号 邮政编码 116025)
网 址：http://www.dufep.cn
读者信箱：dufep@dufe.edu.cn

大连雪莲彩印有限公司印刷 东北财经大学出版社发行

幅面尺寸：185mm×260mm 字数：411千字 印张：17.25 插页：1
2017年2月第2版 2017年8月第4次印刷

责任编辑：张旭凤 魏 巍 田玉海 龚小晖 责任校对：思 齐
封面设计：冀贵收 版式设计：钟福建

定价：30.00元

教学支持 售后服务 联系电话：（0411）84710309

如有印装质量问题，请联系营销部：（0411）84710711

第二版前言

经国务院批准，自2016年5月1日起，在全国范围内全面推开营业税改征增值税（简称营改增）试点，建筑业、房地产业、金融业、生活服务业全部纳入试点范围，由缴纳营业税改为缴纳增值税。《关于全面推开营业税改征增值税试点的通知》中的四个文件——《营业税改征增值税试点实施办法》、《营业税改征增值税试点有关事项的规定》、《营业税改征增值税试点过渡政策的规定》和《跨境应税行为适用增值税零税率和免税政策的规定》——全面规定了建筑业、房地产业、金融业、生活服务业加入试点后的方案内容。同时，财政部、国家税务总局对消费税等税种也作了相关修订。

本次修订增加了全面实施营改增的内容，对消费税和资源税调整的内容进行了更新。主要变动部分为：删除了第一版中的“项目四　营业税纳税实务”；在“项目二　增值税纳税实务”中增加了本次营改增的内容；《中华人民共和国企业所得税月（季）度预缴纳税申报表》采用2015年版；删除了第一版中的“项目十　税务征收管理”，同时在“项目一　开篇：税收基础”中增加了“任务四　纳税基本程序”；增加了“五证合一”和金税三期工程等内容。

本次修订仍由安徽工商职业学院舒文存担任主编，安徽国际商务职业学院程竞、安徽工商职业学院汤长胜、江苏宏信控股集团袁原担任副主编。本书共设置了11个项目，各项目编写分工如下：汤长胜编写了项目一、九；舒文存编写了项目二、三、四；程竞编写了项目五；袁原编写了项目六、七；安徽工商职业学院刘玥编写了项目八、十；安徽中盛现代商务有限责任公司周红梅编写了项目十一。全书最后由舒文存总纂定稿，由王辉教授担任主审。

本书是安徽省会计示范实习实训中心项目和安徽省地方技能型高水平大学建设项目子项目品牌课程建设——“纳税岗位实务”（项目主持人均为舒文存）的阶段性建设成果之一。

在本次修订过程中，作者整理了部分相关教学资源，如有需要，请登录东北财经大学出版社网站（www.dufep.cn）下载。

本书在修订过程中参考了大量书刊，同时得到了安徽中锐税务师事务所李锐所长的大力指导，在此一并致以诚挚的谢意。由于作者水平有限，书中难免存在疏漏，请广大读者批评指正。

编　者

2016年12月

第一版前言

高等职业教育教学改革的深化对职业院校的办学定位和人才培养提出了以服务为宗旨、以就业为导向，培养社会需求的技能型人才的目标要求。更新教学内容、改进教学方法是改革中应探索的重要课题之一。其中，职业教育教材建设是题中之义和基础环节。为此，我们组织高职院校教学一线的老师和企业资深的财务工作者一起编写了《纳税实务——面向企业办税员岗位》一书。该书既可作为高等职业院校经济类专业学生税收课程的教材，也可作为经济管理部门工作者、社会大众学习税收内容的参考和实操手册。本书在编写指导思想、内容呈现方式，甚至教育教学方法等方面都具有一定的创新性。相比于同类教材，本书具有以下特色：

（1）定位明确。不完全拘泥于专业课程的逻辑、时空知识体系，以纳税基础与实务为主线，分项目、按任务、分税种将纳税的基础知识、基本原理进行提纲挈领式的提炼、归纳，形成纳税理论知识纲目和实际运用操作技巧，满足财会、理财等经济类专业学生学习纳税理论、纳税实务的基本需求。

（2）注重实用。首先，本书按照为生产、建设、管理、服务第一线培养高技术应用型专门人才的要求，对税收理论作概括性的简要介绍，不占用大量的篇幅，淡化理论，以够用为度，注重分析、阐释新税制下主要税收征管品种的征管范围、税率、纳税计算办法、申报方法等实际操作技能，达到学以致用。其次，本书从高职高专学生的学习特点出发，知识和目标要求简明扼要，力求精练、易于理解。最后，本书强化实践，针对所学的税法规定，给出了技能训练材料，并通过反复演练，增强实用性和针对性。

（3）内容新颖。首先，在税法规定和纳税实务案例分析中，我们大量运用了新税制下税收研究及实践的最新成果，力求达到为实践服务的目标要求。其次，书中涉及的法律、法规尽可能以最新颁布的税法为准（2014年8月前），紧跟税收制度改革的步伐和征管方式的改变，特别增加了营业税改征增值税试点改革和网上纳税申报的内容，以保证教材内容与现行法律、法规的一致。最后，在编写体例上，我们尝试性地进行了多项创新，按项目设置篇目，在每一个项目的开篇设置了知识目标、技能目标和案例导读，由案例引出问题，由问题进入每一种税的纳税操作；同时，为了巩固、强化学生的基本知识和基本技能，在每一个项目的结尾，还配有复习思考题、技能训练题和实务操作题等内容。

（4）校企合作编写。本书作者分别来自高职院校专业教学第一线和企业，能够很好地将课堂理论教学和企业纳税实务两者有机结合起来，充分体现了校企合作的理念，使理论教学在更大程度上接近实务操作处理。

本书为安徽省重大教学改革研究项目（项目号No.2013zdjy169）和安徽省会计示范实习实训中心项目建设阶段性成果之一。

本书由安徽工商职业学院舒文存担任主编，安徽国际商务职业学院程竞、安徽工商职业学院汤长胜、江苏宏信控股集团袁原担任副主编。本书共设置12个项目，各项目编写分工如下：汤长胜编写项目一、十；舒文存编写项目二、三、五；程竞编写项目四、六；袁原编写项目七、八；刘玥编写项目九、十一；安徽中盛现代商务有限责任公司周红梅编写项目十二。全书最后由舒文存总纂定稿，由王辉教授担任主审。

本书在编写过程中参考了大量的书刊和资料，同时，得到了安徽中锐税务师事务所李锐所长的大力指导，在此一并致以诚挚的谢意。由于作者水平有限，书中难免存在疏漏，敬请广大读者批评指正。

编　者

2014年8月

目 录

项目一　开篇：税收基础

知识目标

- ▶ 理解税收的含义、特点。
- ▶ 掌握税收制度的构成要素。
- ▶ 熟练掌握税收的各种分类方法。

技能目标

- ▶ 熟练掌握纳税申报基本程序。

案例导读

2015年1月28日，国家税务总局召开2015年第一次新闻通报会，通报2014年税收收入任务完成情况和推进税收现代化、营改增、税务行政审批制度改革、打击税收违法犯罪等工作进展情况，并公布2015年推出的10项税收管理改革创新举措。

国家税务总局新闻发言人、办公厅副主任、中国税务报社社长郭晓林介绍了2014年税务部门打击税收违法犯罪行为取得的成效。2014年，全国税务系统加大力度，打击税收违法犯罪行为，共入库税款查补收入1 722亿元，同比增长21.4%。

重大税收违法案件查处力度明显增强。2014年，税务总局继续保持对各类税收违法活动的高压态势，重点打击虚开增值税专用发票、骗取出口退（免）税和偷逃税等违法活动，查办了一大批重大税收违法案件，打击了涉税违法活动的嚣张气焰。2014年，全国税务部门查处百万元以上案件7 302件，同比增长9.5%；查补税款386亿元，同比增长24.5%。

税收专项检查和重点税源企业轮查扎实推进。2014年，税务总局开展了房地产及建筑安装企业、办理出口退（免）税企业、股权转让的单位和个人等三项指令性检查，以及地方商业银行、“高污染、高能耗”和产能过剩企业、高收入者个人所得税等三项指导性检查。各地还对虚开、骗税违法行为易发、多发地区，农产品收购、矿产品和成品油购销企业较集中地区，“营改增”试点行业较集中地区开展区域税收专项整治。同时，加大对高风险重点税源企业的轮查力度。

税务稽查专项行动战果丰硕。2014年，税务总局组织实施了打击虚开增值税专用发票专项行动、打击骗取出口退（免）税专项行动、营改增试点行业专项稽查、石油石化产品消费税专项检查等四个专项行动。其中，会同公安部、海关总署开展打击骗取出口退税专项行动，挽回国家税收损失36亿元；打击虚开增值税专用发票专项行动，查处案件7 889件，查补收入102亿元，向公安机关移送案件3 073件，检察机关起诉犯罪嫌疑人2 188人；开展了针对石油石化企业及地方炼油企业的成品油消费税专项检查，查补收入65亿元。

打击发票违法犯罪活动持续深入。全国共查处各类发票违法案件9.9万起，查获非法发票6 005万份，抓获犯罪嫌疑人5 818人。其中，税务机关查处违法企业9.6万户，涉及非法发票581万份，挽回税收损失129亿元。

资料来源 佚名. 国家税务总局：2014年税收违法犯罪案件涉税1 722亿元［EB/OL］.［2015-01-29］. http://www.kuaiji.com/news/2196583.

请问：(1) 什么是税收?

(2) 看了以上新闻，你有何感想?

(3) 该新闻报道折射出企业家在经营过程中面临什么样的税收法律风险?

任务一 认知税收

一、税收的含义

税收是国家为了实现其职能，满足向社会提供公共产品或公共服务的需要，凭借其政治权力，按照法定标准，强制参与社会产品分配的一种财政收入形式。税收是一个古老的经济范畴，在历史上又称为赋税、捐税，是经济社会发展到一定阶段的产物，它随着国家的产生而产生，随着国家的发展而发展，并随着国家的消亡而消亡。

市场经济条件下的税收概念可以从以下几个方面来理解：

1.征税的主体是国家

税收法律由国家制定，征税活动由国家组织进行，税收收入由国家支配管理。因此，征税的主体是国家，政府具体行使征税权。除了政府之外，任何机构和团体都无权征税。

2.征税依据是政治权力

国家征税的依据是其政治权力，这种政治权力是社会全体成员集体让渡或授予政府的，政府凭借这种权力征税。没有国家的政治权力作为依托，征税就无法实现。

3.征税的目的是满足社会公共需要

国家既是社会公共产品的提供者，又是公共财产的所有者。国家提供的公共产品能使社会成员普遍受益，不具有排斥性，因此其公共支出一般不可能采取自愿出价的方式，而只能采取强制征税的方式。这包括两个方面的含义：一方面说明国家征税的目的是满足国家提供公共产品的财政需要，既包括保证实现政府职能的需要，也包括执行某些社会职能的需要，这些统称为社会公共需要，如国防、外交、司法、公安、行政管理以及普及教育、卫生保健、基础科学研究和生态环境保护等；另一方面说明国家征税要受到所提供公共产品的制约。

4.税收是国家财政收入的主要形式

在现代经济社会，国家财政收入除了税收以外，还有国有资产收益、收费收入、债务收入等多种形式。其中，国有资产收益是指国家凭借国有资产的所有权获得的利润、租金、股息，红利、资金使用费等收入的总称；收费收入是指国家政府机关或事业单位在提供公共服务、实施行政管理或提供特定公共设施的使用时，向受益人收取的一定费用；债务收入是指国家作为债务人，以债券的形式向国内外居民或经济组织发行公共债务取得的收入。在上述各种财政收入形式中，税收是财政收入的主要形式，也是各国财政收入最可靠的来源。

5.税收分配的客体是社会剩余产品

社会产品由三部分构成：一是生产资料耗费的补偿价值（C）；二是劳动力价值（V）；三是剩余产品价值（M）。税收建立在剩余产品分配的基础上，主要靠取得剩余产品来满足。

6.税收必须借助法律形式进行

税收必须借助法律形式来实施。国家只有运用法律的权威，才能把税收秩序有效建立起来；也只有通过法律形式，才能保证国家及时、足额地取得税收收入。

二、税收的基本特征

税收具有强制性、无偿性和固定性三个基本特征，也称税收的“三性”，这是税收在不同社会制度下所具有的共同特征。

1.强制性

税收的强制性是指国家以法律为依据，凭借其拥有的政治权力，对税法规定的负有纳税义务的单位和个人征税，任何单位和个人都必须依法纳税，否则就要受到国家法律的制裁。正是由于税收的强制性，才使得税收成为国家取得财政收入的一种最有效、最普遍的形式。税收的强制性可以从以下几个方面理解：

（1）税收的强制性来自政府公共权力的强制性。

（2）税收的强制性与生产资料的占有没有直接关系。

（3）税收的强制性必须通过法律形式加以规范和约束。

2.无偿性

税收的无偿性体现在国家参与社会产品分配的过程中，国家通过税收形式参与社会产品的分配，使这部分社会产品的价值单方面向国家转移。也就是说，国家征税以后，税款即为国家所有，国家既不需要偿还，也不需要直接对纳税人付出任何代价。

需要注意的是，税收的无偿性是相对的。从财政活动的整体来考虑，税收的无偿性与财政支出的无偿性是并存的。实际上，政府从社会取得的一切税款都会通过财政支出直接或间接地返还给社会，这就体现了有偿性的一面，但这种返还绝不是对每个纳税人所缴税款的对等补偿，而是从社会公共需要出发集中统一支配。

3.固定性

税收的固定性是指国家在征税前以法律的形式，预先规定了对什么征税及其征收比例等税制要素，征收标准具有法律效力，只要税法不修改，任何人都不能改变征收标准。国家只能按照规定的标准向纳税人征税，纳税人只要发生了应税行为，就必须按预定标准纳税。税收的固定性既有利于保证国家财政收入的稳定，又有利于维护纳税人的合法权益。

税收的“三性”是税收区别于其他财政收入形式的主要标志，是税收的本质特征。税收的“三性”是一个完整的统一体，它们相辅相成，缺一不可。无偿性是税收这种特殊分配手段本质的体现，强制性是实现税收无偿征收的有力保证，固定性是无偿性和强制性的必然要求。只有同时具备这三个基本特征的财政收入形式才是税收，缺少任何一个基本特征的财政收入形式，可能是财政收入的一种形式，但绝对不是税收。

任务二 税收的职能、作用和法律关系

一、税收的职能

税收的职能是指税收这种分配本身所固有的功能，它是指由税收本质所决定，存在于税收分配过程中的功能。税收的职能可以从两个方面来考察：一是税收作为政府提供公共产品、满足社会公共需要的价值补偿所具有的功能；二是税收作为政府履行职责的政策工具所具有的功能。因此，税收的职能可概括为组织财政收入职能、调节经济职能、反映监督职能。

1.组织财政收入职能

税收是国家强制地、无偿地取得财政收入的一种手段，是国家财政收入的保证。组织财政收入职能是税收最原始、最基本的职能。税收组织财政收入的职能是由税收的本质所决定的，正因为税收具有强制性、无偿性、固定性的特征，才使得它成为国家取得财政收入最直接、最有效、最可靠的手段。

2.调节经济职能

调节经济职能是指税收反作用于经济的职能，即税收在参与分配、组织财政收入的过程中，调节经济运行、协调经济比例、提高经济运行效率、服务于特定经济目标的能力。税收的调节经济职能有直接调节和间接调节两种：直接调节可以直接改变国民收入的分配比例；间接调节则是利用税收分配，改善纳税人或负税人的物质利益，以此诱导其按国家要求的方向调整自己的经营活动。税收发挥调节经济职能的直接依据是国家确定的一定时期的经济规划目标和经济政策，如产业政策、分配政策、投资政策、区域发展政策等。当然，决定调节经济功能发挥作用的最终依据是各种经济规律，只有国家确定的各项经济规划目标和经济政策符合客观经济规律，才能为税收调节经济职能的发挥提供前提和基础。

税收调节经济的范围相当广泛，覆盖了社会再生产的各个环节以及社会经济生活的各个角落，因此税收在国家调控经济的体系中居于重要地位，是掌握在国家手中的最重要的经济杠杆。

3.反映监督职能

反映监督职能是指税收对整个经济生活和税收征纳情况进行有效反映和监督的功能。税收在参与社会产品分配的过程中，涉及国民经济的各个部门和社会再生产的各个环节，税收的数量和构成必然反映出社会经济各个方面的状况、各部门的比例关系，以及社会再生产的各个环节是否协调。

税收还能反映纳税人的产品结构、销售状况、成本水平、企业纯收入等方面的信息，国家通过税务登记、税源调查与预测、纳税检查等，可以加强对纳税人经济活动的检查和监督，确保国家财政收入及时、足额入库。

税收反映监督职能的发挥，与税收自身的特点是分不开的。税收涉及面广、综合性强，无论是宏观经济数据还是微观经济中的问题，都会在税收上有所反映。因此，深入研究税收反映经济运行状况的信息指标，特别是一些先行指标，能为国家的经济决策提供更加科学、可靠的依据。

二、税收的作用

税收的作用是指税收的职能在一定的社会经济条件下反映出来的效应或效果，它是税收内在职能的外在表现，常常受社会客观条件以及具体税收制度的制约，不同的社会制度、生产力发展水平、经济运行模式，以及人们对税收作用的不同认识，都会影响税收作用的发挥，使得税收的具体作用在广度和深度上存在差异。下面我们主要分析社会主义市场经济条件下税收的作用。

1.配置资源

在社会主义市场经济条件下，市场对资源配置起主导作用，但市场不是万能的，它对资源配置也有局限性，经常会出现市场失灵（如无法提供公共产品，产生外部效应或自然垄断等）。这时就要通过税收保证公共产品的提供，以税收纠正外部效应，以税收调节具有自然垄断性质的企业和行业的生产，从而使资源配置更加有效。

2.调节需求总量

税收对需求总量进行调节，可以促进经济稳定，其作用主要表现在以下两个方面：

（1）运用税收对经济的内在稳定功能，自动调节总需求。例如，累进所得税制可以在需求过热时，随着国民收入的增加而自动提高课税，从而抑制过度的总需求；反之亦然。

（2）根据经济情况的变化，制定相机抉择的税收政策来保证经济稳定。在总需求过度导致通货膨胀时，通过扩大征税，如提高税率、增加税种、取消某些税收减免等，减少企业和个人的可支配收入，压缩社会总需求，从而达到稳定经济的目的；反之，在总需求下降导致经济萎缩时，通过减少征税，如降低税率、减少税种、增加某些税收减免等，增加企业和个人的可支配收入，刺激社会总需求，从而达到稳定经济的目的。

3.调节经济结构

在社会主义市场经济条件下，税收对改善国民经济结构发挥着重要作用，具体表现在以下几个方面：

（1）促进产业结构合理化。税收涉及面广，通过合理设置税种、确定税率，可以鼓励薄弱部门的发展，限制畸形部门的发展，落实国家的产业政策。

（2）促进产品结构合理化。根据国家的价格政策，运用高低不同的税率，调节产品之间的利润差别，从而促进产品结构合理化。

（3）促进消费结构合理化。通过对生活必需品和奢侈品采取区别对待的税收政策，促进消费结构合理化。

4.调节收入分配

在社会主义市场经济条件下，由市场决定的分配机制不可避免地会拉大收入分配差距，通过税收调节收入分配，可以缩小这种收入差距。税收在调节收入分配方面的作用具体表现在以下两个方面：

（1）公平收入分配。征收个人所得税、遗产税等，可以适当调节个人间的收入水平，缓解社会分配不公的矛盾，促进经济发展和社会稳定。

(2) 鼓励平等竞争。在市场机制失灵的情况下，价格、资源等外部因素引起的不平等竞争需要通过税收进行合理调节，从而创造平等竞争的经济环境，促进经济的稳定发展。

5.保护国家权益

税收是对外开放过程中保护国家权益的重要手段。税收在这方面的作用，主要体现在以下几个方面：

(1) 根据独立自主、平等互利的原则，与各国进行税收谈判，签订避免双重征税协定，从而发展我国的对外贸易，促进国际经济往来。

(2) 根据国家经济建设发展的需要，对进口商品征收进口关税，从而保护国内市场和幼稚产业，保证国家的经济独立和经济利益。

(3) 根据我国的实际情况，对某些出口产品征收出口关税，从而限制国内紧缺资源的外流，保证国内生产、生活的需要。

(4) 为了扩大出口，实行出口退税制度，鼓励国内产品走向国际市场，增强出口产品在国际市场上的竞争力。

(5) 根据发展生产和技术进步的需要，实行税收优惠政策，鼓励引进国外资金、技术和设备，从而加速我国经济的发展。

(6) 对外国人和外国企业来源于我国的收入和所得征收所得税，以维护国家主权和利益。

6.监督经济活动

在社会主义市场经济条件下，在根本利益一致的基础上，仍然存在着整体利益与局部利益、长远利益与眼前利益的矛盾，因此必须加强税收监督，督促纳税人依法履行纳税义务，从而保障社会主义市场经济的健康发展。税收在这方面的作用，具体表现在以下几个方面：

(1) 保证税收组织财政收入任务的圆满完成。在经济生活中，纳税人偷逃税款的现象经常会出现，为了保证国家财政收入不受损失，必须加强税收监督，严肃税收法令和纳税纪律，这样才能保证税收组织财政收入任务的顺利完成。

(2) 保证经济杠杆作用的充分发挥。通过税收监督，国家可以了解税收政策的效应，有利于保证税收活动同整个宏观经济的运行相吻合，从而更好地发挥税收调节经济的作用；同时，将收集到的税收信息及时传递给企业，可以使税收更好地发挥促进企业加强经济核算、提高经济效益的作用。

(3) 保证税收法律的正确贯彻执行。通过税收监督，可以揭露、制止和查处违反国家税法的行为，提高纳税人依法纳税的自觉性，从而保证国家的税收法律得到贯彻执行。

(4) 保证社会经济运行的良好秩序。通过税收监督，积极配合公安、司法、工商行政管理等部门，严厉打击各类违法犯罪行为，可以自觉维护社会主义财经纪律，保证社会经济运行的良好秩序。

三、税收法律关系及税收与税法的关系

税法是国家法律的重要组成部分，它以宪法为依据，是调整国家与社会成员在征税上的权利与义务关系、维护社会经济秩序、保障国家利益和纳税人合法权益的法律规范的总称，是国家税务机关及一切纳税单位和个人依法征税、依法纳税的行为规则。

(一) 税收法律关系

国家征税与纳税人纳税在形式上表现为利益分配的关系，但经过法律明确双方的权利与义务后，这种关系实质上已经上升为一种特定的法律关系。了解税收法律关系，对于正确理解国家税法的本质，严格依法纳税、依法征税都具有重要的意义。

从整体上看，税收法律关系与其他法律关系一样，都是由权利主体、权利客体和税收法律关系的内容三个方面构成的，但从这三个方面的内涵来看，税收法律关系则具有特殊性。

1.权利主体

权利主体即税收法律关系中享有权利和承担义务的当事人。在我国的税收法律关系中，权利主体一方是代表国家行使征税职责的国家税务机关，包括国家各级税务机关、海关和财政机关；另一方是履行纳税义务的人，包括法人、自然人和其他组织，在我国的外国企业、组织、外籍人、无国籍人，以及在我国虽然没有机构、场所，但有来源于我国境内所得的外国企业或组织。这种对税收法律关系中权利主体另一方的确定，在我国采取的是属地兼属人的原则。在税收法律关系中，权利主体双方的法律地位平等，只是因为权利主体双方是管理者与被管理者的关系，但是双方的权利与义务并不对等，这是税收法律关系的一个重要特征。

2.权利客体

权利客体即税收法律关系主体的权利、义务共同指向的对象，也就是征税对象。例如，所得税法律关系客体是生产经营所得和其他所得；财产税法律关系客体是财产等。税收法律关系客体也是国家利用税收杠杆调整和控制的目标，国家在一定时期根据客观经济形势发展的需要，通过扩大或缩小征税范围调整征税对象，以达到限制或鼓励国民经济中某些产业、行业发展的目的。

3.税收法律关系的内容

税收法律关系的内容就是权利主体所享有的权利和应承担的义务，这是税收法律关系中最实质的东西，也是税法的灵魂。它规定了权利主体可以有什么行为、不可以有什么行为，以及若违反这些规定，必须承担什么样的法律责任。

税务机关的权利主要有依法征税、进行税务检查以及对违法者进行处罚；其义务主要是向纳税人宣传税法，提供纳税咨询与辅导，及时把征收的税款缴入国库，依法受理纳税人对税收争议的申诉等。

纳税义务人的权利主要有知情权、多缴税款申请退还权、延期纳税权、依法申请减免税权、申请复议和提起诉讼权等；其义务主要是按税法规定办理税务登记、进行纳税申报、接受税务检查、依法缴纳税款等。

(二) 税收与税法的关系

税法是国家权力机关及其授权的行政机关制定的调整税收关系的法律规范的总称。税法的调整对象就是税收关系，税法是实体性法律规范和程序性法律规范的统一体。在实际工作中，人们往往会忽视税收与税法之间密不可分的相互关系，从而导致违反税法规定随意征税或随意纳税的现象时有发生。

需要说明的是，税法与税收既相互区别，又相互联系。

二者的区别：税法体现的是国家与一切纳税单位和个人的税收权利与义务关系，而税收体现的是国家与纳税人之间的经济利益分配关系。

二者的联系：税法是税收的法律表现形式，税收则是税法确定的具体内容。税法与税收相互依赖、不可分割，离开了税法，税收的财政、经济职能就无从体现。无论是税务机关还是纳税人，违反税法规定做出的征、纳税行为都是违法行为。

任务三 税收法律体系与税收制度

一、税收法律体系

（一）我国现行税收法律体系的内容

我国现行税收法律体系由税收实体法体系和税收程序法体系构成。

1.税收实体法体系

税收实体法是规定税收法律关系主体的实体权利、义务的法律规范的总称。其主要内容包括纳税人、征税对象、计税依据、税目、税率、减免税等，是国家向纳税人行使征税权和纳税人负担纳税义务的要件。只有具备这些要件，纳税人才负有纳税义务，国家才能向纳税人征税。税收实体法直接影响国家与纳税人之间权利与义务的分配，是税法的核心部分，没有税收实体法，税法体系就不能成立。由于各税种开征的目的不同，因此国家一般按单个税种立法，一税一法，从而使征税具有明确的操作标准和法律依据。

从税制改革、建设的角度来看，我国税收法治的进程大体上有以下几个阶段：

（1）1978—1982年，适应改革开放的要求，总结、反思新中国成立以来税制建设的经验教训，探讨建设适应经济改革的税收制度。

（2）1983—1991年，税制改革全面展开，实行“利改税”和全面的工商税制改革，建立健全外商投资企业所得税法律制度。

（3）1992—1993年，适应社会主义市场经济改革方向，提出并论证分税制改革的目标。

（4）自1994年1月1日起，全面推行分税制改革，实现国税、地税两种体系。

（5）自2008年1月1日起，统一内外资企业所得税，这是我国所得税发展的里程碑式的标志。

（6）自2009年1月1日起，实施增值税转型改革，全面实行消费型增值税，燃油消费税同时实施，为积极应对金融危机，促进经济持续、健康、较快发展创造宽松的税收环境。

（7）自2016年5月1日起，我国全面推开营业税改征增值税试点，建筑业、房地产业、金融业、生活服务业等纳入试点范围，由缴纳营业税改为缴纳增值税，营业税逐步退出历史舞台。

现阶段，我国税收实体法体系按其性质和作用的不同，大致可以分为流转税法、所得税法、资源税法、财产税法、行为目的税法等。

2.税收程序法体系

税收程序法是税收实体法的对称，是指以国家税收活动中所发生的程序关系为调整对象的税法，是规定国家征税权行使程序和纳税人纳税义务履行程序的法律规范的总称。其主要内容包括税收确定程序、税收征收程序、税收检查程序和税务争议解决程序。税收程序法规定了如何具体实施税法，是税收法律体系的基本组成部分。

税务机关负责征收的税种的征收管理，按照《中华人民共和国税收征收管理法》（以下简称《税收征收管理法》）执行；海关负责征收的税种的征收管理，按照《中华人民共和国海关法》（以下简称《海关法》）及《中华人民共和国进出口关税条例》（以下简称《进出口关税条例》）等有关规定执行。

（二）我国现行税收法律体系的级次

我国现行税收法律由于制定机关不同，因此税收法律级次不同，法律效力也不同。

1.税收法律

税收法律是指由全国人民代表大会及其常务委员会制定的税法。全国人民代表大会及其常务委员会是享有立法权的国家最高权力机关，其制定的税法是税收法律体系中最高的法律级次，具有最高的法律效力，其法律地位和法律效力仅次于宪法，其他税收法规、规章不得与其抵触。

在我国现行税收法律体系中，属于税收法律的有：《中华人民共和国个人所得税法》（以下简称《个人所得税法》）、《中华人民共和国企业所得税法》（以下简称《企业所得税法》）、《中华人民共和国车船税法》（以下简称《车船税法》）、《税收征收管理法》、《海关法》等。

2.税收法规

税收法规是指国家最高行政机关根据其职权或国家最高权力机关的授权，依据宪法和税收法律，通过一定法律程序制定的有关税收活动实施的规定或办法。国务院是我国的最高行政机关，其制定的行政法规以国务院令公布实施，并报全国人大常委会备案。

在我国现行税收法律体系中，属于税收法规的有：《中华人民共和国个人所得税法实施条例》（以下简称《个人所得税法实施条例》）、《中华人民共和国增值税暂行条例》（以下简称《增值税暂行条例》）、《中华人民共和国消费税暂行条例》（以下简称《消费税暂行条例》）、《进出口关税条例》等。税收法规是目前我国税收立法的主要形式，其效力低于税收法律。

3.税务规章

税务规章是指国务院各部门根据法律和国务院的行政法规、决定、命令在本部门的权限内按照规定程序制定的规定、办法、实施细则、规则等规范性文件的总称。税务规章主要包括对有关税收法律、法规的具体解释，税收征收管理的具体规定、办法等，如《中华人民共和国增值税暂行条例实施细则》（以下简称《增值税暂行条例实施细则》）、《中华人民共和国海关进出口税则》（以下简称《海关进出口税则》），以及《税务部门规章制定实施办法》《征收个人所得税若干问题的规定》等。税务规章在全国范围内具有普遍适用效力，但不得与税收法律、税收法规相抵触。

4.税务行政规范

税务行政规范即通常所称的税收规范性文件，是指税务机关依照法定职权和规定程序，针对普遍的、不特定的对象做出的对征纳双方具有普遍约束力的、可反复适用的行为规则。从性质上说，税务行政规范多表现为行政解释，它是对税收法律、法规和规章的含义、界限以及税务行政中具体应用相关法律规范所做的说明。税务行政规范虽然不是法律的构成形式，但它是税务行政管理的依据，税务行政相对人也必须遵循。

二、税收制度

（一）税收制度的概念

税收制度简称税制，是国家规定的税收法令、条例和征收办法的总称。它既是税务机关向纳税人征税的法律依据和工作规程，也是纳税人履行纳税义务的法定准则。各国在采用税收形式组织财政收入时，都是按照本国税收制度的规定进行的。从狭义上看，税收制度的内容包括税种的设计、各个税种的具体内容等。从广义上看，税收制度的内容还包括税收征收管理制度等。一个国家制定什么样的税收制度，是由其生产力发展水平、生产关系的性质、经济管理体制以及税收应发挥的作用决定的。不同的社会制度或同一社会制度的不同历史发展时期，税收制度是不相同的或不完全相同的。符合客观经济规律的税收制度对生产力的发展可以起到促进作用，而违反客观经济规律的税收制度会阻碍社会生产力的发展。

（二）税收制度的作用

1.税收制度是处理税收分配关系的载体

税收是国家通过法律手段强制地、无偿地参与国民收入分配的一种分配形式。税收的多少取决于国民收入在纳税人和国家之间的分配比例，通过税款的征缴形成的国家同纳税人之间的经济关系就是税收的分配关系。

在社会主义市场经济条件下，不分经济性质，只要发生了应税收入、收益或行为，就应当依法纳税，否则就是违法。因此，税收是国家取得财政收入和调控经济运行的理想手段。

税收的分配作用是通过税收制度这一载体实现的，离开了税收制度，就无法进行理想的、科学的国民收入分配。因此，税收制度是处理税收分配关系的载体。要正确处理国家同纳税人的经济分配关系，就必须建立合理、完善的税收制度。

2.税收制度是实现税收作用的载体

一个国家要发挥税收的作用，包括取得财政收入，调节生产、消费、分配和不同经济成分的收入水平等，就必须制定理想的税收制度，并且有效率地执行税收制度。也就是说，税收作为国民收入的分配手段，必须借助税收制度这一载体，才能将其聚财和调控作用发挥出来。不同的税种、不同的税负水平、不同的征管范围，所产生的作用不同。例如，不同税负水平的个人所得税税制，体现了合理负担和调控贫富差距的作用；对遗产或赠与课税，体现了鼓励个人劳动致富的作用等。如果离开了税收制度的规定，税收的这些作用就只能是一种潜在的功能。因此，税收制度是税收作用的实现形式，只有建立合理、完善的税收制度，才能更好地发挥税收的作用。

3.税收制度是税收征纳的依据

税收是通过征税主体的征收活动和纳税主体的缴纳活动实现的。无论是作为征税主体的税务机关，还是作为纳税主体的纳税人，如果没有税收制度作为依据，税务机关和纳税人两方的责任、义务就都得不到明确，税收的征纳就难以做到科学、客观、公正、有序。因此，税收制度是税收征纳的依据。只有建立了科学的税收制度，才能实现税收征管的科学化；只有建立了理想的税收制度，才能实现理想的税收征收管理。同时，税收制度的建立也有利于提高税收征纳效率。

（三）税收制度的构成要素

税收制度的构成要素也称税法构成要素，即税收法律制度的组成要素。每个税种都有与其相对应的税收制度，尽管每个税种的税收制度都有着不同的内容和特点，但构成税制的要素是相同的。任何一部税法不仅要规定对什么征税、向谁征税、征多少税，还要规定征税程序和征管方法，这些就构成了税制的基本要素。税制的基本要素一般包括纳税义务人、征税对象、税目、税率、纳税环节、纳税期限、纳税地点、减税、免税、罚则等。其中，纳税义务人、征税对象、税率是税制的三个基本要素。

1.纳税义务人

纳税义务人简称纳税人，是指税法规定的直接负有纳税义务的单位和个人。每一种税都有关于纳税人的规定，即解决向谁征税的问题。如果纳税人不履行纳税义务，就应由该行为的直接责任人承担法律责任。所以，纳税人是税制的一个基本要素。

纳税人是缴纳税款的主体，纳税人既可以是法人，也可以是自然人。所谓法人，是指依法成立并能独立行使法定权利和承担法律义务的社会组织，如企事业单位、社团等。所谓自然人，是指依法在民事上享有权利、承担义务的人，包括本国公民和居住在本国的外国公民（即居民）。

纳税人不同于负税人。负税人是最终承受税收负担的单位和个人。纳税人与负税人可以是一致的，也可以是不一致的，关键在于纳税人缴纳税款后是否可以将税款转嫁给第三者负担。如果纳税人能够通过一定的途径将税款转嫁给别的单位或个人负担，这时纳税人就不再是负税人，如各种流转税；如果纳税人不能将税款转嫁给别的单位或个人负担，则纳税人同时也是负税人，如各种所得税。

纳税人也不同于扣缴义务人。扣缴义务人是税法规定的负有扣缴税款义务的单位和个人，其扣留纳税人应纳的税款并负责缴纳给税务机关。扣缴义务人必须按税法规定代扣税款，并按规定期限缴库。对于不履行扣缴义务的扣缴义务人，除限令其缴纳应扣的税款外，还要加收滞纳金或酌情处以罚金。

2.征税对象、税目

征税对象又称课税对象，是指对什么征税，即征税的标的物。每一种税都有其特定的征税对象。征税对象是一种税区别于另一种税的主要标志。征税对象规定了征税范围，决定了各个税种在性质上的差别和名称上的不同。例如，增值税、企业所得税分别以增值额、所得额为征税对象，税种的性质分别为流转税、所得税。

税目是税法中对征税对象分类规定的具体征税品种和项目，是对征税对象的具体化。税目体现了征税的广度。规定税目首先是为了明确各税种具体的征税范围，因为征税对象的规定比较笼统，如消费税的征税对象是应税消费品，到底哪些是应税消费品，还需要进行具体、详细的规定；其次是为了针对不同项目制定不同的税率，以体现国家的政策，如消费税税目中的酒又分为白酒、黄酒、啤酒等细目，税率也各不相同。

3.税率

税率是应纳税额与征税对象之间的比例关系，是计算应纳税额的尺度。税率体现了征税的深度。税率的高低直接关系到国家的财政收入和纳税人的负担水平，反映了国家经济政策的要求。所以，税率是税收制度的中心环节。我国现行税收制度中规定的税率形式有比例税率、累进税率和定额税率三种。

（1）比例税率。比例税率是对同一征税对象或同一税目，不论数额大小，都按规定的比例征税。这种税率主要适用于流转税类。

在具体运用上，比例税率又可分为：

①统一比例税率，即一个税种只规定一个税率，如企业所得税的税率。

②产品差别比例税率，即对不同产品使用不同的税率，如消费税的税率。

③地区差别比例税率，即对同一征税对象，不同地区使用不同的税率。

④幅度比例税率，即对同一征税对象，规定最低税率和最高税率，各地可以因地制宜，在此幅度内自行确定一个比例税率。

（2）累进税率。累进税率是按照征税对象数额的大小规定不同等级的税率。征税对象数额越大，税率越高。这种税率在调节纳税人收入方面的作用更直接、明显，并且适应性强、灵活性大，所以多适用于所得税类。

累进税率根据计算方法和累进依据的不同，可分为全额累进税率、超额累进税率、超倍累进税率、超率累进税率等。我国现行税收制度中只采用超额累进税率和超率累进税率。

超额累进税率是指把征税对象按数额划分为若干等级，每一等级规定一个税率，分别计算税额，如个人所得税。

超率累进税率是指把征税对象按相对数的大小划分为若干等级，每一等级规定一个税率，分别计算税额，如土地增值税。

（3）定额税率。定额税率是指对每一单位征税对象直接规定一个固定的数额。它一般适用于从量定额计征的税种。

4.纳税环节

纳税环节是指征税对象应该缴纳税款的环节。商品从生产到消费，中间往往要经过许多环节，如工业品要经过工厂生产、商业采购、商业批发和商业零售等环节。具体确定在哪个环节征税，关系到对商品的生产、流通是否有利，关系到物价的高低，关系到税款能否及时、足额入库，关系到国家财政收入能否得到保证，关系到地区间对税款收入的分配，也关系到是否便利纳税人缴纳税款和能否促进企业加强经济核算等诸多方面。因此，正确确定纳税环节是对商品流转额征税的过程中一个比较特殊而又十分重要的问题。

5.纳税期限

纳税期限是指纳税人应向税务机关缴纳税款的法定期限。它包括两个方面的含义：一是结算应缴纳税款的期限，由税务机关根据应纳税款的多少来核定。例如，增值税的纳税期限分别为1日、3日、5日、10日、15日、1个月或者1个季度。二是纳税人结算期满后计算税款和办理纳税手续的时间。例如，增值税纳税人以1个月或者1个季度为1个纳税期的，应自期满之日起15日内申报纳税。

6.纳税地点

纳税地点是指根据各个税种的纳税对象、纳税环节，本着有利于对税款的源泉控制的原则而规定的纳税人应申报纳税的地点。

7.减税、免税

减免税是对某些纳税人和征税对象给予鼓励或照顾的一种特殊规定。减税是指对应纳税额少征一部分税款；免税是指对应纳税额全部免征。两者体现了税收的区别对待原则，以照顾某些纳税人的特殊情况，体现鼓励、扶持的政策。

起征点和免征额是与减免税相关的两个概念。

起征点是指税法规定的征税对象开始征税的数额起点，即征税对象数额未达到起征点的不征税，达到或超过起征点的则就其全部数额征税。

免征额是指征税对象总额中免予征税的数额，它按一定标准从征税对象总额中减除，免征额部分不征税，只对超过免征额的部分征税。

8.罚则

罚则是指对纳税人违反税收法规的行为采取的处罚措施。它保证了税收法令的贯彻执行，体现了税收的强制性。

纳税人违反税收法规的行为通常包括欠税、漏税、逃税、骗税、抗税、违反税收征收管理法等。

（1）欠税是指纳税人因故超过税务机关核定的纳税期限，少缴或未缴税款的行为。

（2）漏税是指纳税人出于无意而未缴或少缴税款的行为。

（3）逃税是指纳税人故意或无意采用非法手段减轻税负的行为。

（4）骗税是指纳税人骗取国家出口退税的行为。

（5）抗税是指纳税人公然对抗国家税法、拒绝纳税的行为。

（6）违反税收征收管理法是指纳税人未按规定办理税务登记、纳税申报、建立保存账册、提供纳税资料的行为，以及拒绝接受税务机关监督检查的行为。

对纳税人违反税收法规的行为，可以根据情节的轻重，分别按以下方式进行处理：批评教育、强行扣款、加收滞纳金、处以罚款和追究刑事责任等。

三、税收的种类

（一）按征税对象的性质划分

按征税对象性质的不同，税收可分为流转税、所得税、资源税、财产税、行为目的税。

1.流转税

流转税是指以商品的流转额和非商品的流转额为征税对象征收的一种税。流转税是我国税制结构中的主体税种，包括增值税、消费税、关税等。

2.所得税

所得税是指对纳税人的所得额征收的一种税。它包括企业所得税和个人所得税。

3.资源税

资源税是指以各种自然资源为对象征收的一种税。它包括资源税、土地增值税和城镇土地使用税等。

4.财产税

财产税是指以各种财产为对象征收的一种税。它包括房产税、契税和车船税等。

5.行为目的税

行为目的税是指以特定行为为对象征收的一种税。它包括城市维护建设税、印花税、车辆购置税、烟叶税和耕地占用税等。

（二）按税收管理和使用权限划分

按税收管理和使用权限的不同，税收可分为中央税、地方税、中央与地方共享税。

1.中央税

中央税是指由中央管辖课征并支配的税种。它主要包括消费税、关税等。

2.地方税

地方税是指由地方管辖课征并支配的税种。它主要包括城镇土地使用税、土地增值税、房产税、车船税等。

3.中央与地方共享税

中央与地方共享税是指属于中央政府与地方政府共同享有并按照一定比例分成的税种。它主要包括增值税、个人所得税、企业所得税等。

（三）按税收与价格的关系划分

按税收与价格的关系的不同，税收可分为价内税和价外税。

1.价内税

价内税是指税款构成商品或劳务价格的组成部分，在计算税收时必须以含税价为计税依据的税种，如消费税等。

2.价外税

价外税是指税款作为商品或劳务价格的附加，在计算税收时必须以不含税价为计税依据的税种，如增值税等。

（四）按计税依据划分

按计税依据的不同，税收可分为从价税和从量税。

1.从价税

从价税是指以征税对象的价格为标准，按一定税率计征的税种，如增值税。

2.从量税

从量税是指以征税对象的重量、数量、容积、体积为标准，按单位税额计征的税种。

（五）按税负是否能够转嫁划分

按税负是否能够转嫁，税收可分为直接税和间接税。

1.直接税

直接税是指纳税人与负税人一致的税种，即税负不能转嫁的税种，如所得税。

2.间接税

间接税是指纳税人能将税负转嫁给他人的税种，如增值税、消费税。

任务四　纳税基本程序

为提升纳税服务质效，保护纳税人合法权益，降低纳税人及其办税人员在办税过程中的涉税风险，加快社会征信体系建设，根据《中华人民共和国税收征收管理法》及其实施细则，自2017年7月1日开始，税务机关对办税服务厅现场办理的所有涉税业务都实行

“身份验证”。也就是说办税人员到办税服务厅办理各项涉税业务，均须向税务机关提供有效的身份证明进行实名认证后才能办理。如果前来大厅的办税人员无法出具实名办税身份证明，或是实名办税身份证明无法通过验证，税务机关将不再为其办理涉税业务。

一、税务登记

税务登记又称纳税登记，是指税务机关根据税法规定，对纳税人的生产、经营活动进行登记管理的一项法定制度，也是纳税人依法履行纳税义务的法定手续。税务登记是税务机关对纳税人实施税收管理的首要环节和基础工作，是征纳双方法律关系成立的依据和证明，也是纳税人必须依法履行的义务。

税务登记的内容包括设立登记、变更登记、停业及复业登记、注销登记、外出经营报验登记等。

《国务院办公厅关于加快推进“五证合一、一照一码”登记制度改革的通知》（国办发〔2016〕53号）规定，我国从2016年10月1日起正式实施“五证合一、一照一码”。“五证合一”是指将营业执照、组织机构代码证、税务登记证、社会保险登记证和统计登记证合为一证。“一照一码”是指只发放记载统一社会信用代码的营业执照。全面实行“一套材料、一表登记、一窗受理”的工作模式，申请人办理企业注册登记时只需填写“一张表格”，向“一个窗口”提交“一套材料”。登记部门直接核发加载统一社会信用代码的营业执照，相关信息在全国企业信用信息公示系统公示，并归集至全国信用信息共享平台。

（一）设立登记

从事生产、经营的纳税人，应向生产、经营所在地税务机关申报办理税务登记。

纳税人领取加载统一社会信用代码的营业执照后，应及时到主管税务机关咨询税种认定登记、办理领取发票、申报纳税、相关资格登记等事宜。纳税人第一次到主管税务机关办理涉税事宜时，办税服务厅的工作人员将提取企业登记信息并导入税收征管信息系统。对于市场监督管理机关已采集的信息，税务机关不再重复采集；其他必要基础信息，由办税服务厅的工作人员补充采集。

（二）变更登记

纳税人税务登记内容发生变化的，应当向原税务登记机关申报办理变更税务登记。

税务机关补充采集的相关登记信息及市场监督管理机关登记时采集的生产经营地、财务负责人和核算方式等信息发生变化的，由纳税人向主管税务机关申报变更，所需资料和工作流程按照原有规定执行。

（三）停业及复业登记

实行定期定额征收方式的纳税人需要停业或复业的，应向税务机关申报办理停业或复业登记。纳税人在申报办理停业登记时，应如实填写《停业复业报告书》，说明停业理由、停业期限、停业前的纳税情况和发票的领、用、存情况，并结清应纳税款、滞纳金、罚款。

纳税人在停业期间发生纳税义务的，应当按照税收法律、行政法规的规定申报缴纳税款。

纳税人应当于恢复生产经营之前，向税务机关申报办理复业登记，经确认后，办理复业登记手续。

纳税人停业期满不能及时恢复生产经营的，应当在停业期满前到税务机关办理延长停业登记。

（四）注销登记

纳税人需要申报办理注销税务登记的情形主要有三种：（1）纳税人因发生解散、破产、撤销以及其他情形，依法终止纳税义务的；（2）纳税人因住所、经营地点变动，涉及改变税务登记机关的；（3）纳税人被市场监督管理机关吊销营业执照的。

纳税人因发生解散、破产、撤销以及其他情形，依法终止纳税义务的，应当在向工商行政管理机关或者其他机关办理注销登记前，向税务机关申报办理注销登记。已实行"一照一码"登记模式的企业申请注销登记前，必须先向主管税务机关申报清税，填写《清税申报表》。国税、地税主管机关按照各自职责分别进行清税，限时办理。清税完毕后，主管税务机关根据清税结果向纳税人出具《清税证明》，并将信息共享至"五证合一"数据交换中心，供市场监督管理机关核对。

纳税人因住所、经营地点变动，涉及改变税务登记机关的，应当在向市场监督管理机关申请办理变更或注销登记前，或者住所、经营地点变动前，向原税务登记机关申报办理注销税务登记，并向迁达地税务机关申报办理税务登记。

纳税人被市场监督管理机关吊销营业执照的，应当自营业执照被吊销之日起15日内，向原税务登记机关申报办理注销税务登记。

（五）外出经营报验登记

从事生产、经营的纳税人到外县（市）临时从事生产、经营活动的，应当在外出生产、经营以前，到主管税务机关开具《外出经营活动税收管理证明》。主管税务机关按照一地一证的原则，对纳税人核发《外出经营活动税收管理证明》。

二、发票管理

（一）发票的概念与种类

发票，是指在购销商品、提供或者接受服务以及从事其他经营活动的过程中，开具、收取的收付款凭证。国务院税务主管部门统一负责全国的发票管理工作。省、自治区、直辖市国家税务局和地方税务局（以下统称省、自治区、直辖市税务机关）依据各自的职责，共同做好本行政区域内的发票管理工作。现行的《中华人民共和国发票管理办法》（以下简称《发票管理办法》）于2010年12月20日修订，自2011年2月1日起施行。《中华人民共和国发票管理办法实施细则》于2011年1月27日国家税务总局第一次局务会议审议通过，自2011年2月1日起施行。

发票一般分为增值税普通发票和增值税专用发票。

增值税普通发票主要由增值税小规模纳税人使用，增值税一般纳税人在不能开具增值税专用发票的情况下也可以使用增值税普通发票。

增值税专用发票由国务院税务主管部门确定的企业印制，只限于增值税一般纳税人领购使用。增值税专用发票是增值税计算和管理过程中重要的、决定性的合法专用发票。

按照填开方式的不同，发票还可分为通用机打发票、通用手工发票和通用定额发票三大类。考虑到目前有些全国统一使用的票种暂不宜取消，决定保留"航空运输电子客票行程单""机动车销售统一发票""二手车销售统一发票""不动产销售统一发票"等发票，用发票无法涵盖的公园门票也可继续保留。为了满足纳税人的发票使用需要，税务总局决定自2017年1月1日起启用增值税普通发票（卷票）。增值税普通发票（卷票）由纳税人自愿选择使用，重点在生活性服务业纳税人中推广使用。

(二) 发票的领购管理

需要领购发票的单位和个人，应当持税务登记证（或“五证合一”后的营业执照）、经办人身份证明、按照国务院税务主管部门规定式样制作的发票专用章的印模，向主管税务机关办理发票领购手续。主管税务机关根据领购单位和个人的经营范围和规模，确认领购发票的种类、数量以及领购方式，并发给发票领购簿。单位和个人领购发票时，应当按照税务机关的规定报告发票使用情况，税务机关应当按照规定进行查验。需要临时使用发票的单位和个人，可以凭购销商品、提供或者接受服务以及从事其他经营活动的书面证明、经办人身份证明，直接向经营地税务机关申请代开发票。

(三) 发票的开具与使用

安装税控装置的单位和个人，应当按照规定使用税控装置开具发票，并按期向主管税务机关报送开具发票的数据。

开具发票后，如发生销货退回需开红字发票的，必须收回原发票并注明“作废”字样或取得对方有效证明；开具发票后，如发生销售折让的，必须在收回原发票并注明“作废”字样后重新开具销售发票或取得对方有效证明后开具红字发票。

任何单位和个人都应当按照规定使用发票，严禁存在下列行为：转借、转让、介绍他人转让发票、发票监制章和发票防伪专用品的；知道或者应当知道是私自印制、伪造、变造、非法取得或者废止的发票而受让、开具、存放、携带、邮寄、运输的；拆本使用发票的；扩大发票使用范围的；以其他凭证代替发票使用的。

单位和个人在开具发票时，必须做到按照号码顺序填开，填写项目齐全，内容真实，字迹清楚，全部联次一次打印，内容完全一致，并在发票联和抵扣联加盖发票专用章。开具发票应当使用中文，民族自治地方可以同时使用当地通用的一种民族文字。

购买方应按规定索取发票，不得要求变更货物或应税劳务名称，不得要求改变价税金额；只能从发生业务的销售方取得发票，不得虚开或代开发票；取得发票后，如发现不符合开具要求的，有权要求对方重新开具。发票限于领购单位和个人在本省、自治区、直辖市内开具，任何单位和个人未经批准，不得跨规定的使用区域携带、邮寄、运输空白发票，禁止携带、邮寄或者运输空白发票出入境。

自2017年7月1日起，购买方为企业的，索取增值税普通发票时，应向销售方提供纳税人识别号或统一社会信用代码；销售方为其开具增值税普通发票时，应在“购买方纳税人识别号”栏填写购买方的纳税人识别号或统一社会信用代码。不符合规定的发票，不得作为税收凭证。

(四) 发票的保管

使用发票的单位和个人应当妥善保管发票。发生发票丢失情形时，应当于发现丢失当日书面报告税务机关，并登报声明作废。付款方（受票方）发生发票联丢失的，在传播媒介上公告并接受主管税务机关处理以后，持加盖收款方（开票方）发票专用章的发票存根联复印件，经收款方主管税务机关确认，可作为发票联使用。税控发票发生丢失的，税控发票的电子存根经收款方主管税务机关确认后，可作为发票联使用。

发票保管制度包括专人保管制度、专库保管制度、专账登记制度、保管交接制度、定期盘点制度。

1.专人保管制度

用票单位应确定专人负责发票管理、日常领发等工作，明确其工作职责，并严格岗位责任考核。

2.专库保管制度

用票单位应有专门的发票存放设施，以确保发票的安全。用票单位要配备专柜存放发票，并分门别类，按顺序号码存放，这样有利于发票的存取和盘查。

3.专账登记制度

用票单位应按规定设立专门的账、表，反映发票的领、用、存情况，并由购领人员签章，以做到手续齐全、责任清晰。

4.保管交接制度

发票保管人员发生变化时，应按规定程序办理交接手续。

5.定期盘点制度

用票单位应在每月月底对库存未用的发票进行一次清点，填报《发票盘存报告表》，确保发票账实相符。

三、纳税申报

纳税申报是指纳税人、扣缴义务人在发生法定纳税义务后，按照税法或相关行政法规所规定的内容，在申报期限内以书面形式向主管税务机关提交有关纳税事项及应缴税款的法律行为。即使纳税人无经营收入或所得，也必须进行纳税申报，通常称为“零申报”。

（一）纳税申报的对象

（1）依法已向国家税务机关办理税务登记的纳税人。这包括：各项收入均应当纳税的纳税人；全部或部分产品、项目享受减税、免税照顾的纳税人；当期营业额未达到起征点或没有营业收入的纳税人；实行定期定额纳税的纳税人；应当向国家税务机关缴纳企业所得税以及其他税的纳税人。

（2）按规定不需要向国家税务机关办理税务登记，以及应当办理而未办理税务登记的纳税人。

（3）扣缴义务人和国家税务机关确定的委托代征人。

（二）纳税申报的期限

1.纳税申报期限的一般规定

缴纳增值税、消费税的纳税人，以1个月或者1个季度为1个纳税期的，自期满之日起15日内申报纳税；以1日、3日、5日、10日、15日为1个纳税期的，自期满之日起5日内预缴税款，于次月1日起15日内申报纳税并结清上月应纳税款。

缴纳企业所得税的纳税人应当自月份或者季度终了之日起15日内，向税务机关办理预缴申报；自年度终了之日起5个月内，向税务机关报送年度企业所得税纳税申报表，并汇算清缴。

其他税种，税法已明确规定纳税申报期限的，按税法规定的期限申报纳税。税法未明确规定纳税申报期限的，按国家税务机关根据具体情况确定的期限申报纳税。

2.纳税申报期限的顺延

纳税人办理纳税申报的期限最后1日，如遇法定休假日的，可以顺延。

（三）纳税申报的内容

在纳税申报期内，无论有无收入，纳税人都必须在规定的期限内如实填报纳税申报表，并附送有关证件、资料，具体包括：

（1）财务会计报表及其说明材料。

（2）与纳税有关的合同、协议书及凭证。

（3）税控装置的电子报税资料。

（4）外出经营活动税收管理证明和异地完税凭证。

（5）境内或者境外公证机构出具的有关证明文件。

（6）纳税人的纳税申报表或者扣缴义务人的代扣代缴、代收代缴税款报告表。纳税申报表及代扣代缴、代收代缴税款报告表的主要内容包括：税种、税目，应纳税项目或者应代扣代缴、代收代缴税款项目，计税依据，扣除项目及标准，适用税率或者单位税额，应退税项目及税额、应减免税项目及税额，应纳税额或者应代扣代缴、代收代缴税额，税款所属期限、延期缴纳税款、欠税、滞纳金等。

（7）税务机关规定应当报送的其他有关证件、资料。

此外，享受减免税待遇的，在减免税期间也应办理纳税申报。

（四）纳税申报的方式

纳税人、扣缴义务人可以直接到税务机关办理纳税申报或者报送代扣代缴、代收代缴税款报告表，也可以按照规定采取邮寄、数据电文或者其他方式办理上述申报、报送事项。目前，纳税申报的形式主要有以下三种：

1.直接申报

直接申报是指纳税人或纳税人的税务代理人直接到税务机关进行纳税申报。这是一种传统的纳税申报方式。

2.邮寄申报

邮寄申报是指纳税人将纳税申报表及有关纳税资料以邮寄的方式送达税务机关。以邮寄方式申报纳税的，以邮件寄出的邮戳日期为实际申报日期。

3.以数据电文方式申报

数据电文，是指经税务机关确定的电话语音、电子数据交换和网络传输等电子方式。网上申报就是数据电文申报方式的一种形式。以数据电文方式办理纳税申报的，以税务机关计算机网络系统收到该数据电文的时间为实际申报日期。

四、税款征收

（一）税款征收方式

税款征收方式是指税务机关依照税法规定和纳税人的生产经营、财务管理情况以及便于征收和保证国家税款及时足额入库的原则而采取的具体组织税款入库的方法。

1.查账征收

查账征收适用于财务会计制度健全、能够如实核算和提供生产经营情况，并能正确计算应纳税款、如实履行纳税义务的纳税人。

2.查定征收

查定征收适用于生产经营规模较小、产品零星、税源分散、会计账册不健全，但能控制原材料或进销货的小型厂矿和作坊。

3.查验征收

查验征收适用于财务制度不健全、生产经营不固定、流动性大的纳税人。

4.定期定额征收

定期定额征收适用于经主管税务机关认定批准的生产经营规模小、达不到设置账簿标准、难以查账征收、不能准确计算计税依据的个体工商户，包括个人独资企业。

（二）税款征收措施

税务机关在税款征收过程中可以采取下列措施：

1.加收滞纳金

纳税人未按规定期限缴纳税款的，扣缴义务人未按规定期限解缴税款的，税务机关除责令限期缴纳外，从滞纳税款之日起，按日加收滞纳税款万分之五的滞纳金。纳税人因有特殊困难，不能按期缴纳税款的，经省、自治区、直辖市国家税务局、地方税务局批准，可以延期缴纳税款，但是最长不得超过3个月。经过批准延期缴纳的，不加收滞纳金。

2.补缴和追征税款

因税务机关的责任，致使纳税人、扣缴义务人未缴或少缴税款的，税务机关在3年内可以要求纳税人、扣缴义务人补缴税款，但是不得加收滞纳金。因纳税人、扣缴义务人计算错误等失误，未缴或少缴税款的，税务机关在3年内可以追征税款、滞纳金。对偷税、抗税、骗税的，税务机关追征其未缴或少缴的税款、滞纳金或者所骗取的税款，不受规定期限的限制。

3.税收保全

税收保全是指税务机关为使纳税人在发生纳税义务后保证履行纳税义务所采取的一种控制管理措施。税务机关有根据认为从事生产、经营的纳税人有逃避纳税义务行为的，可以在规定的纳税期限之前，责令限期缴纳应纳税款；在限期内发现纳税人有明显转移、隐匿其应纳税的商品、货物以及其他财产或者应纳税的收入的迹象的，税务机关可以责成纳税人提供纳税担保。如果纳税人不能提供纳税担保，经县以上税务局（分局）局长批准，税务机关可以采取以下税收保全措施：

（1）书面通知纳税人开户银行或者其他金融机构冻结纳税人的金额相当于应纳税款的存款；

（2）扣押、查封纳税人的价值相当于应纳税款的商品、货物或者其他财产。

4.强制执行

从事生产、经营的纳税人、扣缴义务人未按照规定的期限缴纳或者解缴税款，纳税担保人未按照规定的期限缴纳所担保的税款，由税务机关责令限期缴纳，逾期仍未缴纳的，经县以上税务局（分局）局长批准，税务机关可以采取下列强制执行措施：

（1）书面通知其开户银行或者其他金融机构从其存款中扣缴税款；

（2）扣押、查封、依法拍卖或者变卖其价值相当于应纳税款的商品、货物或者其他财产，以拍卖或者变卖所得抵缴税款。

个人及其所扶养家属维持生活必需的住房和用品，不在强制执行措施的范围之内。

5.出境清税

欠缴税款的纳税人或者其法定代表人需要出境的，应当在出境前向税务机关结清应纳税款、滞纳金或者提供担保。未结清税款、滞纳金，又不提供担保的，税务机关可以通知出境管理机关阻止其出境。出境清税的目的在于防止欠缴税款的纳税人利用国家司法管理和行政管辖在空间上的局限逃避纳税、损害国家利益，故出境清税也可打击税收违法行为。

（三）核定应纳税额

1.核定应纳税额的条件

除特殊行业、特殊类型的纳税人和一定规模以上的纳税人外，纳税人有下列情形之一的，税务机关有权核定其应纳税额：依照法律、行政法规的规定可以不设置账簿的；依照法律、行政法规的规定应当设置但未设置账簿的；擅自销毁账簿或者拒不提供纳税资料的；虽设置账簿，但账目混乱或者成本资料、收入凭证、费用凭证残缺不全，难以查账的；发生纳税义务，未按照规定的期限办理纳税申报，经税务机关责令限期申报，逾期仍不申报的；纳税人申报的计税依据明显偏低，又无正当理由的。

2.核定应纳税额的方法

纳税人有以上情形之一的，税务机关有权采用下列任何一种方法核定其应纳税额（采用一种方法不足以正确核定应纳税额的，可以同时采用两种以上的方法核定）：参照当地同类行业或者类似行业中经营规模和收入水平相近的纳税人的税负水平核定；按照应税收入额或成本费用支出额定率核定；按照耗用的原材料、燃料、动力等推算或者测算核定；按照其他合理的方法核定。

项目小结

1.税收是国家为了实现其职能，满足向社会提供公共产品或公共服务的需要，凭借其政治权力，按照法定标准，强制参与社会产品分配的一种财政收入形式。

2.税收具有强制性、无偿性和固定性三个基本特征。

3.税收的职能可以概括为组织财政收入职能、调节经济职能、反映监督职能。在市场经济条件下，税收具有配置资源、调节需求总量、调节经济结构、调节收入分配、保护国家权益、监督经济活动的作用。

4.税法体现的是国家与一切纳税单位和个人的税收权利与义务关系；税收体现的是国家与纳税人之间的经济利益分配关系。税法是税收的法律表现形式；税收是税法确定的具体内容。

5.我国现行税法体系由税收实体法体系和税收程序法体系构成，不同的税法由于制定机关不同、税收法律级次不同，其法律效力也不相同。

6.税制构成要素一般包括纳税义务人、征税对象、税目、税率、纳税环节、纳税期限、纳税地点、减税、免税、罚则等。其中，纳税义务人、征税对象、税率是税制的三个基本要素。

7.税收按不同的分类标准有不同的类别。按征收对象性质的不同，税收可分为流转税、所得税、资源税、财产税、行为目的税；按税收管理和使用权限的不同，税收可分为中央税、地方税、中央与地方共享税；按税收与价格的关系的不同，税收可分为价内税和价外税；按计税依据的不同，税收可分为从价税和从量税。按税负是否能够转嫁，税收可分为直接税和间接税。

8.税务登记又称纳税登记，是指税务机关根据税法规定，对纳税人的生产、经营活动进行登记管理的一项法定制度，也是纳税人依法履行纳税义务的法定手续。税务登记的内容包括设立登记、变更登记、停业及复业登记、注销登记、外出经营报验登记等。

9.发票管理的内容包括发票的领购、开具、使用和保管。

10.纳税申报是指纳税人、扣缴义务人在发生法定纳税义务后，按照税法或相关行政法规所规定的内容，在申报期限内以书面形式向主管税务机关提交有关纳税事项及应缴税款的法律行为。纳税申报的形式主要有直接申报、邮寄申报、以数据电文方式申报等三种。

复习思考题

1.怎样理解税收的概念？

2.税收有哪些基本特征？

3.分析市场经济条件下税收的作用。

4.什么是税收制度？我国的税收制度是什么？

5.我国的税收收入如何划分？

6.税务登记包括哪些内容？

7.纳税申报的方式有哪些？

技能训练题

1.某人开了一家副食百货商店，并办理了全部合法经营手续。由于经营不善，开业近一年来一直没有盈利，所以没有向税务机关进行纳税申报。一天，税务人员来到这家副食百货商店要求他补缴税款，并接受处罚，他坚持认为自己是亏损经营，不应该纳税，更不应该受处罚。在交涉无果的情况下，税务机关的执法人员决定查封他的商店，他不服，动用自己的亲属对税务人员大打出手。

请问：（1）此人的商店是否应该纳税？

（2）税务人员在处理此案时是否可以查封此人的商店？

（3）此人的亲属对税务人员大打出手犯了什么罪？

2.2016年11月18日，安徽红星太阳能销售有限公司经合肥市工商局批准注册成立，主营太阳能热水器销售、安装和维修。公司注册地址和经营地址位于合肥市庐阳区阜阳北路236号，准备在中国建设银行合肥双岗支行开户；公司注册资本200万元，其中自然人刘红星投资80万元，占40%；安徽长奉集团公司投资80万元，占40%；自然人张二方投资40万元，占20%。法人代表刘红星，身份证号为340103196610280546。你是公司的会计，公司委托你办理以下涉税事宜：

（1）办理“五证合一”后的营业执照。

（2）办理税务登记备案。

（3）领购发票。

请你写出以上涉税事宜的办理流程。

项目二　增值税纳税实务

知识目标

- ▶ 理解增值税基本法规。
- ▶ 了解增值税一般纳税人和小规模纳税人的基本分类。

技能目标

- ▶ 掌握增值税专用发票的管理。
- ▶ 熟练掌握增值税应纳税额的计算方法。
- ▶ 熟练掌握增值税的纳税申报方法。

案例导读

现有一家刚刚注册成立的商贸公司，预计年销售额为100万元，但其进销差价较大，如果作为增值税一般纳税人则税负比较高（可能达到10%以上）。

请问：如何为公司筹划，使其税负低一些？

任务一　认知增值税

一、增值税的含义和特点

（一）增值税的含义

我国的增值税是对在我国境内从事销售货物、进口货物或者提供加工、修理修配劳务及应税行为的单位和个人，以其取得的货物或应税劳务、应税行为的销售额，以及进口货物的金额为计税依据而征收的一种流转税。在实际操作中，我国通常采用税款抵扣的办法计算增值税。税款抵扣计税办法是指发生应税行为的纳税人，根据应税行为的销售额，按照规定的税率计算税款（即销项税额），然后从中扣除以前环节已缴的增值税（即进项税额），将其余额作为纳税人应缴纳的增值税的一种计税办法。这种计税办法同样体现了对新增价值征税的原则。

增值税自1954年在法国开征以来，因其有效解决了传统销售税重复计征的问题，所以迅速被世界其他国家采用。目前，世界上已有170多个国家和地区开征了增值税，征税范围几乎覆盖所有货物和劳务。我国于1979年引入增值税，1984年，国务院发布了《中华人民共和国增值税条例（草案）》。1994年，我国进行税制改革，将增值税的征税范围扩大到所有货物和加工、修理修配劳务，对其他劳务、无形资产和不动产征收营业税。2009年，为了鼓励投资，促进技术进步，我国在地区试点的基础上，全面实行消费型增值税。

自2012年1月1日起，我国在上海市开展交通运输业和部分现代服务业营业税改征增值税试点。2012年7月25日，国务院召开常务会议，决定扩大营业税改征增值税试点范围。自2012年8月1日起至2012年年底，将交通运输业和部分现代服务业纳入“营改增”试点范围（称为增值税“应税服务”），试点地区由上海市分批扩大至北京、天津、江苏、浙江、安徽、福建、湖北、广东和厦门、深圳10个省（直辖市、计划单列市）。2013年继续扩大试点地区，并选择部分行业在全国范围试点。2012年10月1日，江苏、安徽两省正式启动交通运输业和部分现代服务业“营改增”试点工作。自2014年1月1日起，在全国范围内开展铁路运输和邮政业营业税改征增值税试点。自2014年6月1日起，电信业纳入营业税改征增值税试点范围，实行差异化税率。自2016年5月1日起，在全国范围内全面推开营业税改征增值税试点，建筑业、房地产业、金融业、生活服务业等全部营业税纳税人纳入试点范围，由缴纳营业税改为缴纳增值税。至此，营业税全部改征增值税，增值税制度将更加规范。

我国现行的增值税基本法律规范是1993年12月13日国务院发布、2008年11月5日国务院第34次常务会议修订通过的《增值税暂行条例》。增值税由国家税务局负责征收，税收收入中75%为中央财政收入，25%为地方收入。进口环节的增值税由海关负责征收，税收收入全部为中央财政收入。

（二）增值税的特点

1.以增值额为计税依据

增值税对销售额中属于本企业新增加的、未征税的那部分价值征税，对销售额中由其他单位转移而来的那部分价值不再征税，这体现了税不重征原则，避免了重复课税。

2.既普遍征收，又多环节征收

增值税仅对每一环节的增值额计征，同一种产品，不论经过多少个流转环节，只要各环节的税率和最后的售价相同，则该产品的总体税负仍相同，这体现了公平税负的原则。

3.增值税属于价外税

增值税税额不构成价格的组成部分，增值税的计税依据为不含增值税税额的销售额。这样可以使企业的成本核算、经济效益不受增值税多少的影响，体现了增值税间接税的性质。

二、增值税的征税范围

（一）增值税征税范围的一般规定

1.销售货物或者进口货物

货物是指有形动产，包括电力、热力、气体在内。

销售货物是指有偿转让货物的所有权。

进口货物是指从境外进口有形动产。

2.销售劳务

销售劳务是指提供加工、修理修配劳务。

3.销售服务、无形资产或者不动产

销售服务、无形资产或者不动产简称应税行为。提供应税行为是指有偿提供服务、有偿转让无形资产或者不动产，但属于下列非经营活动的情形除外：

（1）行政单位收取的同时满足以下条件的政府性基金或者行政事业性收费：

①由国务院或者财政部批准设立的政府性基金，由国务院或者省级人民政府及其财政、价格主管部门批准设立的行政事业性收费；

②收取时开具省级以上（含省级）财政部门监（印）制的财政票据；

③所收款项全额上缴财政。

（2）单位或者个体工商户聘用的员工为本单位或者雇主提供取得工资的服务。

（3）单位或者个体工商户为聘用的员工提供服务。

（4）财政部和国家税务总局规定的其他情形。

（二）销售服务、无形资产或者不动产注释

1.销售服务

销售服务，是指提供交通运输服务、邮政服务、电信服务、建筑服务、金融服务、现代服务、生活服务。

（1）交通运输服务。

交通运输服务，是指利用运输工具将货物或者旅客送达目的地，使其空间位置得到转移的业务活动，包括陆路运输服务、水路运输服务、航空运输服务和管道运输服务。

【知识链接2-1】交通运输服务

●陆路运输服务

陆路运输服务，是指通过陆路（地上或者地下）运送货物或者旅客的运输业务活动，包括铁路运输服务和其他陆路运输服务。

出租车公司向使用本公司自有出租车的出租车司机收取的管理费用，按照陆路运输服务缴纳增值税。

●水路运输服务

水路运输服务，是指通过江、河、湖、川等天然、人工水道或者海洋航道运送货物或者旅客的运输业务活动。

水路运输的程租、期租业务，属于水路运输服务。

程租业务，是指运输企业为租船人完成某一特定航次的运输任务并收取租赁费的业务。

期租业务，是指运输企业将配备有操作人员的船舶承租给他人使用一定期限，承租期内听候承租方调遣，不论是否经营，均按天向承租方收取租赁费，发生的固定费用均由船东负担的业务。

●航空运输服务

航空运输服务，是指通过空中航线运送货物或者旅客的运输业务活动。

航空运输的湿租业务，属于航空运输服务。

湿租业务，是指航空运输企业将配备有机组人员的飞机承租给他人使用一定期限，承租期内听候承租方调遣，不论是否经营，均按一定标准向承租方收取租赁费，发生的固定费用均由承租方承担的业务。

●管道运输服务

管道运输服务，是指通过管道设施输送气体、液体、固体物质的运输业务活动。

（2）邮政服务。

邮政服务，是指中国邮政集团公司及其所属邮政企业提供邮件寄递、邮政汇兑和机要通信等邮政基本服务的业务活动，包括邮政普遍服务、邮政特殊服务和其他邮政服务。

【知识链接2-2】邮政服务

●邮政普遍服务

邮政普遍服务，是指函件、包裹等邮件寄递，以及邮票发行、报刊发行和邮政汇兑等业务活动。

●邮政特殊服务。

邮政特殊服务，是指义务兵平常信函、机要通信、盲人读物和革命烈士遗物的寄递等业务活动。

●其他邮政服务。

其他邮政服务，是指邮册等邮品销售、邮政代理等业务活动。

（3）电信服务。

电信服务，是指利用有线、无线的电磁系统或者光电系统等各种通信网络资源，提供语音通话服务，传送、发射、接收或者应用图像、短信等电子数据和信息的业务活动，包括基础电信服务和增值电信服务。

【知识链接2-3】电信服务

●基础电信服务

基础电信服务，是指利用固网、移动网、卫星、互联网，提供语音通话服务的业务活动，以及出租或者出售带宽、波长等网络元素的业务活动。

●增值电信服务

增值电信服务，是指利用固网、移动网、卫星、互联网、有线电视网络，提供短信和彩信服务、电子数据和信息的传输及应用服务、互联网接入服务等业务活动。

（4）建筑服务。

建筑服务，是指各类建筑物、构筑物及其附属设施的建造、修缮、装饰，线路、管道、设备、设施等的安装以及其他工程作业的业务活动，包括工程服务、安装服务、修缮服务、装饰服务和其他建筑服务。

【知识链接2-4】建筑服务

●工程服务

工程服务，是指新建、改建各种建筑物、构筑物的工程作业，包括与建筑物相连的各种设备或者支柱、操作平台的安装或者装设工程作业，以及各种窑炉和金属结构工程作业。

●安装服务

安装服务，是指生产设备、动力设备、起重设备、运输设备、传动设备、医疗实验设备以及其他各种设备、设施的装配、安置工程作业，包括与被安装设备相连的工作台、梯子、栏杆的装设工程作业，以及被安装设备的绝缘、防腐、保温、油漆等工程作业。

固定电话、有线电视、宽带、水、电、燃气、暖气等经营者向用户收取的安装费、初装费、开户费、扩容费以及类似收费，按照安装服务缴纳增值税。

●修缮服务

修缮服务，是指对建筑物、构筑物进行修补、加固、养护、改善，使之恢复原来的使用价值或者延长其使用期限的工程作业。

●装饰服务

装饰服务，是指对建筑物、构筑物进行修饰装修，使之美观或者具有特定用途的工程作业。

●其他建筑服务

其他建筑服务，是指上列工程作业之外的各种工程作业服务，如钻井（打井）、拆除建筑物或者构筑物、平整土地、园林绿化、疏浚（不包括航道疏浚）、建筑物平移、搭脚手架、爆破、矿山穿孔、表面附着物（包括岩层、土层、沙层等）剥离和清理等工程作业。

(5) 金融服务。

金融服务，是指经营金融保险的业务活动，包括贷款服务、直接收费金融服务、保险服务和金融商品转让。

【知识链接2-5】金融服务

●贷款服务

贷款，是指将资金贷与他人使用而取得利息收入的业务活动。

各种占用、拆借资金取得的收入，包括金融商品持有期间（含到期）利息（保本收益、报酬、资金占用费、补偿金等）收入、信用卡透支利息收入、买入返售金融商品利息收入、融资融券收取的利息收入，以及融资性售后回租、押汇、罚息、票据贴现、转贷等业务取得的利息及利息性质的收入，按照贷款服务缴纳增值税。

融资性售后回租，是指承租方以融资为目的，将资产出售给从事融资性售后回租业务的企业后，从事融资性售后回租业务的企业将该资产出租给承租方的业务活动。

以货币资金投资收取的固定利润或者保底利润，按照贷款服务缴纳增值税。

●直接收费金融服务

直接收费金融服务，是指为货币资金融通及其他金融业务提供相关服务并且收取费用的业务活动，包括提供货币兑换、账户管理、电子银行、信用卡、信用证、财务担保、资产管理、信托管理、基金管理、金融交易场所（平台）管理、资金结算、资金清算、金融支付等服务。

●保险服务

保险服务，是指投保人根据合同约定，向保险人支付保险费，保险人对于合同约定的可能发生的事故因其发生所造成的财产损失承担赔偿保险金责任，或者当被保险人死亡、伤残、疾病或者达到合同约定的年龄、期限等条件时承担给付保险金责任的商业保险行为，包括人身保险服务和财产保险服务。

●金融商品转让

金融商品转让，是指转让外汇、有价证券、非货物期货和其他金融商品所有权的业务活动。

其他金融商品转让包括基金、信托、理财产品等各类资产管理产品和各种金融衍生品的转让。

（6）现代服务。

现代服务，是指围绕制造业、文化产业、现代物流产业等提供技术性、知识性服务的业务活动，包括研发和技术服务、信息技术服务、文化创意服务、物流辅助服务、租赁服务、鉴证咨询服务、广播影视服务、商务辅助服务和其他现代服务。

【知识链接2-6】现代服务

●研发和技术服务

研发和技术服务，包括研发服务、合同能源管理服务、工程勘察勘探服务、专业技术服务。

①研发服务，也称技术开发服务，是指就新技术、新产品、新工艺或者新材料及其系统进行研究与试验开发的业务活动。

②合同能源管理服务，是指节能服务公司与用能单位以契约形式约定节能目标，节能服务公司提供必要的服务，用能单位以节能效果支付节能服务公司投入及其合理报酬的业务活动。

③工程勘察勘探服务，是指在采矿、工程施工前后，对地形、地质构造、地下资源蕴藏情况进行实地调查的业务活动。

④专业技术服务，是指气象服务、地震服务、海洋服务、测绘服务、城市规划、环境与生态监测服务等专项技术服务。

●信息技术服务

信息技术服务，是指利用计算机、通信网络等技术对信息进行生产、收集、处理、加工、存储、运输、检索和利用，并提供信息服务的业务活动，包括软件服务、电路设计及测试服务、信息系统服务、业务流程管理服务和信息系统增值服务。

①软件服务，是指提供软件开发服务、软件维护服务、软件测试服务的业务活动。

②电路设计及测试服务，是指提供集成电路和电子电路产品设计、测试及相关技术支持服务的业务活动。

③信息系统服务，是指提供信息系统集成、网络管理、网站内容维护、桌面管理与维护、信息系统应用、基础信息技术管理平台整合、信息技术基础设施管理、数据中心、托管中心、信息安全服务、在线杀毒、虚拟主机等业务活动，包括网站对非自有的网络游戏提供的网络运营服务。

④业务流程管理服务，是指依托信息技术提供的人力资源管理、财务经济管理、审计管理、税务管理、物流信息管理、经营信息管理和呼叫中心等服务的活动。

⑤信息系统增值服务，是指利用信息系统资源为用户附加提供的信息技术服务，包括数据处理、分析和整合、数据库管理、数据备份、数据存储、容灾服务、电子商务平

台等。

●文化创意服务

文化创意服务，包括设计服务、知识产权服务、广告服务和会议展览服务。

①设计服务，是指把计划、规划、设想通过文字、语言、图画、声音、视觉等形式传递出来的业务活动，包括工业设计、内部管理设计、业务运作设计、供应链设计、造型设计、服装设计、环境设计、平面设计、包装设计、动漫设计、网游设计、展示设计、网站设计、机械设计、工程设计、广告设计、创意策划、文印晒图等。

②知识产权服务，是指处理知识产权事务的业务活动，包括对专利、商标、著作权、软件、集成电路布图设计的登记、鉴定、评估、认证、检索服务。

③广告服务，是指利用图书、报纸、杂志、广播、电视、电影、幻灯、路牌、招贴、橱窗、霓虹灯、灯箱、互联网等各种形式为客户的商品、经营服务项目、文体节目或者通告、声明等委托事项进行宣传和提供相关服务的业务活动，包括广告代理和广告的发布、播映、宣传、展示等。

④会议展览服务，是指为商品流通、促销、展示、经贸洽谈、民间交流、企业沟通、国际往来等举办或者组织安排的各类展览和会议的业务活动。

●物流辅助服务

物流辅助服务，包括航空服务、港口码头服务、货运客运场站服务、打捞救助服务、装卸搬运服务、仓储服务和收派服务。

①航空服务，包括航空地面服务和通用航空服务。

②港口码头服务，是指港务船舶调度服务、船舶通信服务、航道管理服务、航道疏浚服务、灯塔管理服务、航标管理服务、船舶引航服务、理货服务、系解缆服务、停泊和移泊服务、海上船舶溢油清除服务、水上交通管理服务、船只专业清洗消毒检测服务和防止船只漏油服务等为船只提供服务的业务活动。

③货运客运场站服务，是指货运客运场站提供货物配载服务、运输组织服务、中转换乘服务、车辆调度服务、票务服务、货物打包整理、铁路线路使用服务、加挂铁路客车服务、铁路行包专列发送服务、铁路到达和中转服务、铁路车辆编解服务、车辆挂运服务、铁路接触网服务、铁路机车牵引服务等业务活动。

④打捞救助服务，是指提供船舶人员救助、船舶财产救助、水上救助和沉船沉物打捞服务的业务活动。

⑤装卸搬运服务，是指使用装卸搬运工具或者人力、畜力将货物在运输工具之间、装卸现场之间或者运输工具与装卸现场之间进行装卸和搬运的业务活动。

⑥仓储服务，是指利用仓库、货场或者其他场所代客贮放、保管货物的业务活动。

⑦收派服务，是指接受寄件人委托，在承诺的时限内完成函件和包裹的收件、分拣、派送服务的业务活动。

收件服务，是指从寄件人收取函件和包裹，并运送到服务提供方同城的集散中心的业务活动。

分拣服务，是指服务提供方在其集散中心对函件和包裹进行归类、分发的业务活动。

派送服务，是指服务提供方从其集散中心将函件和包裹送达同城的收件人的业务活动。

●租赁服务

租赁服务，包括融资租赁服务和经营租赁服务。

●鉴证咨询服务

鉴证咨询服务，包括认证服务、鉴证服务和咨询服务。

●广播影视服务

广播影视服务，包括广播影视节目（作品）的制作服务、发行服务和播映（含放映）服务。

●商务辅助服务

商务辅助服务，包括企业管理服务、经纪代理服务、人力资源服务、安全保护服务。

●其他现代服务

其他现代服务，是指除研发和技术服务、信息技术服务、文化创意服务、物流辅助服务、租赁服务、鉴证咨询服务、广播影视服务和商务辅助服务以外的现代服务。

（7）生活服务。

生活服务，是指为满足城乡居民日常生活需求提供的各类服务活动，包括文化体育服务、教育医疗服务、旅游娱乐服务、餐饮住宿服务、居民日常服务和其他生活服务。

【知识链接2-7】生活服务

●文化体育服务

文化体育服务，包括文化服务和体育服务。

①文化服务，是指为满足社会公众文化生活需求提供的各种服务，包括：文艺创作、文艺表演、文化比赛，图书馆的图书和资料借阅，档案馆的档案管理，文物及非物质遗产保护，组织举办宗教活动、科技活动、文化活动，提供游览场所。

②体育服务，是指组织举办体育比赛、体育表演、体育活动，以及提供体育训练、体育指导、体育管理的业务活动。

●教育医疗服务

教育医疗服务，包括教育服务和医疗服务。

①教育服务，是指提供学历教育服务、非学历教育服务、教育辅助服务的业务活动。

学历教育服务，是指根据教育行政管理部门确定或者认可的招生和教学计划组织教学，并颁发相应学历证书的业务活动，包括初等教育、初级中等教育、高级中等教育、高等教育等。

非学历教育服务，包括学前教育、各类培训、演讲、讲座、报告会等。

教育辅助服务，包括教育测评、考试、招生等服务。

②医疗服务，是指提供医学检查、诊断、治疗、康复、预防、保健、接生、计划生育、防疫服务等方面的服务，以及与这些服务有关的提供药品、医用材料器具、救护车、病房住宿和伙食的业务。

●旅游娱乐服务

旅游娱乐服务，包括旅游服务和娱乐服务。

①旅游服务，是指根据旅游者的要求，组织安排交通、游览、住宿、餐饮、购物、文

娱、商务等服务的业务活动。

②娱乐服务，是指为娱乐活动同时提供场所和服务的业务。

具体包括：歌厅、舞厅、夜总会、酒吧、台球、高尔夫球、保龄球、游艺（包括射击、狩猎、跑马、游戏机、蹦极、卡丁车、热气球、动力伞、射箭、飞镖）。

●餐饮住宿服务

餐饮住宿服务，包括餐饮服务和住宿服务。

①餐饮服务，是指通过同时提供饮食和饮食场所的方式为消费者提供饮食消费服务的业务活动。

②住宿服务，是指提供住宿场所及配套服务等的活动，包括宾馆、旅馆、旅社、度假村和其他经营性住宿场所提供的住宿服务。

●居民日常服务

居民日常服务，是指主要为满足居民个人及其家庭日常生活需求提供的服务，包括市容市政管理、家政、婚庆、养老、殡葬、照料和护理、救助救济、美容美发、按摩、桑拿、氧吧、足疗、沐浴、洗染、摄影扩印等服务。

●其他生活服务

其他生活服务，是指除文化体育服务、教育医疗服务、旅游娱乐服务、餐饮住宿服务和居民日常服务之外的生活服务。

2.销售无形资产

销售无形资产，是指转让无形资产所有权或者使用权的业务活动。无形资产，是指不具实物形态，但能带来经济利益的资产，包括技术、商标、著作权、商誉、自然资源使用权和其他权益性无形资产。

3.销售不动产

销售不动产，是指转让不动产所有权的业务活动。

不动产，是指不能移动或者移动后会引起性质、形状改变的财产，包括建筑物、构筑物等。

【知识链接2-8】不动产

建筑物，包括住宅、商业营业用房、办公楼等可供居住、工作或者进行其他活动的建造物。

构筑物，包括道路、桥梁、隧道、水坝等建造物。

转让建筑物有限产权或者永久使用权的，转让在建的建筑物或者构筑物所有权的，以及在转让建筑物或者构筑物时一并转让其所占土地的使用权的，按照销售不动产缴纳增值税。

（三）增值税征税范围的特殊规定

1.视同销售货物行为

视同销售货物行为包括：

（1）将货物交付他人代销。

（2）销售代销货物。

（3）设有两个以上机构并实行统一核算的纳税人，将货物从一个机构移送至其他机构用于销售，但相关机构设在同一县（市）的除外。

（4）将自产、委托加工的货物用于集体福利或个人消费。

（5）将自产、委托加工或者购进的货物作为投资，提供给其他单位或者个体工商户。

（6）将自产、委托加工或者购进的货物分配给股东或者投资者。

（7）将自产、委托加工或者购进的货物无偿赠送其他单位或者个人。

（8）《营业税改征增值税试点实施办法》（以下简称《试点实施办法》）规定的视同销售服务、无形资产或者不动产的情形。

《试点实施办法》第十四条规定：下列情形视同销售服务、无形资产或者不动产：

①单位或者个体工商户向其他单位或者个人无偿提供服务，但用于公益事业或者以社会公众为对象的除外。

②单位或者个人向其他单位或者个人无偿转让无形资产或者不动产，但用于公益事业或者以社会公众为对象的除外。

③财政部和国家税务总局规定的其他情形。

2.混合销售行为

一项销售行为如果既涉及服务又涉及货物，为混合销售。从事货物的生产、批发或者零售的单位和个体工商户的混合销售行为，按照销售货物缴纳增值税；其他单位和个体工商户的混合销售行为，按照销售服务缴纳增值税。

从事货物的生产、批发或者零售的单位和个体工商户，包括以从事货物的生产、批发或者零售为主，并兼营销售服务的单位和个体工商户在内。

纳税人的销售行为是否属于混合销售行为，由国家税务总局所属征收机关确定。

3.兼营行为

纳税人兼营销售货物、加工修理修配劳务、服务、无形资产或者不动产，适用不同税率或者征收率的，应当分别核算适用不同税率或者征收率的销售额；未分别核算销售额的，从高适用税率。

纳税人兼营免税、减税项目的，应当分别核算免税、减税项目的销售额；未分别核算的，不得免税、减税。

三、增值税纳税义务的发生时间

《增值税暂行条例》和《试点实施办法》明确规定了增值税纳税义务的发生时间，其基本规定为：

（1）销售货物或者应税劳务，为收讫销售款或者取得索取销售款凭据的当天。

按销售结算方式的不同，具体为：

①采取直接收款方式销售货物，不论货物是否发出，均为收到销售款或者取得索取销售款凭据的当天。

②采取托收承付和委托银行收款方式销售货物，为发出货物并办妥托收手续的当天。

③采取赊销和分期收款方式销售货物，为书面合同约定的收款日期的当天，无书面合同的或者书面合同没有约定收款日期的，为货物发出的当天。

④采取预收货款方式销售货物，为货物发出的当天，但生产销售生产工期超过12个

月的大型机械设备、船舶、飞机等货物，为收到预收款或者书面合同约定的收款日期的当天。

⑤委托其他纳税人代销货物，为收到代销单位的代销清单或者收到全部或者部分货款的当天。未收到代销清单及货款的，为发出代销货物满180天的当天。

⑥销售应税劳务，为提供劳务同时收讫销售款或者取得索取销售款的凭据的当天。

⑦纳税人发生视同销售货物行为，为货物移送的当天。

（2）进口货物，为报关进口的当天。

（3）纳税人发生应税行为并收讫销售款项或者取得索取销售款项凭据的当天；先开具发票的，为开具发票的当天。

收讫销售款项，是指纳税人销售服务、无形资产、不动产过程中或者完成后收到款项。

取得索取销售款项凭据的当天，是指书面合同确定的付款日期；未签订书面合同或者书面合同未确定付款日期的，为服务、无形资产转让完成的当天或者不动产权属变更的当天。

（4）纳税人提供建筑服务、租赁服务采取预收款方式的，其纳税义务发生时间为收到预收款的当天。

（5）纳税人从事金融商品转让的，为金融商品所有权转移的当天。

（6）纳税人发生视同销售服务、无形资产或者不动产的，其纳税义务发生时间为服务、无形资产转让完成的当天或者不动产权属变更的当天。

（7）增值税扣缴义务发生时间为纳税人增值税纳税义务发生的当天。

四、增值税的纳税人

（一）增值税纳税人的含义

根据《增值税暂行条例》及《试点实施办法》的规定，在中华人民共和国境内销售货物、进口货物或者提供加工、修理修配劳务及应税行为的单位和个人，为增值税的纳税人。具体包括：

1.单位

单位，是指企业、行政单位、事业单位、军事单位、社会团体及其他单位。

2.个人

个人包括个体工商户和其他个人。

3.扣缴义务人

中华人民共和国境外的单位或个人在境内发生应税行为，在境内未设有经营机构的，以购买方为增值税扣缴义务人。

4.承租人、承包人、挂靠人

单位以承包、承租、挂靠方式经营的，承包人、承租人、挂靠人（以下统称承包人）以发包人、出租人、被挂靠人（以下统称发包人）名义对外经营并由发包人承担相关法律责任的，以该发包人为纳税人。否则，以承包人为纳税人。

（二）增值税纳税人的分类及管理

为了严格增值税的征收管理，《增值税暂行条例》及其实施细则将增值税纳税人按其经营规模大小、是否有固定的生产经营场所，以及会计核算健全与否划分为小规模纳税人和一般纳税人。

1.小规模纳税人

小规模纳税人是指年应税销售额在规定标准以下，并且会计核算不健全、不能按规定报送有关税务资料的增值税纳税人。所谓会计核算不健全，是指不能正确核算增值税销项税额、进项税额和应纳税额。

《增值税暂行条例实施细则》第二十八条规定，小规模纳税人的标准为：

（1）从事货物生产或者提供应税劳务的纳税人，以及以从事货物生产或者提供应税劳务为主，并兼营货物批发或者零售的纳税人，年应征增值税销售额（以下简称应税销售额）在50万元以下（含本数，下同）的。

（2）除从事货物生产或者提供应税劳务的纳税人，以及以从事货物生产或者提供应税劳务为主，并兼营货物批发或者零售的纳税人，年应税销售额在80万元（含本数，下同）以下的。

《试点实施办法》第三条规定的营改增企业应税行为年应税销售额标准为500万元（含本数，下同），达不到的可以为小规模纳税人。财政部和国家税务总局可以对年应税销售额标准进行调整。

简单而言，就是工业企业年应税销售额在50万元以下、商业企业年应税销售额在80万元以下，营改增企业应税行为年应税销售额在500万元以下的，可以是增值税小规模纳税人。

年应税销售额超过小规模纳税人标准的其他个人按照小规模纳税人纳税；年应税销售额超过规定标准但不经常发生应税行为的单位和个体工商户可选择按照小规模纳税人纳税。

小规模纳税人实行简易办法征收增值税，不能领购和使用增值税专用发票。

2.一般纳税人

一般纳税人是指年应税销售额超过财政部、国家税务总局规定的小规模纳税人标准，并且会计核算健全、能够按规定报送有关税务资料的企业和企业性单位（以下简称企业）。会计核算健全，是指能够按照国家统一的会计制度规定设置账簿，根据合法、有效凭证核算。

年应税销售额未超过规定标准的纳税人，但会计核算健全，能够提供准确税务资料的，可以向主管税务机关办理一般纳税人资格登记，成为一般纳税人。

符合一般纳税人条件的纳税人应当向主管税务机关办理一般纳税人资格登记。除国家税务总局另有规定外，一经登记为一般纳税人后，不得转为小规模纳税人。

五、增值税的起征点及税率、征收率

（一）增值税的起征点

增值税起征点的适用范围仅限于个人。个人发生应税行为的销售额未达到增值税起征点的，免征增值税；达到起征点的，全额计算缴纳增值税。增值税的起征点不适用于登记为一般纳税人的个体工商户。

增值税起征点的幅度规定如下：

（1）按期纳税的，为月销售额5 000~20 000元（含本数）。

（2）按次纳税的，为每次（日）销售额300~500元（含本数）。

省、自治区、直辖市财政厅（局）和国家税务局应当在规定的幅度内，根据实际情况确定本地区适用的起征点，并报财政部和国家税务总局备案。

（二）增值税的税率和征收率

1.基本税率17%

增值税一般纳税人销售或进口货物，提供加工、修理修配劳务和应税行为，除适用低税率和销售个别旧货适用征收率外，其税率一律为17%。

2.低税率11%

增值税一般纳税人销售或进口下列货物，适用税率为13%：

（1）农产品（含粮食）、食用植物油、食用盐；

（2）自来水、暖气、石油液化气、天然气、冷气、热水、煤气、居民用煤炭制品；

（3）农机、饲料、农药、农膜、化肥、沼气、二甲醚；

（4）图书、报纸、杂志、音像制品、电子出版物；

（5）提供交通运输业服务、邮政业服务、基础电信服务、建筑服务、不动产租赁服务，销售不动产，转让土地使用权。

3.低税率6%

提供现代服务业服务（租赁服务除外）、增值电信服务、金融服务、生活服务、销售无形资产（转让土地使用权除外），税率为6%。

4.零税率

出口货物、劳务或者境内单位和个人发生的跨境应税行为，税率为零。具体范围由财政部和国家税务总局另行规定。

5.征收率

增值税的征收率为3%。

小规模纳税人（除其他个人外）销售自己使用过的固定资产，减按2%的征收率征收增值税。

在《营业税改征增值税试点有关事项的规定》中，财政部和国家税务总局明确规定了小规模纳税人和一般纳税人部分适用5%的征收率的情况。

六、增值税的优惠政策

增值税的优惠政策由国务院规定，任何地区和部门均不得制定优惠政策。

（一）资源综合利用产品增值税优惠政策

2015年6月12日，《财政部 国家税务总局关于印发〈资源综合利用产品和劳务增值税优惠目录〉的通知》（财税〔2015〕78号）发布，自2015年7月1日起执行。

（1）纳税人销售自产的资源综合利用产品和提供资源综合利用劳务（以下称销售综合利用产品和劳务），可享受增值税即征即退政策。具体综合利用的资源名称、综合利用产品和劳务名称、技术标准和相关条件、退税比例等按照财税〔2015〕78号所附《资源综合利用产品和劳务增值税优惠目录》（见表2-1）的相关规定执行。

表2-1　　　　**资源综合利用产品和劳务增值税优惠目录**

类别	序号	综合利用的资源名称	综合利用产品和劳务名称	技术标准和相关条件	退税比例
一、共、伴生矿产资源	1.1	油母页岩	页岩油	产品原料95%以上来自所列资源	70%
	1.2	煤炭开采过程中产生的煤层气（煤矿瓦斯）	电力	产品燃料95%以上来自所列资源	100%
	1.3	油田采油过程中产生的油污泥（浮渣）	乳化油调和剂、防水卷材辅料产品	产品原料70%以上来自所列资源	70%
二、废渣、废水(液)、废气	2.1	废渣	砖瓦（不含烧结普通砖）、砌块、陶粒、墙板、管材(管桩)、混凝土、砂浆、道路井盖、道路护栏、防火材料、耐火材料（镁铬砖除外）、保温材料、矿（岩）棉、微晶玻璃、U型玻璃	产品原料70%以上来自所列资源	70%
	2.2	废渣	水泥、水泥熟料	1. 42.5及以上等级水泥的原料20%以上来自所列资源，其他水泥、水泥熟料的原料40%以上来自所列资源 2. 纳税人符合《水泥工业大气污染物排放标准》（GB 4915—2013）规定的技术要求	70%
	2.3	建（构）筑废物、煤矸石	建筑砂石骨料	1. 产品原料90%以上来自所列资源 2. 产品以建（构）筑废物为原料的，符合《混凝土用再生粗骨料》（GB/T 25177—2010）或《混凝土和砂浆用再生细骨料》（GB/T 25176—2010）的技术要求；以煤矸石为原料的，符合《建设用砂》（GB/T 14684—2011）或《建设用卵石、碎石》（GB/T 14685—2011）规定的技术要求	50%

续表

类别	序号	综合利用的资源名称	综合利用产品和劳务名称	技术标准和相关条件	退税比例
二、废渣、废水(液)、废气	2.4	粉煤灰、煤矸石	氧化铝、活性硅酸钙、瓷绝缘子、煅烧高岭土	氧化铝、活性硅酸钙生产原料25%以上来自所列资源，瓷绝缘子生产原料中煤矸石所占比重30%以上，煅烧高岭土生产原料中煤矸石所占比重90%以上	50%
	2.5	煤矸石、煤泥、石煤、油母页岩	电力、热力	1.产品燃料60%以上来自所列资源 2.纳税人符合《火电厂大气污染物排放标准》（GB 13223—2011）和国家发展改革委、环境保护部、工业和信息化部《电力（燃煤发电企业）行业清洁生产评价指标体系》规定的技术要求	50%
	2.6	氧化铝赤泥、电石渣	氧化铁、氢氧化钠溶液、铝酸钠、铝酸三钙、脱硫剂	1.产品原料90%以上来自所列资源 2.生产过程中不产生二次废渣	50%
	2.7	废旧石墨	石墨异形件、石墨块、石墨粉、石墨增碳剂	1.产品原料90%以上来自所列资源 2.纳税人符合《工业炉窑大气污染物排放标准》（GB 9078—1996）规定的技术要求	50%
	2.8	垃圾以及利用垃圾发酵产生的沼气	电力、热力	1.产品燃料80%以上来自所列资源 2.纳税人符合《火电厂大气污染物排放标准》（GB 13223—2011）或《生活垃圾焚烧污染控制标准》（GB 18485—2014）规定的技术要求	100%
	2.9	退役军用发射药	涂料用硝化棉粉	产品原料90%以上来自所列资源	50%

续表

类别	序号	综合利用的资源名称	综合利用产品和劳务名称	技术标准和相关条件	退税比例
二、废渣、废水(液)、废气	2.10	废旧沥青混凝土	再生沥青混凝土	1.产品原料30%以上来自所列资源 2.产品符合《再生沥青混凝土》(GB/T 25033—2010)规定的技术要求	50%
二、废渣、废水(液)、废气	2.11	蔗渣	蔗渣浆、蔗渣刨花板和纸	1.产品原料70%以上来自所列资源 2.生产蔗渣浆及各类纸的纳税人符合国家发展改革委、环境保护部、工业和信息化部《制浆造纸行业清洁生产评价指标体系》规定的技术要求	50%
二、废渣、废水(液)、废气	2.12	废矿物油	润滑油基础油、汽油、柴油等工业油料	1.产品原料90%以上来自所列资源 2.纳税人符合《废矿物油回收利用污染控制技术规范》(HJ 607—2011)规定的技术要求	50%
二、废渣、废水(液)、废气	2.13	环己烷氧化废液	环氧环己烷、正戊醇、醇醚溶剂	1.产品原料90%以上来自所列资源 2.纳税人必须通过ISO 9000、ISO 14000认证	50%
二、废渣、废水(液)、废气	2.14	污水处理厂出水、工业排水(矿井水)、生活污水、垃圾处理厂渗透(滤)液等	再生水	1.产品原料100%来自所列资源 2.产品符合《再生水水质标准》(SL 368—2006)规定的技术要求	50%
二、废渣、废水(液)、废气	2.15	废弃酒糟和酿酒底锅水，淀粉、粉丝加工废液、废渣	蒸汽、活性炭、白炭黑、乳酸、乳酸钙、沼气、饲料、植物蛋白	产品原料80%以上来自所列资源	70%
二、废渣、废水(液)、废气	2.16	含油污水、有机废水、污水处理后产生的污泥，油田采油过程中产生的油污泥(浮渣)，包括利用上述资源发酵产生的沼气	微生物蛋白、干化污泥、燃料、电力、热力	产品原料或燃料90%以上来自所列资源，其中利用油田采油过程中产生的油污泥(浮渣)生产燃料的，原料60%以上来自所列资源	70%

续表

类别	序号	综合利用的资源名称	综合利用产品和劳务名称	技术标准和相关条件	退税比例
二、废渣、废水(液)、废气	2.17	煤焦油、荒煤气(焦炉煤气)	柴油、石脑油	1.产品原料95%以上来自所列资源 2.纳税人必须通过ISO 9000、ISO 14000认证	50%
	2.18	燃煤发电厂及各类工业企业生产过程中产生的烟气、高硫天然气	石膏、硫酸、硫酸铵、硫黄	1.产品原料95%以上来自所列资源 2.石膏的二水硫酸钙含量85%以上，硫酸的浓度15%以上，硫酸铵的总氮含量18%以上	50%
	2.19	工业废气	高纯度二氧化碳、工业氢气、甲烷	1.产品原料95%以上来自所列资源 2.高纯度二氧化碳产品符合（GB 10621—2006），工业氢气产品符合（GB/T 3634.1—2006），甲烷产品符合（HG/T 3633—1999）规定的技术要求	70%
	2.20	工业生产过程中产生的余热、余压	电力、热力	产品原料100%来自所列资源	100%
三、再生资源	3.1	废旧电池及其拆解物	金属及镍钴锰氢氧化物、镍钴锰酸锂、氯化钴	1.产品原料中95%以上利用上述资源 2.镍钴锰氢氧化物符合《镍、钴、锰三元素复合氢氧化物》（GB/T 26300—2010）规定的技术要求	30%
	3.2	废显（定）影液、废胶片、废相纸、废感光剂等废感光材料	银	1.产品原料95%以上来自所列资源 2.纳税人必须通过ISO 9000、ISO 14000认证	30%
	3.3	废旧电机、废旧电线电缆、废铝制易拉罐、报废汽车、报废摩托车、报废船舶、废旧电器电子产品、废旧太阳能光伏器件、废旧灯泡（管），及其拆解物	经冶炼、提纯生产的金属及合金（不包括铁及铁合金）	1.产品原料70%来自所列资源 2.法律、法规或规章对相关废旧产品拆解规定了资质条件的，纳税人应当取得相应的资质	30%

续表

类别	序号	综合利用的资源名称	综合利用产品和劳务名称	技术标准和相关条件	退税比例
三、再生资源	3.4	废催化剂、电解废弃物、电镀废弃物、废旧线路板、烟尘灰、湿法泥、熔炼渣、线路板蚀刻废液、锡箔纸灰	经冶炼、提纯或化合生产的金属、合金及金属化合物（不包括铁及铁合金），冰晶石	1. 产品原料70%来自所列资源 2. 纳税人必须通过ISO 9000、ISO 14000认证	30%
	3.5	报废汽车、报废摩托车、报废船舶、废旧电器电子产品、废旧农机具、报废机器设备、废旧生活用品、工业边角余料、建筑拆解物等产生或拆解出来的废钢铁	炼钢炉料	1.产品原料95%以上来自所列资源 2. 炼钢炉料符合《废钢铁》（GB 4223—2004）规定的技术要求 3. 法律、法规或规章对相关废旧产品拆解规定了资质条件的，纳税人应当取得相应的资质 4. 纳税人符合工业和信息化部《废钢铁加工行业准入条件》的相关规定 5. 炼钢炉料的销售对象应为符合工业和信息化部《钢铁行业规范条件》或《铸造行业准入条件》并公告的钢铁企业或铸造企业	30%
	3.6	稀土产品加工废料，废弃稀土产品及拆解物	稀土金属及稀土氧化物	1.产品原料95%以上来自所列资源 2. 纳税人符合国家发展改革委、环境保护部、工业和信息化部《稀土冶炼行业清洁生产评价指标体系》规定的技术要求	30%
	3.7	废塑料、废旧聚氯乙烯（PVC）制品、废铝塑（纸铝、纸塑）复合纸包装材料	汽油、柴油、石油焦、炭黑、再生纸浆、铝粉、塑木（木塑）制品、（汽车、摩托车、家电、管材用）改性再生专用料、化纤用再生聚酯专用料、瓶用再生聚对苯二甲酸乙二醇酯（PET）树脂及再生塑料制品	1.产品原料70%以上来自所列资源 2.化纤用再生聚酯专用料杂质含量低于0.5mg/g、水分含量低于1%，瓶用再生聚对苯二甲酸乙二醇酯（PET）树脂乙醛质量分数小于等于1ug/g 3. 纳税人必须通过ISO 9000、ISO 14000认证	50%

续表

类别	序号	综合利用的资源名称	综合利用产品和劳务名称	技术标准和相关条件	退税比例
三、再生资源	3.8	废纸、农作物秸秆	纸浆、秸秆浆和纸	1.产品原料70%以上来自所列资源 2.废水排放符合《制浆造纸工业水污染物排放标准》（GB 3544—2008）规定的技术要求 3.纳税人符合《制浆造纸行业清洁生产评价指标体系》规定的技术要求 4.纳税人必须通过ISO 9000、ISO 14000认证	50%
	3.9	废旧轮胎、废橡胶制品	胶粉、翻新轮胎、再生橡胶	1.产品原料95%以上来自所列资源 2.胶粉符合（GB/T 19208—2008）规定的技术要求；翻新轮胎符合（GB 7037—2007）、（GB 14646—2007）或（HG/T 3979—2007）规定的技术要求；再生橡胶符合（GB/T 13460—2008）规定的技术要求 3.纳税人必须通过ISO 9000、ISO 14000认证	50%
	3.10	废弃天然纤维、化学纤维及其制品	纤维纱及织布、无纺布、毡、黏合剂及再生聚酯产品	产品原料90%以上来自所列资源	50%
	3.11	人发	档发	产品原料90%以上来自所列资源	70%
	3.12	废玻璃	玻璃熟料	1.产品原料95%以上来自所列资源 2.产品符合《废玻璃分类》（SB/T 10900—2012）的技术要求 3.纳税人符合《废玻璃回收分拣技术规范》（SB/T 11108—2014）规定的技术要求	50%

续表

类别	序号	综合利用的资源名称	综合利用产品和劳务名称	技术标准和相关条件	退税比例
四、农林剩余物及其他	4.1	餐厨垃圾、畜禽粪便、稻壳、花生壳、玉米芯、油茶壳、棉籽壳、三剩物、次小薪材、农作物秸秆、蔗渣，以及利用上述资源发酵产生的沼气	生物质压块、沼气等燃料，电力、热力	1.产品原料或者燃料80%以上来自所列资源 2.纳税人符合《锅炉大气污染物排放标准》（GB 13271—2014）、《火电厂大气污染物排放标准》（GB 13223—2011）或《生活垃圾焚烧污染控制标准》（GB 18485—2001）规定的技术要求	100%
	4.2	三剩物、次小薪材、农作物秸秆、沙柳	纤维板、刨花板，细木工板、生物炭、活性炭、栲胶、水解酒精、纤维素、木质素、木糖、阿拉伯糖、糠醛、箱板纸	产品原料95%以上来自所列资源	70%
	4.3	废弃动物油和植物油	生物柴油、工业级混合油	1.产品原料70%以上来自所列资源 2.工业级混合油的销售对象须为化工企业	70%
五、资源综合利用劳务	5.1	垃圾处理、污泥处理处置劳务			70%
	5.2	污水处理劳务		污水经加工处理后符合《城镇污水处理厂污染物排放标准》（GB 18918—2002）规定的技术要求或达到相应的国家或地方水污染物排放标准中的直接排放限值	70%
	5.3	工业废气处理劳务		经治理、处理后符合《大气污染物综合排放标准》（GB 16297—1996）规定的技术要求或达到相应的国家或地方水污染物排放标准中的直接排放限值	70%

备注：

1.概念和定义。

“纳税人”，是指从事表中所列的资源综合利用项目的增值税一般纳税人。

“废渣”，是指采矿选矿废渣、冶炼废渣、化工废渣和其他废渣。其中，采矿选矿废渣，是指在矿产资源开采加工过程中产生的煤矸石、粉末、粉尘和污泥；冶炼废渣，是指转炉渣、电炉渣、铁合金炉渣、氧化铝赤泥和有色金属灰渣，但不包括高炉水渣；化工废渣，是指硫铁矿渣、硫铁矿煅烧渣、硫酸渣、硫石膏、磷石膏、磷矿煅烧渣、含氰废渣、电石渣、磷肥渣、硫黄渣、碱渣、含钡废渣、铬渣、盐泥、总溶剂渣、黄磷渣、柠檬酸渣、脱硫石膏、氟石膏、钛石膏和废石膏模；其他废渣，是指粉煤灰、燃煤炉渣、江河（湖、海、渠）道淤泥、淤沙、建筑垃圾、废玻璃、污水处理厂处理污水产生的污泥。

“蔗渣”，是指以甘蔗为原料的制糖生产过程中产生的含纤维50%左右的固体废弃物。

“再生水”，是指对污水处理厂出水、工业排水（矿井水）、生活污水、垃圾处理厂渗透（滤）液等水源进行回收，经适当处理后达到一定水质标准，并在一定范围内重复利用的水资源。

“冶炼”，是指通过焙烧、熔炼、电解以及使用化学药剂等方法把原料中的金属提取出来，减少金属中所含的杂质或增加金属中某种成分，炼成所需要的金属。冶炼包括火法冶炼、湿法提取或电化学沉积。

“烟尘灰”，是指金属冶炼厂火法冶炼过程中，为保护环境经除尘器（塔）收集的粉灰状及泥状残料物。

“湿法泥”，是指湿法冶炼生产排出的污泥，经集中环保处置后产生的中和渣，且具有一定回收价值的污泥状废弃物。

“熔炼渣”，是指有色金属火法冶炼过程中，由于比重的差异，金属成分因比重大沉底形成金属锭，而比重较小的硅、铁、钙等化合物浮在金属表层形成的废渣。

“农作物秸秆”，是指农业生产过程中，收获了粮食作物（指稻谷、小麦、玉米、薯类等）、油料作物（指油菜籽、花生、大豆、葵花籽、芝麻籽、胡麻籽等）、棉花、麻类、糖料、烟叶、药材、花卉、蔬菜和水果等以后残留的茎秆。

“三剩物”，是指采伐剩余物（指枝丫、树梢、树皮、树叶、树根及藤条、灌木等）、造材剩余物（指造材截头）和加工剩余物（指板皮、板条、木竹截头、锯末、碎单板、木芯、刨花、木块、篾黄、边角余料等）。

“次小薪材”，是指次加工材（指材质低于针、阔叶树加工用原木最低等级但具有一定利用价值的次加工原木，按《次加工原木》（LY/T 1369—2011）标准执行）、小径材（指长度在2米以下或径级8厘米以下的小原木条、松木杆、脚手杆、杂木杆、短原木等）和薪材。

“垃圾”，是指城市生活垃圾、农作物秸秆、树皮废渣、污泥、合成革及化纤废弃物、病死畜禽等养殖废弃物等垃圾。

“垃圾处理”，是指运用填埋、焚烧、综合处理和回收利用等形式，对垃圾进行减量化、资源化和无害化处理处置的业务。

“污水处理”，是指将污水（包括城镇污水和工业废水）处理后达到《城镇污水处理厂污染物排放标准》（GB 18918—2002），或达到相应的国家或地方水污染物排放标准中的直接排放限值的业务。其中，城镇污水是指城镇居民生活污水，机关、学校、医院、商业服务机构及各种公共设施排水，以及允许排入城镇污水收集系统的工业废水和初期雨水。工业废水是指工业生产过程中产生的，不允许排入城镇污水收集系统的废水和废液。

“污泥处理处置”，是指对污水处理后产生的污泥进行稳定化、减量化和无害化处理处置的业务。

2.综合利用的资源比例计算方式。

（1）综合利用的资源占生产原料或者燃料的比重，以重量比例计算。其中，水泥、水泥熟料原料中掺兑废渣的比重，按以下方法计算：

①对经生料烧制和熟料研磨阶段生产的水泥，其掺兑废渣比例计算公式为：

$$\text{掺兑废渣比例}=\left(\text{生料烧制阶段掺兑废渣数量}+\text{熟料研磨阶段掺兑废渣数量}\right)\div\left(\text{除废渣以外的生料数量}+\text{生料烧制和熟料研磨阶段掺兑废渣数量}+\text{其他材料数量}\right)\times100\%$$

②对外购水泥熟料采用研磨工艺生产的水泥，其掺兑废渣比例计算公式为：

$$\text{掺兑废渣比例}=\text{熟料研磨阶段掺兑废渣数量}\div\left(\text{熟料数量}+\text{熟料研磨阶段掺兑废渣数量}+\text{其他材料数量}\right)\times100\%$$

③对生料烧制的水泥熟料，其掺兑废渣比例计算公式为：

$$\text{掺兑废渣比例}=\text{生料烧制阶段掺兑废渣数量}\div(\text{除废渣以外的生料数量}+\text{生料烧制阶段掺兑废渣数量}+\text{其他材料数量})\times 100\%$$

（2）综合利用的资源为余热、余压的，按其占生产电力、热力消耗的能源比例计算。

3.表中所列综合利用产品，应当符合相应的国家或行业标准。既有国家标准又有行业标准的，应当符合相对高的标准；没有国家标准或行业标准的，应当符合按规定向质量技术监督部门备案的企业标准。

表中所列各类国家标准、行业标准，如在执行过程中有更新、替换，统一按最新的国家标准、行业标准执行。

4.表中所称“以上”均含本数。

（2）纳税人从事《资源综合利用产品和劳务增值税优惠目录》所列的资源综合利用项目，其申请享受财税〔2015〕78号规定的增值税即征即退政策时，应同时符合下列条件：

①属于增值税一般纳税人。

②销售综合利用产品和劳务，不属于国家发展改革委《产业结构调整指导目录》中的禁止类、限制类项目。

③销售综合利用产品和劳务，不属于环境保护部《环境保护综合名录》中的“高污染、高环境风险”产品或者重污染工艺。

④综合利用的资源，属于环境保护部《国家危险废物名录》列明的危险废物的，应当取得省级及以上环境保护部门颁发的《危险废物经营许可证》，且许可经营范围包括该危险废物的利用。

⑤纳税信用等级不属于税务机关评定的C级或D级。

纳税人在办理退税事宜时，应向主管税务机关提供其符合本条规定的上述条件以及《资源综合利用产品和劳务增值税优惠目录》规定的技术标准和相关条件的书面声明材料，未提供书面声明材料或者出具虚假材料的，税务机关不得给予退税。

（3）已享受财税〔2015〕78号规定的增值税即征即退政策的纳税人，自不符合财税〔2015〕78号第二条规定的条件以及《资源综合利用产品和劳务增值税优惠目录》规定的技术标准和相关条件的次月起，不再享受财税〔2015〕78号规定的增值税即征即退政策。

（4）已享受财税〔2015〕78号规定的增值税即征即退政策的纳税人，因违反税收、环境保护的法律法规受到处罚（警告或单次1万元以下罚款除外）的，自处罚决定下达的次月起36个月内，不得享受财税〔2015〕78号规定的增值税即征即退政策。

（5）纳税人应当单独核算适用增值税即征即退政策的综合利用产品和劳务的销售额和应纳税额。未单独核算的，不得享受财税〔2015〕78号规定的增值税即征即退政策。

（6）各省、自治区、直辖市、计划单列市税务机关应于每年2月底之前在其网站上，将本地区上一年度所有享受财税〔2015〕78号规定的增值税即征即退政策的纳税人，按下列项目予以公示：纳税人名称、纳税人识别号，综合利用的资源名称、数量，综合利用产品和劳务名称。

（二）软件产品增值税优惠政策

软件产品是指信息处理程序及相关文档和数据。软件产品包括计算机软件产品、信息系统和嵌入式软件产品。嵌入式软件产品是指嵌入在计算机硬件、机器设备中并随其一并销售，构成计算机硬件、机器设备组成部分的软件产品。自2011年1月1日起，对软件产品增值税优惠政策的规定如下：

（1）增值税一般纳税人销售其自行开发生产的软件产品，按17%的税率征收增值税后，对其增值税实际税负超过3%的部分实行即征即退政策。

（2）增值税一般纳税人将进口软件产品进行本地化改造后对外销售，其销售的软件产品可享受第（1）项规定的增值税即征即退政策。

本地化改造是指对进口软件产品进行重新设计、改进、转换等，单纯对进口软件产品进行汉字化处理不包括在内。

（3）纳税人受托开发软件产品，著作权属于受托方的征收增值税，著作权属于委托方或属于双方共同拥有的不征收增值税；对经过国家版权局注册登记，纳税人在销售时一并转让著作权、所有权的，不征收增值税。

（三）促进残疾人就业增值税优惠政策

2016年5月5日发布的《财政部 国家税务总局关于促进残疾人就业增值税优惠政策的通知》（财税〔2016〕52号）规定：

（1）对安置残疾人的单位和个体工商户（以下称纳税人），实行由税务机关按纳税人安置残疾人的人数，限额即征即退增值税的办法。

安置的每位残疾人每月可退还的增值税具体限额，由县级以上税务机关根据纳税人所在区县（含县级市、旗，下同）适用的经省（含自治区、直辖市、计划单列市，下同）人民政府批准的月最低工资标准的4倍确定。

（2）享受税收优惠政策的条件。

①纳税人（除盲人按摩机构外）月安置的残疾人占在职职工人数的比例不低于25%（含25%），并且安置的残疾人人数不少于10人（含10人）；

盲人按摩机构月安置的残疾人占在职职工人数的比例不低于25%（含25%），并且安置的残疾人人数不少于5人（含5人）。

②依法与安置的每位残疾人签订了1年以上（含1年）的劳动合同或服务协议。

③为安置的每位残疾人按月足额缴纳了基本养老保险、基本医疗保险、失业保险、工伤保险和生育保险等社会保险。

④通过银行等金融机构向安置的每位残疾人，按月支付了不低于纳税人所在区县适用的经省人民政府批准的月最低工资标准的工资。

（3）《财政部 国家税务总局关于教育税收政策的通知》（财税〔2004〕39号）第一条第7项规定的特殊教育学校举办的企业，只要符合上述第（2）条第①项第一款规定的条件，即可享受上述第（1）条规定的增值税优惠政策。这类企业在计算残疾人人数时可将在企业上岗工作的特殊教育学校的全日制在校学生计算在内，在计算企业在职职工人数时也要将上述学生计算在内。

（4）纳税人中纳税信用等级为税务机关评定的C级或D级的，不得享受上述第（1）条、第（3）条规定的政策。

（5）纳税人按照纳税期限向主管国税机关申请退还增值税。本纳税期已交增值税额不足退还的，可在本纳税年度内以前纳税期已交增值税扣除已退增值税的余额中退还，仍不足退还的可结转本纳税年度内以后纳税期退还，但不得结转以后年度退还。纳税期限不为按月的，只能对其符合条件的月份退还增值税。

（6）上述第（1）条规定的增值税优惠政策仅适用于生产销售货物，提供加工、修理修配劳务，以及提供营改增现代服务和生活服务税目（不含文化体育服务和娱乐服务）范围的服务取得的收入之和，占其增值税收入的比例达到50%的纳税人，但不适用于上述纳税人直接销售外购货物（包括商品批发和零售）以及销售委托加工的货物取得的收入。

纳税人应当分别核算上述享受税收优惠政策和不得享受税收优惠政策业务的销售额，不能分别核算的，不得享受上述规定的优惠政策。

（7）如果既适用促进残疾人就业增值税优惠政策，又适用重点群体、退役士兵、随军家属、军转干部等支持就业的增值税优惠政策的，纳税人可自行选择适用的优惠政策，但不能累加执行。一经选定，36个月内不得变更。

（8）残疾人个人提供的加工、修理修配劳务，免征增值税。

（9）税务机关发现已享受上述增值税优惠政策的纳税人，存在不符合上述第（2）条、第（3）条规定条件，或者采用伪造或重复使用残疾人证、残疾军人证等手段骗取上述规定的增值税优惠的，应将纳税人发生上述违法违规行为的纳税期内按上述已享受到的退税全额追缴入库，并自发现当月起36个月内停止其享受上述规定的各项税收优惠。

（10）财税〔2016〕52号有关定义。

①残疾人，是指法定劳动年龄内，持有《中华人民共和国残疾人证》或者《中华人民共和国残疾军人证（1至8级）》的自然人，包括具有劳动条件和劳动意愿的精神残疾人。

②残疾人个人，是指自然人。

③在职职工人数，是指与纳税人建立劳动关系并依法签订劳动合同或者服务协议的雇员人数。

④特殊教育学校举办的企业，是指特殊教育学校主要为在校学生提供实习场所，并由学校出资自办、由学校负责经营管理、经营收入全部归学校所有的企业。

（四）按简易办法征收增值税的税收优惠政策

（1）一般纳税人销售自产的下列货物，可选择按照简易办法依照6%的征收率计算缴纳增值税：

①县级及县级以下小型水力发电单位生产的电力。小型水力发电单位是指各类投资主体建设的装机容量为5万千瓦以下（含5万千瓦）的小型水力发电单位。

②建筑用和生产建筑材料所用的砂、土、石料。

③以自己采掘的砂、土、石料或其他矿物连续生产的砖、瓦、石灰（不含黏土实心砖、瓦）。

④用微生物、微生物代谢产物、动物毒素、人或动物的血液或组织制成的生物制品。

⑤自来水。

⑥商品混凝土（仅限于以水泥为原料生产的水泥混凝土）。

一般纳税人选择简易办法计算缴纳增值税后，36个月内不得变更。

（2）对属于一般纳税人的自来水公司销售自来水按简易办法依照6%的征收率征收增值税，不得抵扣其购进自来水取得增值税扣税凭证上注明的增值税税款。

（五）增值税直接免税项目

下列项目免征增值税：

（1）农业生产者销售的自产农产品。

（2）避孕药品和用具。

（3）古旧图书。

（4）直接用于科学研究、科学试验和教学的进口仪器、设备。

（5）外国政府、国际组织无偿援助的进口物资和设备。

（6）由残疾人的组织直接进口供残疾人专用的物品。

（7）销售的自己使用过的物品。

（六）小微企业增值税优惠政策

2016年4月19日发布的《国家税务总局关于全面推开营业税改征增值税试点有关税收征收管理事项的公告》（国家税务总局公告2016年第23号）规定，增值税小规模纳税人销售货物，提供加工、修理修配劳务月销售额不超过3万元（按季纳税9万元），销售服务、无形资产月销售额不超过3万元（按季纳税9万元）的，自2016年5月1日起至2017年12月31日止，可分别享受小微企业暂免征收增值税优惠政策。

其他个人采取预收款形式出租不动产，取得的预收租金收入，可在预收款对应的租赁期内平均分摊，分摊后的月租金收入不超过3万元的，可享受小微企业免征增值税优惠政策。

（七）营业税改征增值税试点过渡政策的规定

1.下列项目免征增值税

（1）托儿所、幼儿园提供的保育和教育服务。

（2）养老机构提供的养老服务。

养老机构，是指依照民政部《养老机构设立许可办法》（民政部令第48号）设立并依法办理登记的为老年人提供集中居住和照料服务的各类养老机构；养老服务，是指上述养老机构按照民政部《养老机构管理办法》（民政部令第49号）的规定，为收住的老年人提供的生活照料、康复护理、精神慰藉、文化娱乐等服务。

（3）残疾人福利机构提供的育养服务。

（4）婚姻介绍服务。

（5）殡葬服务。

殡葬服务，是指收费标准由各地价格主管部门会同有关部门核定，或者实行政府指导价管理的遗体接运（含抬尸、消毒）、遗体整容、遗体防腐、存放（含冷藏）、火化、骨灰寄存、吊唁设施设备租赁、墓穴租赁及管理等服务。

（6）残疾人员本人为社会提供的服务。

（7）医疗机构提供的医疗服务。

（8）从事学历教育的学校提供的教育服务。

（9）学生勤工俭学提供的服务。

（10）农业机耕、排灌、病虫害防治、植物保护、农牧保险以及相关技术培训业务，家禽、牲畜、水生动物的配种和疾病防治。

（11）纪念馆、博物馆、文化馆、文物保护单位管理机构、美术馆、展览馆、书画院、图书馆在自己的场所提供文化体育服务取得的第一道门票收入。

（12）寺院、宫观、清真寺和教堂举办文化、宗教活动的门票收入。

（13）行政单位之外的其他单位收取的符合《试点实施办法》第十条规定条件的政府性基金和行政事业性收费。

（14）个人转让著作权。

（15）个人销售自建自用住房。

（16）2018年12月31日前，公共租赁住房经营管理单位出租公共租赁住房。

（17）台湾航运公司、航空公司从事海峡两岸海上直航、空中直航业务在大陆取得的运输收入。

（18）纳税人提供的直接或者间接国际货物运输代理服务。

（19）以下利息收入：

①2016年12月31日前，金融机构农户小额贷款。

②国家助学贷款。

③国债、地方政府债。

④人民银行对金融机构的贷款。

⑤住房公积金管理中心用住房公积金在指定的委托银行发放的个人住房贷款。

⑥外汇管理部门在从事国家外汇储备经营过程中，委托金融机构发放的外汇贷款。

⑦统借统还业务中，企业集团或企业集团中的核心企业以及集团所属财务公司按不高于支付给金融机构的借款利率水平或者支付的债券票面利率水平，向企业集团或者集团内下属单位收取的利息。

（20）被撤销金融机构以货物、不动产、无形资产、有价证券、票据等财产清偿债务。

（21）保险公司开办的1年期以上人身保险产品取得的保费收入。

（22）下列金融商品转让收入：

①合格境外投资者（QFII）委托境内公司在我国从事证券买卖业务。

②香港市场投资者（包括单位和个人）通过沪港通买卖上海证券交易所上市A股。

③香港市场投资者（包括单位和个人）通过基金互认买卖内地基金份额。

④证券投资基金（封闭式证券投资基金或开放式证券投资基金）管理人运用基金买卖股票、债券。

⑤个人从事金融商品转让业务。

（23）金融同业往来利息收入。

（24）同时符合下列条件的担保机构从事中小企业信用担保或者再担保业务取得的收入（不含信用评级、咨询、培训等收入）3年内免征增值税：

①已取得监管部门颁发的融资性担保机构经营许可证，依法登记注册为企（事）业法人，实收资本超过2 000万元。

②平均年担保费率不超过银行同期贷款基准利率的50%。

平均年担保费率=本期担保费收入÷（期初担保余额+本期增加担保金额）×100%

③连续合规经营2年以上，资金主要用于担保业务，具备健全的内部管理制度和为中小企业提供担保的能力，经营业绩突出，对受保项目具有完善的事前评估、事中监控、事后追偿与处置机制。

④为中小企业提供的累计担保贷款额占其2年累计担保业务总额的80%以上，单笔800万元以下的累计担保贷款额占其累计担保业务总额的50%以上。

⑤对单个受保企业提供的担保余额不超过担保机构实收资本总额的10%，且平均单笔担保责任金额最多不超过3 000万元人民币。

⑥担保责任余额不低于其净资产的3倍，且代偿率不超过2%。

（25）国家商品储备管理单位及其直属企业承担商品储备任务，从中央或者地方财政取得的利息补贴收入和价差补贴收入。

（26）纳税人提供技术转让、技术开发和与之相关的技术咨询、技术服务。

（27）同时符合下列条件的合同能源管理服务：

①节能服务公司实施合同能源管理项目相关技术，应当符合国家质量监督检验检疫总局和国家标准化管理委员会发布的《合同能源管理技术通则》（GB/T 24915—2010）规定的技术要求。

②节能服务公司与用能企业签订节能效益分享型合同，其合同格式和内容，符合《中华人民共和国合同法》和《合同能源管理技术通则》（GB/T 24915—2010）等规定。

（28）2017年12月31日前，科普单位的门票收入，以及县级及以上党政部门和科协开展科普活动的门票收入。

科普单位，是指科技馆、自然博物馆，对公众开放的天文馆（站、台）、气象台（站）、地震台（站），以及高等院校、科研机构对公众开放的科普基地。

（29）政府举办的从事学历教育的高等、中等和初等学校（不含下属单位），举办进修班、培训班取得的全部归该学校所有的收入。

（30）政府举办的职业学校设立的主要为在校学生提供实习场所，并由学校出资自办、由学校负责经营管理、经营收入归学校所有的企业，从事《销售服务、无形资产或者不动产注释》中“现代服务”（不含融资租赁服务、广告服务和其他现代服务）、“生活服务”（不含文化体育服务、其他生活服务和桑拿、氧吧）业务活动取得的收入。

（31）家政服务企业由员工制家政服务员提供家政服务取得的收入。

（32）福利彩票、体育彩票的发行收入。

（33）军队空余房产租赁收入。

（34）为了配合国家住房制度改革，企业、行政事业单位按房改成本价、标准价出售住房取得的收入。

（35）将土地使用权转让给农业生产者用于农业生产。

（36）涉及家庭财产分割的个人无偿转让不动产、土地使用权。

（37）土地所有者出让土地使用权和土地使用者将土地使用权归还给土地所有者。

（38）县级以上地方人民政府或自然资源行政主管部门出让、转让或收回自然资源使用权（不含土地使用权）。

（39）随军家属就业。

①为安置随军家属就业而新开办的企业，自领取税务登记证之日起，其提供的应税服务3年内免征增值税。

享受税收优惠政策的企业，随军家属必须占企业总人数的60%（含）以上，并有军（含）以上政治和后勤机关出具的证明。

②从事个体经营的随军家属，自办理税务登记事项之日起，其提供的应税服务3年内免征增值税。

随军家属必须有师以上政治机关出具的可以表明其身份的证明。

按照上述规定，每一名随军家属可以享受一次免税政策。

（40）军队转业干部就业。

①从事个体经营的军队转业干部，自领取税务登记证之日起，其提供的应税服务3年内免征增值税。

②为安置自主择业的军队转业干部就业而新开办的企业，凡安置自主择业的军队转业干部占企业总人数60%（含）以上的，自领取税务登记证之日起，其提供的应税服务3年内免征增值税。

享受上述优惠政策的自主择业的军队转业干部必须持有师以上部队颁发的转业证件。

2.增值税即征即退

（1）一般纳税人提供管道运输服务，对其增值税实际税负超过3%的部分实行增值税即征即退政策。

（2）经人民银行、银监会或者商务部批准从事融资租赁业务的试点纳税人中的一般纳税人，提供有形动产融资租赁服务和有形动产融资性售后回租服务，对其增值税实际税负超过3%的部分实行增值税即征即退政策。

（3）这里所称增值税实际税负，是指纳税人当期提供应税服务实际缴纳的增值税额占纳税人当期提供应税服务取得的全部价款和价外费用的比例。

3.扣减增值税规定

（1）退役士兵创业就业。

①对自主就业退役士兵从事个体经营的，在3年内按每户每年8 000元为限额依次扣减其当年实际应缴纳的增值税、城市维护建设税、教育费附加、地方教育附加和个人所得税。限额标准最高可上浮20%，各省、自治区、直辖市人民政府可根据本地区实际情况在此幅度内确定具体限额标准，并报财政部和国家税务总局备案。

纳税人年度应缴纳税款小于上述扣减限额的，以其实际缴纳的税款为限；大于上述扣减限额的，应以上述扣减限额为限。纳税人的实际经营期不足1年的，应当以实际月份换算其减免税限额。换算公式为：

减免税限额=年度减免税限额÷12×实际经营月数

纳税人在享受税收优惠政策的当月，持《中国人民解放军义务兵退出现役证》或《中国人民解放军士官退出现役证》以及税务机关要求的相关材料向主管税务机关备案。

②对商贸企业、服务型企业、劳动就业服务企业中的加工型企业和街道社区具有加工性质的小型企业实体，在新增加的岗位中，当年新招用自主就业退役士兵，与其

签订1年以上期限劳动合同并依法缴纳社会保险费的，在3年内按实际招用人数予以定额依次扣减增值税、城市维护建设税、教育费附加、地方教育附加和企业所得税优惠。定额标准为每人每年4 000元，最高可上浮50%，各省、自治区、直辖市人民政府可根据本地区实际情况在此幅度内确定具体定额标准，并报财政部和国家税务总局备案。

纳税人按企业招用人数和签订的劳动合同时间核定企业减免税总额，在核定减免税总额内每月依次扣减增值税、城市维护建设税、教育费附加和地方教育附加。纳税人实际应缴纳的增值税、城市维护建设税、教育费附加和地方教育附加小于核定减免税总额的，以实际应缴纳的增值税、城市维护建设税、教育费附加和地方教育附加为限；实际应缴纳的增值税、城市维护建设税、教育费附加和地方教育附加大于核定减免税总额的，以核定减免税总额为限。

纳税年度终了，如果企业实际减免的增值税、城市维护建设税、教育费附加和地方教育附加小于核定的减免税总额，企业在企业所得税汇算清缴时扣减企业所得税。当年扣减不足的，不再结转以后年度扣减。

（2）重点群体创业就业。

①对持《就业创业证》（注明“自主创业税收政策”或“毕业年度内自主创业税收政策”）的人员从事个体经营的，在3年内按每户每年8 000元为限额依次扣减其当年实际应缴纳的增值税、城市维护建设税、教育费附加、地方教育附加和个人所得税。限额标准最高可上浮20%，各省、自治区、直辖市人民政府可根据本地区实际情况在此幅度内确定具体限额标准，并报财政部和国家税务总局备案。

纳税人年度应缴纳税款小于上述扣减限额的，以其实际缴纳的税款为限；大于上述扣减限额的，应以上述扣减限额为限。

上述人员是指：

A.在人力资源社会保障部门公共就业服务机构登记失业半年以上的人员。

B.零就业家庭、享受城市居民最低生活保障家庭劳动年龄内的登记失业人员。

C.毕业年度内高校毕业生。高校毕业生是指实施高等学历教育的普通高等学校、成人高等学校毕业的学生；毕业年度是指毕业所在自然年，即1月1日至12月31日。

②对商贸企业、服务型企业、劳动就业服务企业中的加工型企业和街道社区具有加工性质的小型企业实体，在新增加的岗位中，当年新招用在人力资源社会保障部门公共就业服务机构登记失业半年以上且持《就业创业证》人员，与其签订1年以上期限劳动合同并依法缴纳社会保险费的，在3年内按实际招用人数予以定额依次扣减增值税、城市维护建设税、教育费附加、地方教育附加和企业所得税优惠。定额标准为每人每年4 000元，最高可上浮30%，各省、自治区、直辖市人民政府可根据本地区实际情况在此幅度内确定具体定额标准，并报财政部和国家税务总局备案。

按上述标准计算的税收扣减额应在企业当年实际应缴纳的增值税、城市维护建设税、教育费附加、地方教育附加和企业所得税税额中扣减，当年扣减不足的，不得结转下年使用。

此项税收优惠政策的执行期限为2016年5月1日至2016年12月31日，纳税人在2016年12月31日未享受满3年的，可继续享受至3年期满为止。

4.金融企业发放贷款

金融企业发放贷款后，自结息日起90天内发生的应收未收利息按现行规定缴纳增值税，自结息日起90天后发生的应收未收利息暂不缴纳增值税，待实际收到利息时按规定缴纳增值税。

上述所称金融企业，是指银行（包括国有、集体、股份制、合资、外资银行以及其他所有制形式的银行）、城市信用社、农村信用社、信托投资公司、财务公司。

5.个人购买住房对外销售

个人将购买不足2年的住房对外销售的，按照5%的征收率全额缴纳增值税；个人将购买2年以上（含2年）的住房对外销售的，免征增值税。上述政策适用于北京市、上海市、广州市和深圳市之外的地区。

个人将购买不足2年的住房对外销售的，按照5%的征收率全额缴纳增值税；个人将购买2年以上（含2年）的非普通住房对外销售的，以销售收入减去购买住房价款后的差额按照5%的征收率缴纳增值税；个人将购买2年以上（含2年）的普通住房对外销售的，免征增值税。上述政策仅适用于北京市、上海市、广州市和深圳市。

6.执行期间

上述增值税优惠政策除已规定期限的项目和第五条政策外，其他均在营改增试点期间执行。如果试点纳税人在纳入营改增试点之日前已经按照有关政策规定享受了营业税税收优惠，在剩余税收优惠政策期限内，按照《营业税改征增值税试点过渡政策的规定》享受有关增值税优惠。

任务二　增值税一般纳税人的登记、增值税发票的管理及应纳税额的计算

一、增值税一般纳税人的登记

2015年3月30日，《国家税务总局关于调整增值税一般纳税人管理有关事项的公告》（国家税务总局公告2015年第18号）发布，将增值税一般纳税人资格由认定审批制修改为登记制。

纳税人到税务部门办理增值税一般纳税人资格登记，应提交资料齐全、符合法定形式的《增值税一般纳税人资格登记表》和税务登记证件，办税服务厅工作人员签收纳税人的《增值税一般纳税人资格登记表》，并在《税务登记证》副本的“资格认定”栏内加盖“增值税一般纳税人”戳记，最后打印《税务事项通知书》。实行“五证合一”以后，税务机关不再加盖资格认定戳记，只打印《税务事项通知书》。

纳税人填写的《增值税一般纳税人资格登记表》（见表2-2）主要涉及纳税人名称，纳税人识别号，法定代表人（负责人、业主）、财务负责人、办税人员的证件名称、号码、联系电话，以及税务登记日期、生产经营地址、注册地址、纳税人类别、主营业务类别、会计核算健全与否、一般纳税人资格生效之日等信息。

表 2-2　　　　　　　　　　　　增值税一般纳税人资格登记表

纳税人名称			纳税人识别号		
法定代表人（负责人、业主）		证件名称及号码		联系电话	
财务负责人		证件名称及号码		联系电话	
办税人员		证件名称及号码		联系电话	
税务登记日期					
生产经营地址					
注册地址					
纳税人类别：企业□　非企业性单位　□个体工商户　□其他□					
主营业务类别：工业□　商业□　服务业□　其他□					
会计核算健全：是□					
一般纳税人资格生效之日：当月1日□　　次月1日□					
纳税人（代理人）承诺： 上述各项内容真实、可靠、完整。如有虚假，愿意承担相关法律责任。 经办人：　　　　法定代表人：　　　　代理人：　　　　（签章） 年　月　日					
以下由税务机关填写					
主管税务机关受理情况	受理人： 主管税务机关（章） 年　月　日				

填表说明：

1.本表由纳税人如实填写。

2.表中“证件名称及号码”相关栏次，根据纳税人的法定代表人、财务负责人、办税人员的居民身份证、护照等有效身份证件及号码填写。

3.表中“一般纳税人资格生效之日”由纳税人自行勾选。

4.主管税务机关（章）指各办税服务厅业务专用章。

5.本表一式两份，主管税务机关和纳税人各留存一份。

二、增值税发票的管理

（一）增值税发票的种类

1.增值税专用发票

增值税专用发票只限于增值税一般纳税人领购使用，增值税小规模纳税人和非增值税纳税人不得领购使用。

2.增值税普通发票

增值税一般纳税人和小规模纳税人均可以领购使用增值税普通发票。

3.增值税电子普通发票

《国家税务总局关于推行通过增值税电子发票系统开具的增值税电子普通发票有关问题的公告》(国家税务总局公告2015年第84号)规定，自2016年1月1日起，使用增值税电子发票系统开具增值税电子普通发票，其他开具电子发票的系统同时停止使用。增值税电子普通发票的开票方和受票方需要纸质发票的，可以自行打印增值税电子普通发票的版式文件，其法律效力、基本用途、基本使用规定等与税务机关监制的增值税普通发票相同。

(二) 增值税专用发票

1.增值税专用发票的开具范围

一般纳税人发生应税行为，应当向索取增值税专用发票的购买方开具增值税专用发票，并在增值税专用发票上分别注明销售额和销项税额。

一般纳税人有下列情形之一的，不得领购开具增值税专用发票：

(1) 会计核算不健全，即不能向税务机关准确提供增值税销项税额、进项税额、应纳税额数据及其他有关增值税税务资料的。

(2) 有《税收征收管理法》规定的税收违法行为，拒不接受税务机关处理的。

(3) 有下列行为之一，经税务机关责令限期改正而仍未改正的：

①虚开增值税专用发票；

②私自印制专用发票；

③向税务机关以外的单位和个人取得专用发票；

④借用他人专用发票；

⑤未按规定开具专用发票；

⑥未按规定保管专用发票和专用设备；

⑦未按规定申请办理防伪税控系统变更发行；

⑧未按规定接受税务机关检查。

此外，《试点实施办法》规定，属于下列情形之一的，不得开具专用发票：

(1) 向消费者个人销售服务、无形资产或者不动产。

(2) 适用免征增值税规定的应税行为。

2.防伪税控系统增值税专用发票的管理

增值税一般纳税人只有在安装防伪税控系统后，才能领购开具增值税专用发票。

(1) 增值税专用发票的领购步骤。

第一步，领购纸质发票。企业持税务登记证副本（“五证合一”后可以携带加载统一社会信用代码的企业营业执照)、《增值税专用发票领购簿》、经办人员身份证和税控IC卡等证件、资料，到主管国税机关办税大厅发票发售窗口，按照核定的种类及数量申请购买纸质发票。

第二步，登记购票电子信息。企业购得纸质发票后，由税务工作人员将所购发票的代码、数量以及起止号码等信息写入税控IC卡，以确保纸质发票与电子发票的信息完全一致。

第三步，读入购票信息。企业领购发票后，必须及时将存在税控IC卡中的发票代码、数量以及起止号码读入开票系统中。只有读入发票后方可开具发票，未经读入或读入信息不准确，将无法开具发票。

第四步，按序开具发票。防伪税控系统在开票时，会自动按顺序调出发票的号码，企业只能从第一张发票开始开具，不允许跳号、断号使用。

（2）增值税专用发票的开具要求。

具体要求有：

①项目填写齐全；

②票、物相符，票面金额与实际收取金额相符；

③各项目内容正确无误；

④全部联次一次填开，上、下联的内容和金额一致；

⑤发票联和抵扣联加盖符合规定的发票专用章；

⑥按照规定的时限开具增值税专用发票。

在未收回增值税专用发票抵扣联及发票联，或虽已收回增值税专用发票抵扣联及发票联，但购货方已将增值税专用发票抵扣联报送税务机关认证的情况下，销货方一律不得作废已开具的增值税专用发票。

3.增值税专用发票的开具时限

一般纳税人必须按规定的时限开具增值税专用发票，不得提前或滞后。增值税专用发票的具体开具时限应与纳税人纳税义务的发生时限一致。

4.红字增值税发票的开具

增值税一般纳税人开具专用发票后，发生销货退回、开票有误、应税服务中止等情形但不符合发票作废条件，或者因销货部分退回及发生销售折让，需要开具红字专用发票的，按以下方法处理：

（1）购买方取得专用发票已用于申报抵扣的，购买方可在增值税发票管理新系统（以下简称新系统）中填开并上传《开具红字增值税专用发票信息表》（以下简称《信息表》），在填开《信息表》时不填写相对应的蓝字专用发票信息，应暂依《信息表》所列增值税税额从当期进项税额中转出，待取得销售方开具的红字专用发票后，与《信息表》一并作为记账凭证。

购买方取得专用发票未用于申报抵扣，但发票联或抵扣联无法退回的，购买方填开《信息表》时应填写相对应的蓝字专用发票信息。

销售方开具专用发票尚未交付购买方，以及购买方未用于申报抵扣并将发票联及抵扣联退回的，销售方可在新系统中填开并上传《信息表》。销售方填开《信息表》时应填写相对应的蓝字专用发票信息。

（2）主管税务机关通过网络接收纳税人上传的《信息表》，系统自动校验通过后，生成带有“红字发票信息表编号”的《信息表》，并将信息同步至纳税人端系统中。

（3）销售方凭税务机关系统校验通过的《信息表》开具红字专用发票，在新系统中以销项负数开具。红字专用发票应与《信息表》一一对应。

（4）纳税人也可凭《信息表》电子信息或纸质资料到税务机关对《信息表》内容进行

系统校验。

三、增值税一般纳税人应纳税额的计算

增值税的应纳税额等于当期销项税额减去当期进项税额。因此，要计算增值税一般纳税人的应纳税额，必须首先计算增值税的销项税额和进项税额。

(一) 销项税额的计算

销项税额是指纳税人发生应税行为按照销售额和增值税税率计算并收取的增值税税额。其计算公式为：

销项税额=销售额×适用税率

从上式可知，销项税额的计算取决于销售额和适用税率两个因素。税率前已述及，本节重点介绍销售额的确定。

1.一般销售方式下销售额的确定

销售额是指纳税人发生应税行为取得的全部价款和价外费用，财政部和国家税务总局另有规定的除外。其中，价外费用是指价外向购买方收取的手续费、补贴、基金、集资费、返还利润、奖励费、违约金（延期付款利息）、包装费、包装物租金、储备费、优质费、运输装卸费、代收款项、代垫款项及其他各种性质的价外收费，但不包括下列项目：

（1）向购买方收取的销项税额。

（2）受托加工应征消费税的消费品所代收代缴的消费税。

（3）同时符合以下条件的代垫运费：

①承运者的运费发票开具给购货方的；

②纳税人将该项发票转交给购货方的。

（4）行政单位收取的同时符合以下条件的政府性基金或者行政事业性收费：

①由国务院或者财政部批准设立的政府性基金，由国务院或者省级人民政府及其财政、价格主管部门批准设立的行政事业性收费；

②收取时开具省级以上（含省级）财政部门监（印）制的财政票据；

③所收款项全额上缴财政。

（5）销售货物的同时代办保险等而向购买方收取的保险费，以及向购买方收取的代购买方缴纳的车辆购置税、车辆牌照费。

根据国家税务总局的规定，增值税一般纳税人向购买方收取的价外费用，在征税时应视为含税收入，因此应将其换算成不含税收入再并入销售额计征增值税。含税销售额换算为不含税销售额的公式如下：

不含税销售额=含税销售额÷（1+增值税税率）

2.视同销售货物行为销售额的确定

对于视同销售而无销售额的情况，应按下列顺序确定其销售额：

（1）按纳税人当月同类货物的平均销售价格确定。

（2）按其他纳税人最近时期同类货物的平均销售价格确定。

（3）按组成计税价格确定。

组成计税价格的计算公式为：

组成计税价格=成本+利润

=成本×（1+成本利润率）

若所销售的货物既征收增值税，又征收消费税，则上述组成计税价格应加计消费税税额。其计算公式为：

组成计税价格=成本+利润+消费税

=成本×（1+成本利润率）÷（1-消费税税率）

《试点实施办法》规定，纳税人发生应税行为价格明显偏低或者偏高且不具有合理商业目的的，主管税务机关有权按照下列顺序确定销售额：

（1）按照纳税人最近时期销售同类服务、无形资产或者不动产的平均价格确定。

（2）按照其他纳税人最近时期销售同类服务、无形资产或者不动产的平均价格确定。

（3）按照组成计税价格确定。组成计税价格的计算公式为：

组成计税价格=成本×（1+成本利润率）

成本利润率由国家税务总局确定。

3.特殊销售方式下的销售额

（1）折扣销售。折扣销售是指考虑到购货方购货数量较大等原因，而给予购货方价格上的优惠。由于折扣是在实现销售时发生的，因此税法规定：①如果销售额和折扣额在同一张发票上分别注明，可将折扣后的余额作为销售额计算增值税。这里的“销售额和折扣额在同一张发票上分别注明”是指销售额和折扣额在同一张发票的“金额”栏分别注明；未在同一张发票的“金额”栏注明折扣额，而仅在发票的“备注”栏注明折扣额的，折扣额不得从销售额中减除。②如果将折扣额另开发票，不论其在财务上如何处理，均不得从销售额中减除折扣额。

上述折扣销售仅限于价格折扣，如果销货方将自产、委托加工和购买的货物用于实物折扣，则该实物款项不能从销售额中减除，该实物折扣应按照《增值税暂行条例》中规定的视同销售货物项目计算增值税。

折扣销售不同于销售折扣。销售折扣（即现金折扣）是指销货方为了鼓励购货方及早付款而协议许诺给予购货方的一种折扣优惠，它是一种融资性质的理财费用。销售折扣一律不得从销售额中减除。

折扣销售也不同于销售折让。销售折让是指货物销售后，由于其品种、质量等不符合购货方的要求，但购货方未予退货，销货方需给购货方的一种价格折让。销售折让可以从销售额中扣除，即应以扣除折让后的销售额为计税销售额。

（2）以旧换新。以旧换新是指纳税人在销售新货物的同时，有偿收回旧货物的行为。除金银首饰外，其他货物的以旧换新销售应按新货物的同期销售价格确定销售额，不得扣减旧货物的收购价格。

纳税人采取还本销售方式销售货物的，不得从销售额中减除还本支出。

（3）以物易物。以物易物是一种较为特殊的购销活动，是指购销双方不是以货币结算，而是以同等价款的货物相互结算，从而实现货物购销的方式。税法规定，以物易物双方都应作购销处理，即以各自发出的货物核算销售额并计算销项税额，以各自收到的货物核算购货额并计算进项税额。

（4）包装物押金的处理。根据税法的规定，纳税人为销售货物而出租或出借包装物收取的押金，单独记账核算的，时间在1年以内又未逾期的，不并入销售额征税；但对于因逾期未收回包装物不再退还的押金，应按所包装货物的适用税率计算销项税额。其中，"逾期"是指按合同约定实际逾期或以1年（12个月）为期限。对收取1年以上的押金，无论是否退还均并入销售额征税。

对销售除啤酒、黄酒外的其他酒类产品而收取的包装物押金，无论是否返还以及会计上如何核算，均应并入当期销售额征税。对销售啤酒、黄酒所收取的押金，按上述一般押金的规定处理。

4.营改增试点行业的销售额

《营业税改征增值税试点有关事项的规定》中指出，营改增后各项业务的销售额按照以下规定确定：

（1）贷款服务，以提供贷款服务取得的全部利息及利息性质的收入为销售额。

（2）直接收费金融服务，以提供直接收费金融服务收取的手续费、佣金、酬金、管理费、服务费、经手费、开户费、过户费、结算费、转托管费等各类费用为销售额。

（3）金融商品转让，按照卖出价扣除买入价后的余额为销售额。

转让金融商品出现的正负差，按盈亏相抵后的余额为销售额。若相抵后出现负差，可结转下一纳税期与下期转让金融商品销售额相抵，但年末时仍出现负差的，不得转入下一个会计年度。

金融商品的买入价，可以选择按照加权平均法或者移动加权平均法进行核算，选择后36个月内不得变更。

金融商品转让，不得开具增值税专用发票。

（4）经纪代理服务，以取得的全部价款和价外费用，扣除向委托方收取并代为支付的政府性基金或者行政事业性收费后的余额为销售额。向委托方收取的政府性基金或者行政事业性收费，不得开具增值税专用发票。

（5）融资租赁和融资性售后回租业务。

①经人民银行、银监会或者商务部批准从事融资租赁业务的试点纳税人，提供融资租赁服务，以取得的全部价款和价外费用，扣除支付的借款利息（包括外汇借款和人民币借款利息）、发行债券利息和车辆购置税后的余额为销售额。

②经人民银行、银监会或者商务部批准从事融资租赁业务的试点纳税人，提供融资性售后回租服务，以取得的全部价款和价外费用（不含本金），扣除对外支付的借款利息（包括外汇借款和人民币借款利息）、发行债券利息后的余额作为销售额。

③试点纳税人根据2016年4月30日前签订的有形动产融资性售后回租合同，在合同到期前提供的有形动产融资性售后回租服务，可继续按照有形动产融资租赁服务缴纳增值税。

④经商务部授权的省级商务主管部门和国家经济技术开发区批准的从事融资租赁业务的试点纳税人，2016年5月1日后实收资本达到1.7亿元的，从达到标准的当月起按照上述第①、②、③点规定执行；2016年5月1日后实收资本未达到1.7亿元但注册资本达到1.7亿元的，在2016年7月31日前仍可按照上述第①、②、③点规定执行，2016年8月1日后开展的融资租赁业务和融资性售后回租业务不得按照上述第①、②、③点规定执行。

(6) 航空运输企业的销售额，不包括代收的机场建设费和代售其他航空运输企业客票而代收转付的价款。

(7) 试点纳税人中的一般纳税人（以下称一般纳税人）提供客运场站服务，以其取得的全部价款和价外费用，扣除支付给承运方运费后的余额为销售额。

(8) 试点纳税人提供旅游服务，可以选择以取得的全部价款和价外费用，扣除向旅游服务购买方收取并支付给其他单位或者个人的住宿费、餐饮费、交通费、签证费、门票费和支付给其他接团旅游企业的旅游费用后的余额为销售额。

选择上述办法计算销售额的试点纳税人，向旅游服务购买方收取并支付的上述费用，不得开具增值税专用发票，可以开具普通发票。

(9) 试点纳税人提供建筑服务适用简易计税方法的，以取得的全部价款和价外费用扣除支付的分包款后的余额为销售额。

(10) 房地产开发企业中的一般纳税人销售其开发的房地产项目（选择简易计税方法的房地产老项目除外），以取得的全部价款和价外费用，扣除受让土地时向政府部门支付的土地价款后的余额为销售额。

房地产老项目，是指《建筑工程施工许可证》注明的合同开工日期在2016年4月30日前的房地产项目。

(11) 试点纳税人按照上述（4）~（10）款的规定从全部价款和价外费用中扣除的价款，应当取得符合法律、行政法规和国家税务总局规定的有效凭证。否则，不得扣除。

上述凭证是指：

①支付给境内单位或者个人的款项，以发票为合法有效凭证。

②支付给境外单位或者个人的款项，以该单位或者个人的签收单据为合法有效凭证，税务机关对签收单据有疑义的，可以要求其提供境外公证机构的确认证明。

③缴纳的税款，以完税凭证为合法有效凭证。

④扣除的政府性基金、行政事业性收费或者向政府支付的土地价款，以省级以上（含省级）财政部门监（印）制的财政票据为合法有效凭证。

⑤国家税务总局规定的其他凭证。

纳税人取得的上述凭证属于增值税扣税凭证的，其进项税额不得从销项税额中抵扣。

(二) 进项税额的计算

纳税人购进货物、加工修理修配劳务、服务、无形资产或者不动产，支付或者负担的增值税额为进项税额。在开具增值税专用发票的情况下，销售方收取的销项税额就是购买方支付的进项税额。增值税的核心就是用纳税人收取的销项税额抵扣其支付的进项税额，其余额为纳税人实际应纳的增值税税额。需要注意的是，并不是纳税人支付的所有进项税额都可以从销项税额中抵扣。

1.准予从销项税额中抵扣的进项税额

根据税法及财政部、国家税务总局的相关规定，准予从销项税额中抵扣进项税额的情形有以下几种：

(1) 从销售方或者提供方取得的增值税专用发票（含税控机动车销售统一发票）上注明的增值税额。

(2) 从海关取得的海关进口增值税专用缴款书上注明的增值税额。

（3）财税〔2017〕37号：自2017年7月1日起，纳税人购进农产品，按下列规定抵扣进项税额：

①纳税人购进农产品，取得一般纳税人开具的增值税专用发票或海关进口增值税专用缴款书的，以增值税专用发票或海关进口增值税专用缴款书上注明的增值税额为进项税额；

②从按照简易计税方法依照3%征收率计算缴纳增值税的小规模纳税人取得增值税专用发票的，以增值税专用发票上注明的金额和11%的扣除率计算进项税额；

③取得（开具）农产品销售发票或收购发票的，以农产品销售发票或收购发票上注明的农产品买价和11%的扣除率计算进项税额。

纳税人从批发、零售环节购进适用免征增值税政策的蔬菜、部分鲜活肉蛋而取得的普通发票，不得作为计算抵扣进项税额的凭证。

所称销售发票，是指农业生产者销售自产农产品适用免征增值税政策而开具的普通发票。

④营业税改征增值税试点期间，纳税人购进用于生产销售或委托受托加工17%税率货物的农产品维持原扣除力度不变。

$$\text{加计扣除农产品进项税额}=\text{当期生产领用农产品已按11\%税率（扣除率）抵扣税额}\div 11\%\times(\text{简并税率前的扣除率}-11\%)$$

（4）从境外单位或者个人购进服务、无形资产或者不动产，自税务机关或者扣缴义务人取得的解缴税款的完税凭证上注明的增值税额。

（5）已抵扣进项税额的购进服务，发生规定情形（简易计税方法计税项目、免征增值税项目除外）的，应当将该进项税额从当期进项税额中扣减；无法确定该进项税额的，按照当期实际成本计算应扣减的进项税额。

（6）不动产在建工程。适用一般计税方法的试点纳税人，2016年5月1日后取得并在会计制度上按固定资产核算的不动产或者2016年5月1日后取得的不动产在建工程，其进项税额应自取得之日起分2年从销项税额中抵扣，第一年抵扣比例为60%，第二年抵扣比例为40%。

取得不动产，包括以直接购买、接受捐赠、接受投资入股、自建以及抵债等各种形式取得不动产，不包括房地产开发企业自行开发的房地产项目。

融资租入的不动产以及在施工现场修建的临时建筑物、构筑物，其进项税额不适用上述分2年抵扣的规定。

（7）按照《试点实施办法》第二十七条第（一）项规定不得抵扣且未抵扣进项税额的固定资产、无形资产、不动产，发生用途改变，用于允许抵扣进项税额的应税项目，可在用途改变的次月按照下列公式计算可以抵扣的进项税额：

可以抵扣的进项税额=固定资产、无形资产、不动产净值÷（1+适用税率）×适用税率

上述可以抵扣的进项税额应取得合法有效的增值税扣税凭证。

（8）原增值税一般纳税人购进服务、无形资产或者不动产，取得的增值税专用发票上注明的增值税额为进项税额，准予从销项税额中抵扣。

（9）原增值税一般纳税人自用的应征消费税的摩托车、汽车、游艇，其进项税额准予从销项税额中抵扣。

（10）原增值税一般纳税人从境外单位或者个人购进服务、无形资产或者不动产，按照规定应当扣缴增值税的，准予从销项税额中抵扣的进项税额为自税务机关或者扣缴义务人取得的解缴税款的完税凭证上注明的增值税额。

纳税人凭完税凭证抵扣进项税额的，应当具备书面合同、付款证明和境外单位的对账

单或者发票。资料不全的，其进项税额不得从销项税额中抵扣。

2.不得从销项税额中抵扣的进项税额

（1）纳税人取得的增值税扣税凭证不符合法律、行政法规或者国家税务总局有关规定的，其进项税额不得从销项税额中抵扣。增值税扣税凭证，是指增值税专用发票、海关进口增值税专用缴款书、农产品收购发票、农产品销售发票和完税凭证。

（2）纳税人凭完税凭证抵扣进项税额的，应当具备书面合同、付款证明和境外单位的对账单或者发票。资料不全的，其进项税额不得从销项税额中抵扣。

（3）纳税人发生应税行为，开具增值税专用发票后，发生开票有误或者销售折让、中止、退回等情形的，应当按照国家税务总局的规定开具红字增值税专用发票；未按照规定开具红字增值税专用发票的，不得按照规定扣减销项税额或者销售额。

（4）房地产企业成本费用构成中，如前期开发费、支付给被拆迁人的拆迁补偿费用、支付给农民或村委会的青苗补偿费用、工资薪金、佣金（业务信息费）、政府基金、差旅费等，由于无法取得增值税专用发票，因此不能产生进项税，其成本可抵扣的项目比重过低，发票抵扣难，必将导致税负增加。从长期来看，房地产新项目适用11%的税率，且房地产开发成本中人工成本占据一定比重，在无法取得增值税凭证、不能带来进项税额抵扣的情况下，未来增值税税负可能有所增加。

（5）《国家税务总局关于纳税人虚开增值税专用发票征补税款问题的公告》（国家税务总局公告2012年第33号）规定，纳税人虚开增值税专用发票，未就其虚开金额申报并缴纳增值税的，应按照其虚开金额补缴增值税；已就其虚开金额申报并缴纳增值税的，不再按照其虚开金额补缴增值税。税务机关对纳税人虚开增值税专用发票的行为，应按《税收征收管理法》及《发票管理办法》的有关规定给予处罚。纳税人取得虚开的增值税专用发票，不得作为增值税合法有效的扣税凭证抵扣其进项税额。

（6）《国家税务总局关于异常增值税扣税凭证抵扣问题的通知》第二条规定，主管税务机关应对纳税人取得的异常凭证进行调查核实。尚未申报抵扣的异常凭证，暂不允许抵扣，经主管税务机关核实后，符合现行增值税进项税抵扣规定的，应当允许纳税人继续申报抵扣。已经申报抵扣的异常凭证，经主管税务机关核实后，凡不符合现行增值税进项税抵扣规定的，一律作进项税转出。

（7）增值税一般纳税人取得失控增值税专用发票，其进项税额不允许抵扣。如果经税务机关按非正常户登记失控专用发票后，一般纳税人又向税务机关申请防伪税控报税的，其主管税务机关可以通过防伪税控报税子系统的逾期报税功能受理报税。经查属于销售方已申报并缴纳税款的，可由销售方主管税务机关出具书面证明，并通过协查系统回复购买方主管税务机关，该失控发票可作为购买方抵扣增值税进项税额的凭证抵扣进项税额。失控增值税专用发票是指防伪税控企业丢失被盗金税卡中未开具的专用发票以及被列为非正常户的防伪税控企业未向税务机关申报或未按规定缴纳税款的增值税专用发票。

（8）增值税一般纳税人将取得的增值税专用发票“抵扣联”丢失的，其进项税额不允许抵扣，但如果丢失前已认证相符，可用“发票联”复印件作为“抵扣联”留存备查；如果丢失前未认证的，可用“发票联”到主管税务机关认证，将“发票联”复印件留存备查。增值税一般纳税人将取得的专用发票的“发票联”和“抵扣联”全部丢失的，其进项税额不允许抵扣。

（9）2017年7月1日起，增值税一般纳税人取得的2017年7月1日及以后开具的增值税专用发票和机动车销售统一发票，应自开具之日起360日内认证或登录增值税发票选择确认平台进行确认，并在规定的纳税申报期内，向主管国税机关申报抵扣进项税额。

增值税一般纳税人取得的2017年7月1日及以后开具的海关进口增值税专用缴款书，应自开具之日起360日内向主管国税机关报送《海关完税凭证抵扣清单》，申请稽核比对。

纳税人取得的2017年6月30日前开具的增值税扣税凭证，仍按原规定执行。

（10）《营业税改征增值税试点有关事项的规定》指出，原增值税一般纳税人购进服务、无形资产或者不动产，下列项目的进项税额不得从销项税额中抵扣：

①用于简易计税方法计税项目、免征增值税项目、集体福利或者个人消费。其中涉及的无形资产、不动产，仅指专用于上述项目的无形资产（不包括其他权益性无形资产）、不动产。

纳税人的交际应酬消费属于个人消费。

②非正常损失的购进货物，以及相关的加工修理修配劳务和交通运输服务。

③非正常损失的在产品、产成品所耗用的购进货物（不包括固定资产）、加工修理修配劳务和交通运输服务。

④非正常损失的不动产，以及该不动产所耗用的购进货物、设计服务和建筑服务。

⑤非正常损失的不动产在建工程所耗用的购进货物、设计服务和建筑服务。

纳税人新建、改建、扩建、修缮、装饰不动产，均属于不动产在建工程。

⑥购进的旅客运输服务、贷款服务、餐饮服务、居民日常服务和娱乐服务。

⑦财政部和国家税务总局规定的其他情形。

上述第④点、第⑤点所称货物，是指构成不动产实体的材料和设备，包括建筑装饰材料和给排水、采暖、卫生、通风、照明、通信、煤气、消防、中央空调、电梯、电气、智能化楼宇设备及配套设施。

纳税人接受贷款服务向贷款方支付的与该笔贷款直接相关的投融资顾问费、手续费、咨询费等费用，其进项税额不得从销项税额中抵扣。

（三）增值税应纳税额的计算

增值税应纳税额为当期销项税额减去当期进项税额后的余额。其计算公式可表示为：

应纳税额=当期销项税额-当期进项税额

正确应用上述公式需要掌握以下几个规定：

1.防伪税控系统开具增值税专用发票进项税额抵扣的处理

增值税一般纳税人取得防伪税控系统开具的增值税专用发票，抵扣的进项税额按以下规定处理：

（1）增值税一般纳税人取得2010年1月1日以后开具的增值税专用发票（含税控机动车销售统一发票），应在开具之日起180日内到税务机关办理认证，并在认证通过的次月申报期内，向主管税务机关申报抵扣进项税额。

（2）纳税人认证相符的增值税专用发票应在认证次月纳税申报期申报抵扣。

2.进项税额不足抵扣的处理

纳税人在计算应纳税额时，如果当期销项税额小于当期进项税额，根据税法的规定，可以结转下期继续抵扣。

3.销货退回或折让的税务处理

纳税人在购销活动中发生销货退回或折让时，既涉及销货款或折让款的退回，又涉及相关增值税的退回。税法对此作如下规定：一般纳税人因销货退回或折让而退还给购货方的增值税，应从发生销货退回或折让当期的销项税额中扣减；因进货退出或折让而收回的增值税税额，应从发生进货退出或折让当期的进项税额中扣减（以上业务应通过国税机关办理相关手续）。

【例2-1】某轴承制造有限公司为增值税一般纳税人，2016年7月底增值税留抵5 000元，2016年8月份发生下列购销业务：

①购进钢材一批，取得的的增值税专用发票上注明的价款为120 000元，增值税税额为20 400元，货已验收入库；另支付运费价税合计3 774元，已取得货运公司开具的增值税专用发票，注明增值税税额为374元。

②购进办公用品一批，取得的增值税普通发票上注明价款为1 500元；购进复印机一台，取得的增值税专用发票上注明的价款为20 000元，增值税税额为3 400元；为职工食堂购置餐具一批，取得的增值税专用发票上注明的价款为5 000元，增值税税额为850元。

③向上海某五金商场销售轴承1 000只，开具增值税专用发票，不含税单价为300元/只，商场当月付清全部货款，公司给商场5%的销售折扣，另外开具了红字发票。

④向某个体批发户销售轴承200只，取得现金收入23 400元，开具普通发票。

⑤本厂基本建设工程领用上月购进的生产用钢材价值50 000元。

计算该轴承制造有限公司8月份应缴纳的增值税税额。

【解析】①购进材料支付的货款和运费取得增值税专用发票，其进项税额允许抵扣。

允许抵扣进项税额=20 400+374=20 774（元）

②购进办公用品取得普通发票，进项税额不得抵扣；购进复印机作为固定资产，其进项税额3 400元可以抵扣；购进货物用于职工福利，其进项税额也不得抵扣。

③税法规定销售货物给予销售折扣，折扣额与销售额不在同一发票上注明的，不得扣除。

销项税额=1 000×300×17%=51 000（元）

④向个体户销售货物开具普通发票，其销售额为含税销售额。

销项税额=23 400÷（1+17%）×17%=3 400（元）

⑤购进货物用于本厂基本建设工程，其进项税额允许抵扣。

其上期已抵扣的进项税额不需转出，则：

当期销项税额=51 000+3 400=54 400（元）

当期允许抵扣的进项税额=20 774+3 400=24 174（元）

8月份应缴纳的增值税税额=54 400－24 174－5 000=25 226（元）

任务三　小规模纳税人增值税和进口货物增值税应纳税额的计算

一、小规模纳税人增值税应纳税额的计算

小规模纳税人发生应税行为，按照销售额和3%的征收率计算应纳税额，不得抵扣进项税额。其应纳税额的计算公式如下：

应纳税额=销售额×征收率

上述公式中的销售额为不含税销售额，是向购货方收取的全部价款和价外费用，但不

包括按3%的征收率收取的增值税。小规模纳税人销售货物只能开具普通发票，因此，在计算增值税应纳税额时，应将含税销售额换算为不含税销售额。其换算公式如下：

不含税销售额=含税销售额÷（1+征收率）

【例2-2】某蛋糕厂为增值税小规模纳税人，2016年8月份取得销售收入32 890元，购进货物4 800元。计算该蛋糕厂当月应纳增值税税额。

【解析】不含税销售额=32 890÷（1+3%）=31 932.04（元）

应纳增值税税额=31 932.04×3%=957.96（元）

二、进口货物增值税应纳税额的计算

对进口货物征税是国际上大多数国家的通常做法。我国《增值税暂行条例》规定，在中华人民共和国境内一切进口货物的单位和个人都应依照规定缴纳增值税。纳税人（无论是一般纳税人还是小规模纳税人）进口货物，应按照组成计税价格和规定的税率计算缴纳增值税，不得抵扣任何税额。其计算公式如下：

组成计税价格=关税完税价格+关税+消费税

=（关税完税价格+关税）÷（1-消费税税率）

应纳税额=组成计税价格×税率

前述"不得抵扣任何税额"，是指在计算进口环节的增值税应纳税额时，不得抵扣发生在我国境外的各种税金。

【例2-3】某进出口公司进口检验设备200台，每台进口完税价格为6 000元，当月以每台12 870元的含税价格出售175台，支付购货运费4 500元和销货运费1 500元（不含税价），均取得增值税专用发票，计算该进出口公司当月应缴纳的增值税税额（假定进口关税税率为15%）。

【解析】进口货物应纳关税=200×6 000×15%=180 000（元）

组成计税价格=200×6 000+180 000=1 380 000（元）

进口环节应纳增值税税额=1 380 000×17%=234 600（元）

本月内销货物增值税销项税额=175×12 870÷（1+17%）×17%=327 250（元）

运输费用允许抵扣进项税额=（4 500+1 500）×11%=660（元）

当月应缴纳增值税税额=327 250-（234 600+660）=91 990（元）

任务四 增值税的纳税申报与缴纳

准确及时地进行纳税申报是企业税务会计的重要工作。由于增值税对一般纳税人和小规模纳税人的管理要求不同，因此其纳税申报办法也不同。

一、增值税的纳税期限与纳税地点

（一）纳税期限

根据《增值税暂行条例》的规定，增值税的纳税期限分别为1日、3日、5日、10日、15日、1个月或者1个季度。纳税人的具体纳税期限，由主管税务机关根据纳税人应纳税额的大小分别核定。

以1个季度为纳税期限的规定适用于小规模纳税人、银行、财务公司、信托投资公司、信用社，以及财政部和国家税务总局规定的其他纳税人。不能按照固定期限纳税的，可以按次纳税。

纳税人以1个月或者1个季度为1个纳税期的，自期满之日起15日内申报纳税；以1日、3日、5日、10日或者15日为1个纳税期的，自期满之日起5日内预缴税款，于次月1日起15日内申报纳税并结清上月应纳税款。

纳税人进口货物，应当自海关填发海关进口增值税专用缴款书之日起15日内缴纳税款。

（二）纳税地点

1.固定业户纳税地点

固定业户应当向其机构所在地或者居住地主管税务机关申报纳税。总机构和分支机构不在同一县（市）的，应当分别向各自所在地的主管税务机关申报纳税；经财政部和国家税务总局或者其授权的财政和税务机关批准，可以由总机构汇总向总机构所在地的主管税务机关申报纳税。总分支机构不在同一县（市），但在同一省（自治区、直辖市、计划单列市）范围内的，经省（自治区、直辖市、计划单列市）财政厅（局）和国家税务局批准，可以由总机构汇总向总机构所在地的主管税务机关申报缴纳增值税。

固定业户到外县（市）销售货物或者应税劳务的，应当向其机构所在地的主管税务机关申请开具《外出经营活动税收管理证明》，并向其机构所在地的主管税务机关申报纳税；未开具证明的，应当向销售地或者劳务发生地的主管税务机关申报纳税；未向销售地或者劳务发生地的主管税务机关申报纳税的，由其机构所在地的主管税务机关补征税款。

2.非固定业户纳税地点

非固定业户应当向应税行为发生地主管税务机关申报纳税；未申报纳税的，由其机构所在地或者居住地主管税务机关补征税款。

3.进口货物的纳税地点

进口货物，应当由进口人或其代理人向报关地海关申报纳税。

二、增值税一般纳税人纳税申报表的编制

（一）增值税一般纳税人纳税申报资料

1.必报资料

增值税一般纳税人进行纳税申报，必须实行电子信息采集。使用防伪税控系统开具增值税专用发票的纳税人只有在抄报税成功后，才可进行纳税申报。

增值税一般纳税人（以下简称一般纳税人）纳税申报表及其附列资料包括：

(1)《增值税纳税申报表（一般纳税人适用）》。

(2)《增值税纳税申报表附列资料（一）（本期销售情况明细）》。

(3)《增值税纳税申报表附列资料（二）（本期进项税额明细）》。

(4)《增值税纳税申报表附列资料（三）（服务、不动产和无形资产扣除项目明细）》。

一般纳税人销售服务、不动产和无形资产，在确定服务、不动产和无形资产销售额时，按照有关规定可以从取得的全部价款和价外费用中扣除价款的，需填报《增值税纳税申报表附列资料（三）（服务、不动产和无形资产扣除项目明细）》。其他情况不填写该附列资料。

(5)《增值税纳税申报表附列资料（四）（税额抵减情况表）》。

(6)《增值税纳税申报表附列资料（五）（不动产分期抵扣计算表）》。

(7)《固定资产（不含不动产）进项税额抵扣情况表》。

(8)《本期抵扣进项税额结构明细表》。

(9)《增值税减免税申报明细表》。

凡是享受税收优惠政策的纳税人，都必须填写《增值税减免税申报明细表》。

其中，（4）~（9）如当月未发生该业务，则不需要报送。

2.备查资料

备查资料包括：

（1）符合抵扣条件且在本期申报抵扣的防伪税控增值税专用发票、税控机动车销售统一发票的抵扣联。

（2）符合抵扣条件且在本期申报抵扣的《海关进口增值税专用缴款书》、购进农产品取得的普通发票的复印件。

（3）增值税一般纳税人进口货物取得属于增值税扣税范围的海关缴款书时应报送《海关进口增值税专用缴款书稽核结果通知书》。

（4）部分行业试行农产品增值税进项税额核定扣除办法的一般纳税人应报送《农产品核定扣除增值税进项税额计算表（汇总表）》《投入产出法核定农产品增值税进项税额计算表》《成本法核定农产品增值税进项税额计算表》《购进农产品直接销售核定农产品增值税进项税额计算表》《购进农产品用于生产经营且不构成货物实体核定农产品增值税进项税额计算表》。

（5）符合抵扣条件且在本期申报抵扣的中华人民共和国税收缴款凭证及清单，书面合同、付款证明和境外单位的对账单或者发票。

（6）已开具的农产品收购凭证存根联或报查联。

（7）纳税人提供应税服务，在确定应税服务销售额时，按照有关规定从取得的全部价款和价外费用中扣除价款的合法凭证及清单。

（8）从事成品油销售业务的一般纳税人应报送《成品油购销存情况明细表》、加油IC卡、《成品油购销存数量明细表》。

（9）辅导期一般纳税人应报送《稽核比对结果通知书》。

（10）从事机动车生产的一般纳税人应报送《机动车辆生产企业销售明细表》、《机动车辆销售统一发票清单》及电子信息；每年第一个增值税纳税申报期，应报送上一年度《机动车辆生产企业销售情况统计表》。

（11）从事机动车销售的一般纳税人应报送《机动车辆经销企业销售明细表》、《机动车辆销售统一发票清单》及电子信息。

（12）采用预缴方式缴纳增值税的发、供电企业应报送《电力企业增值税销项税额和进项税额传递单》。

（13）各类汇总纳税企业应报送分支机构增值税汇总纳税信息传递单。

（14）跨境应税服务免征增值税应报送《跨境应税服务免税备案表》，同时报送以下资料：

①跨境服务合同原件及复印件。

②工程、矿产资源在境外的工程勘察勘探服务，会议展览地点在境外的会议展览服务，存储地点在境外的仓储服务，标的物在境外使用的有形动产租赁服务，在境外提供的广播影视节目（作品）发行、播映服务，广告投放地在境外的广告服务等，提交服务地点在境外的证明材料原件及复印件。

③跨境服务中国际或者港澳台运输服务，应提交实际发生相关业务的证明材料。

④向境外单位提供跨境服务，应提交服务接受方机构所在地在境外的证明材料。

⑤各省、自治区、直辖市和计划单列市国家税务局要求的其他资料。

（15）《增值税减免税申报明细表》由享受增值税减免税优惠政策的增值税一般纳税人在办理增值税纳税申报时填报。

（16）税务机关规定的其他资料。

备查资料是否需要在当期报送，由各省级国家税务局确定。

3.增值税纳税申报资料的管理

（1）对增值税纳税申报必报资料的管理。纳税人在申报期内，应及时将全部必报资料的电子数据报送主管税务机关，并在主管税务机关按照税法规定确定的期限内，将纸质的必报资料报送主管税务机关。

（2）对增值税纳税申报备查资料的管理。纳税人在月度终了后，应将备查资料认真整理并装订成册。

（二）增值税纳税申报的流程

增值税一般纳税人在进行纳税申报时，应首先核实销项税额和进项税额的情况，然后计算应纳税额，并据以填报《增值税纳税申报表（一般纳税人适用）》。

（1）详细核实货物和应税劳务的销售行为和视同销售行为，确定当期销售额，依据适用税率计算当期销项税额，在核实时，要注意税法规定的纳税义务发生时间。凡是在一个纳税期限内发生的纳税义务，均应计入“当期销项税额”计算本期应纳税额。

通过网络进行纳税申报时，由于增值税专用发票已通过防伪税控系统开具，因此纳税人只需要将合计的金额和税额数字填入《增值税纳税申报表附列资料（一）（本期销售情况明细）》即可。

（2）核实货物和应税劳务、应税行为的购进及购进后的使用保管情况，准确确定允许抵扣的进项税额和不允许抵扣的进项税额。

通过网络进行纳税申报时，由于防伪税控专用发票已通过认证，因此纳税人只需将合计的金额和税额数字填入《增值税纳税申报表附列资料（二）（本期进项税额明细）》即可。

（3）根据具体业务情况填报其他附表，如《增值税纳税申报表附列资料（三）（服务、不动产和无形资产扣除项目明细）》《增值税纳税申报表附列资料（四）（税额抵减情况表）》等，然后填报《增值税纳税申报表（一般纳税人适用）》，并将《增值税纳税申报表（一般纳税人适用）》及其附表、相关资料，在法定期限或主管税务机关规定的期限内报送主管税务机关。

《增值税纳税申报表（一般纳税人适用）》见表2-3。

表2-3　　　　　　　　　　**增值税纳税申报表**

（一般纳税人适用）

根据国家税收法律法规及增值税相关规定制定本表。纳税人不论有无销售额，均应按税务机关核定的纳税期限填写本表，并向当地税务机关申报。

税款所属时间：自　年　月　日至　年　月　日 填表日期：　年　月　日　金额单位：元至角分

纳税人识别号					所属行业：	
纳税人名称	（公章）	法定代表人姓名		注册地址		生产经营地址
开户银行及账号		登记注册类型			电话号码	

项目		栏次	一般项目		即征即退项目	
			本月数	本年累计	本月数	本年累计
销售额	（一）按适用税率计税销售额	1				
	其中：应税货物销售额	2				
	应税劳务销售额	3				
	纳税检查调整的销售额	4				
	（二）按简易办法计税销售额	5				
	其中：纳税检查调整的销售额	6				
	（三）免、抵、退办法出口销售额	7			—	—
	（四）免税销售额	8			—	—
	其中：免税货物销售额	9			—	—
	免税劳务销售额	10			—	—
税款计算	销项税额	11				
	进项税额	12				
	上期留抵税额	13				—
	进项税额转出	14				
	免、抵、退应退税额	15			—	—
	按适用税率计算的纳税检查应补缴税额	16			—	—
	应抵扣税额合计	17=12+13-14-15+16		—		—
	实际抵扣税额	18（如17<11，则为17，否则为11）				
	应纳税额	19=11-18				
	期末留抵税额	20=17-18				—
	简易计税办法计算的应纳税额	21				
	按简易计税办法计算的纳税检查应补缴税额	22			—	—
	应纳税额减征额	23				
	应纳税额合计	24=19+21-23				

续表

项目		栏次	一般项目		即征即退项目	
			本月数	本年累计	本月数	本年累计
税款缴纳	期初未缴税额（多缴为负数）	25				
	实收出口开具专用缴款书退税额	26			—	—
	本期已缴税额	27=28+29+30+31				
	①分次预缴税额	28		—		—
	②出口开具专用缴款书预缴税额	29		—	—	—
	③本期缴纳上期应纳税额	30				
	④本期缴纳欠缴税额	31				
	期末未缴税额（多缴为负数）	32=24+25+26-27				
	其中：欠缴税额（≥0）	33=25+26-27		—		—
	本期应补(退)税额	34＝24-28-29		—		—
	即征即退实际退税额	35	—	—		
	期初未缴查补税额	36			—	—
	本期入库查补税额	37			—	—
	期末未缴查补税额	38=16+22+36-37			—	—
授权声明	如果你已委托代理人申报，请填写下列资料： 为代理一切税务事宜，现授权 （地址）　为本纳税人的代理申报人，任何与本申报表有关的往来文件，都可寄予此人。 授权人签字：		申报人声明	本纳税申报表是根据国家税收法律法规及相关规定填报的，我确定它是真实的、可靠的、完整的。 声明人签字：		

主管税务机关：　　　　接收人：　　　　接收日期：

填写说明：

（1）“税款所属时间”：纳税人申报的增值税应纳税额的所属时间，应填写具体的年、月、日。

（2）“填表日期”：纳税人填写本表的具体日期。

（3）“纳税人识别号”：填写纳税人的税务登记证件号码。

（4）“所属行业”：按照国民经济行业分类与代码中的小类行业填写。

（5）“纳税人名称”：填写纳税人单位名称全称。

（6）“法定代表人姓名”：填写纳税人法定代表人的姓名。

（7）“注册地址”：填写纳税人税务登记证件所注明的详细地址。

（8）“生产经营地址”：填写纳税人实际生产经营地的详细地址。

（9）“开户银行及账号”：填写纳税人开户银行的名称和纳税人在该银行的结算账户号码。

（10）“登记注册类型”：按纳税人税务登记证件的栏目内容填写。

（11）“电话号码”：填写可联系到纳税人的常用电话号码。

（12）“即征即退项目”列：填写纳税人按规定享受增值税即征即退政策的货物、劳务和服务、不动产、无形资产的征（退）税数据。

（13）“一般项目”列：填写除享受增值税即征即退政策以外的货物、劳务和服务、不动产、无形资产的征（免）税数据。

（14）“本年累计”列：一般填写本年度内各月“本月数”之和。其中，第13、20、25、32、36、38栏及第18栏“实际抵扣税额”“一般项目”列的“本年累计”分别按本填写说明第（27）（34）（39）（46）（50）（52）（32）条要求填写。

（15）第1栏“（一）按适用税率计税销售额”：填写纳税人本期按一般计税方法计算缴纳增值税的销售额，包含：在财务上不作销售但按税法规定应缴纳增值税的视同销售和价外费用的销售额；外贸企业作价销售进料加工复出口货物的销售额；税务、财政、审计部门检查后按一般计税方法计算调整的销售额。

营业税改征增值税的纳税人，服务、不动产和无形资产有扣除项目的，本栏应填写扣除之前的不含税销售额。

本栏“一般项目”列“本月数”=《增值税纳税申报表附列资料（一）》第9列第1至5行之和-第9列第6、7行之和；本栏“即征即退项目”列“本月数”=《增值税纳税申报表附列资料（一）》第9列第6、7行之和。

（16）第2栏“其中：应税货物销售额”：填写纳税人本期按适用税率计算增值税的应税货物的销售额。包含在财务上不作销售但按税法规定应缴纳增值税的视同销售货物和价外费用销售额，以及外贸企业作价销售进料加工复出口货物的销售额。

（17）第3栏“应税劳务销售额”：填写纳税人本期按适用税率计算增值税的应税劳务的销售额。

（18）第4栏“纳税检查调整的销售额”：填写纳税人因税务、财政、审计部门检查，并按一般计税方法在本期计算调整的销售额。但享受增值税即征即退政策的货物、劳务和服务、不动产、无形资产，经纳税检查属于偷税的，不填入“即征即退项目”列，而应填入“一般项目”列。

营业税改征增值税的纳税人，服务、不动产和无形资产有扣除项目的，本栏应填写扣除之前的不含税销售额。

本栏“一般项目”列“本月数”=《增值税纳税申报表附列资料（一）》第7列第1至5行之和。

（19）第5栏（二）“按简易办法计税销售额”：填写纳税人本期按简易计税方法计算增值税的销售额，包含纳税检查调整按简易计税方法计算增值税的销售额。

营业税改征增值税的纳税人，服务、不动产和无形资产有扣除项目的，本栏应填写扣除之前的不含税销售额；服务、不动产和无形资产按规定汇总计算缴纳增值税的分支机构，其当期按预征率计算缴纳增值税的销售额也填入本栏。

本栏“一般项目”列“本月数”≥《增值税纳税申报表附列资料（一）》第9列第8至13b行之和-第9列第14、15行之和；本栏“即征即退项目”列“本月数”≥《增值税纳税申报表附列资料（一）》第9列第14、15行之和。

（20）第6栏“其中：纳税检查调整的销售额”：填写纳税人因税务、财政、审计部门检查，并按简易计税方法在本期计算调整的销售额。但享受增值税即征即退政策的货物、劳务和服务、不动产、无形资产，经纳税检查属于偷税的，不填入“即征即退项目”列，而应填入“一般项目”列。

营业税改征增值税的纳税人，服务、不动产和无形资产有扣除项目的，本栏应填写扣除之前的不含税销售额。

（21）第7栏“（三）免、抵、退办法出口销售额”：填写纳税人本期适用免、抵、退税办法的出口货物、劳务和服务、无形资产的销售额。

营业税改征增值税的纳税人，服务、无形资产有扣除项目的，本栏应填写扣除之前的销售额。

本栏“一般项目”列“本月数”=《增值税纳税申报表附列资料（一）》第9列第16、17行之和。

（22）第8栏“（四）免税销售额”：填写纳税人本期按照税法规定免征增值税的销售额和适用零税率的销售额，但零税率的销售额中不包括适用免、抵、退税办法的销售额。

营业税改征增值税的纳税人，服务、不动产和无形资产有扣除项目的，本栏应填写扣除之前的免税销售额。

本栏“一般项目”列“本月数”=《增值税纳税申报表附列资料（一）》第9列第18、19行之和。

（23）第9栏“其中：免税货物销售额”：填写纳税人本期按照税法规定免征增值税的货物销售额及适用零税率的货物销售额，但零税率的销售额中不包括适用免、抵、退税办法出口货物的销售额。

（24）第10栏“免税劳务销售额”：填写纳税人本期按照税法规定免征增值税的劳务销售额及适用零税率的劳务销售额，但零税率的销售额中不包括适用免、抵、退税办法的劳务的销售额。

（25）第11栏“销项税额”：填写纳税人本期按一般计税方法计税的货物、劳务和服务、不动产、无形资产的销项税额。

营业税改征增值税的纳税人，服务、不动产和无形资产有扣除项目的，本栏应填写扣除之后的销项税额。

本栏“一般项目”列“本月数”=《增值税纳税申报表附列资料（一）》（第10列第1、3行之和-第10列第6行）+（第14列第2、4、5行之和-第14列第7行）；

本栏“即征即退项目”列“本月数”=《增值税纳税申报表附列资料（一）》第10列第6行+第14列第7行。

（26）第12栏“进项税额”：填写纳税人本期申报抵扣的进项税额。

本栏“一般项目”列“本月数”+“即征即退项目”列“本月数”=《增值税纳税申报表附列资料（二）》第12栏“税额”。

（27）第13栏“上期留抵税额”。

①上期留抵税额按规定须挂账的纳税人，按要求填写本栏的“本月数”和“本年累计”。

上期留抵税额按规定须挂账的纳税人是指试点实施之日前一个税款所属期的申报表第20栏“期末留抵税额”“一般项目”列“本月数”大于零，且兼有营业税改征增值税服务、不动产和无形资产的纳税人（下同）。其试点实施之日前一个税款所属期的申报表第20栏“期末留抵税额”“一般项目”列“本月数”，以下称为货物和劳务挂账留抵税额。

②其他纳税人，按要求填写本栏“本月数”和“本年累计”。

其他纳税人是指除上期留抵税额按规定须挂账的纳税人之外的纳税人（下同）。

（28）第14栏“进项税额转出”：填写纳税人已经抵扣，但按税法规定本期应转出的进项税额。

本栏“一般项目”列“本月数”+“即征即退项目”列“本月数”=《增值税纳税申报表附列资料（二）》第13栏“税额”。

（29）第15栏“免、抵、退应退税额”：反映税务机关退税部门按照出口货物、劳务和服务、无形资产免、抵、退办法审批的增值税应退税额。

（30）第16栏“按适用税率计算的纳税检查应补缴税额”：填写税务、财政、审计部门检查，按一般计税方法计算的纳税检查应补缴的增值税税额。

本栏“一般项目”列“本月数”≤《增值税纳税申报表附列资料（一）》第8列第1至5行之和+《增值税纳税申报表附列资料（二）》第19栏。

（31）第17栏“应抵扣税额合计”：填写纳税人本期应抵扣进项税额的合计数。按表中所列公式计算填写。

（32）第18栏“实际抵扣税额”。

①上期留抵税额按规定须挂账的纳税人，按要求填写本栏的“本月数”和“本年累计”。

②其他纳税人，按以下要求填写本栏的“本月数”和“本年累计”：

A.本栏“一般项目”列“本月数”：按表中所列公式计算填写。

B.本栏“一般项目”列“本年累计”：填写“0”。

C.本栏“即征即退项目”列“本月数”：按表中所列公式计算填写。

（33）第19栏“应纳税额”：反映纳税人本期按一般计税方法计算并应缴纳的增值税额。按以下公式计算填写：

①本栏“一般项目”列“本月数”=第11栏“销项税额”“一般项目”列“本月数”–第18栏“实际抵扣税额”“一般项目”列“本月数”–第18栏“实际抵扣税额”“一般项目”列“本年累计”。

②本栏“即征即退项目”列“本月数”=第11栏“销项税额”“即征即退项目”列“本月数”–第18栏“实际抵扣税额”“即征即退项目”列“本月数”。

（34）第20栏“期末留抵税额”。

①上期留抵税额按规定须挂账的纳税人，按以下要求填写本栏的“本月数”和“本年累计”：

A.本栏“一般项目”列“本月数”：反映试点实施以后，货物、劳务和服务、不动产、无形资产共同形成的留抵税额。按表中所列公式计算填写。

B.本栏“一般项目”列“本年累计”：反映货物和劳务挂账留抵税额，在试点实施以后抵减一般货物和劳务应纳税额后的余额。

②其他纳税人，按以下要求填写本栏“本月数”和“本年累计”：

A.本栏“一般项目”列“本月数”：按表中所列公式计算填写。

B.本栏“一般项目”列“本年累计”：填写“0”。

C.本栏“即征即退项目”列“本月数”：按表中所列公式计算填写。

（35）第21栏“简易计税办法计算的应纳税额”：反映纳税人本期按简易计税方法计算并应缴纳的增值税额，但不包括按简易计税方法计算的纳税检查应补缴税额。按以下公式计算填写：

本栏“一般项目”列“本月数”=《增值税纳税申报表附列资料（一）》（第10列第8、9a、10、11行之和–第10列第14行）+（第14列第9b、12、13a、13b行之和–第14列第15行）

本栏“即征即退项目”列“本月数”=《增值税纳税申报表附列资料（一）》第10列第14行+第14列第15行。

营业税改征增值税的纳税人，服务、不动产和无形资产按规定汇总计算缴纳增值税的分支机构，应将预征增值税额填入本栏。预征增值税额=应预征增值税的销售额×预征率。

（36）第22栏“按简易计税办法计算的纳税检查应补缴税额”：填写纳税人本期因税务、财政、审计部门检查并按简易计税方法计算的纳税检查应补缴税额。

（37）第23栏“应纳税额减征额”：填写纳税人本期按照税法规定减征的增值税应纳税额，包含按照规定可在增值税应纳税额中全额抵减的增值税税控系统专用设备费用以及技术维护费。

当本期减征额小于或等于第19栏“应纳税额”与第21栏“简易计税办法计算的应纳税额”之和时，按本期减征额实际填写；当本期减征额大于第19栏“应纳税额”与第21栏“简易计税办法计算的应纳税额”之和时，按本期第19栏与第21栏之和填写。本期减征额不足抵减部分结转下期继续抵减。

（38）第24栏“应纳税额合计”：反映纳税人本期应缴增值税的合计数。按表中所列公式计算填写。

（39）第25栏“期初未缴税额（多缴为负数）”：“本月数”按上一税款所属期申报表第32栏“期末未缴税额（多缴为负数）”“本月数”填写。“本年累计”按上年度最后一个税款所属期申报表第32栏“期末未缴税额（多缴为负数）”“本年累计”填写。

（40）第26栏“实收出口开具专用缴款书退税额”：本栏不填写。

（41）第27栏“本期已缴税额”：反映纳税人本期实际缴纳的增值税额，但不包括本期入库的查补税款。按表中所列公式计算填写。

（42）第28栏“①分次预缴税额”：填写纳税人本期已缴纳的准予在本期增值税应纳税额中抵减的税额。

（43）第29栏“②出口开具专用缴款书预缴税额”：本栏不填写。

（44）第30栏“③本期缴纳上期应纳税额”：填写纳税人本期缴纳上一税款所属期应缴未缴的增值税额。

（45）第31栏“④本期缴纳欠缴税额”：反映纳税人本期实际缴纳和留抵税额抵减的增值税欠税额，

但不包括缴纳入库的查补增值税额。

（46）第32栏“期末未缴税额（多缴为负数）”：“本月数”反映纳税人本期期末应缴未缴的增值税额，但不包括纳税检查应缴未缴的税额。按表中所列公式计算填写。“本年累计”与“本月数”相同。

（47）第33栏“其中：欠缴税额（≥0）”：反映纳税人按照税法规定已形成欠税的增值税额。按表中所列公式计算填写。

（48）第34栏“本期应补（退）税额”：反映纳税人本期应纳税额中应补缴或应退回的数额。按表中所列公式计算填写。

（49）第35栏“即征即退实际退税额”：反映纳税人本期因符合增值税即征即退政策规定，而实际收到的税务机关退回的增值税额。

（50）第36栏“期初未缴查补税额”：“本月数”按上一税款所属期申报表第38栏“期末未缴查补税额”“本月数”填写。“本年累计”按上年度最后一个税款所属期申报表第38栏“期末未缴查补税额”“本年累计”填写。

（51）第37栏“本期入库查补税额”：反映纳税人本期因税务、财政、审计部门检查而实际入库的增值税额，包括按一般计税方法计算并实际缴纳的查补增值税额和按简易计税方法计算并实际缴纳的查补增值税额。

（52）第38栏“期末未缴查补税额”：“本月数”反映纳税人接受纳税检查后应在本期期末缴纳而未缴纳的查补增值税额。按表中所列公式计算填写，“本年累计”与“本月数”相同。

三、增值税小规模纳税人纳税申报表的编制

《增值税纳税申报表（小规模纳税人适用）》见表2-4。

表2-4 增值税纳税申报表

（小规模纳税人适用）

纳税人识别号：□□□□□□□□□□□□□□□□□□□□

纳税人名称（公章）： 金额单位：元至角分

税款所属期： 年 月 日至 年 月 日 填表日期： 年 月 日

项目		栏次	本期数		本年累计	
			货物及劳务	服务、不动产和无形资产	货物及劳务	服务、不动产和无形资产
一、计税依据	（一）应征增值税不含税销售额	1				
	税务机关代开的增值税专用发票不含税销售额	2				
	税控器具开具的普通发票不含税销售额	3				
	（二）销售、出租不动产不含税销售额	4	—		—	
	税务机关代开的增值税专用发票不含税销售额	5	—		—	

续表

项目		栏次	本期数		本年累计	
			货物及劳务	服务、不动产和无形资产	货物及劳务	服务、不动产和无形资产
一、计税依据	税控器具开具的普通发票不含税销售额	6	—		—	
	（三）销售使用过的固定资产不含税销售额	7（7≥8）		—		—
	其中：税控器具开具的普通发票不含税销售额	8		—		—
	（四）免税销售额	9=10+11+12				
	其中：小微企业免税销售额	10				
	未达起征点销售额	11				
	其他免税销售额	12				
	（五）出口免税销售额	13（13≥14）				
	其中：税控器具开具的普通发票销售额	14				
二、税款计算	本期应纳税额	15				
	本期应纳税额减征额	16				
	本期免税额	17				
	其中：小微企业免税额	18				
	未达起征点免税额	19				
	应纳税额合计	20=15-16				
	本期预缴税额	21			—	—
	本期应补（退）税额	22=20-21			—	—

纳税人或代理人声明：	如纳税人填报，由纳税人填写以下各栏：	
本纳税申报表是根据国家税收法律法规及相关规定填报的，我确定它是真实的、可靠的、完整的。	办税人员：	财务负责人：
	法定代表人：	联系电话：
	如委托代理人填报，由代理人填写以下各栏：	
	代理人名称（公章）：	经办人：
		联系电话：

主管税务机关：　　　　接收人：　　　　接收日期：

填写说明：

本表“货物及劳务”与“服务、不动产和无形资产”各项目应分别填写。

（1）“税款所属期”是指纳税人申报的增值税应纳税额的所属时间，应填写具体的起止年、月、日。

（2）“纳税人识别号”栏，填写纳税人的税务登记证件号码。

（3）“纳税人名称”栏，填写纳税人名称全称。

（4）第1栏“（一）应征增值税不含税销售额”：填写本期销售货物及劳务、服务和无形资产的不含税销售额，不包括销售、出租不动产、销售使用过的固定资产和销售旧货的不含税销售额、免税销售额、出口免税销售额、查补销售额。

服务有扣除项目的纳税人，本栏填写扣除后的不含税销售额，与当期《增值税纳税申报表（小规模纳税人适用）附列资料》第8栏数据一致。

（5）第2栏“税务机关代开的增值税专用发票不含税销售额”：填写税务机关代开的增值税专用发票销售额合计。

（6）第3栏“税控器具开具的普通发票不含税销售额”：填写税控器具开具的货物及劳务、应税行为的普通发票金额换算的不含税销售额。

（7）第4栏“（二）销售、出租不动产不含税销售额”：填写销售、出租不动产的不含税销售额，销售额=含税销售额÷（1+5%）。销售不动产有扣除项目的纳税人，本栏填写扣除后的不含税销售额。

（8）第5栏“税务机关代开的增值税专用发票不含税销售额”：填写税务机关代开的增值税专用发票销售额合计。

（9）第6栏“税控器具开具的普通发票不含税销售额”：填写税控器具开具的销售、出租不动产的普通发票金额换算的不含税销售额。

（10）第7栏“（三）销售使用过的固定资产不含税销售额”：填写销售自己使用过的固定资产（不含不动产，下同）和销售旧货的不含税销售额，销售额=含税销售额÷（1+3%）。

（11）第8栏“税控器具开具的普通发票不含税销售额”：填写税控器具开具的销售自己使用过的固定资产和销售旧货的普通发票金额换算的不含税销售额。

（12）第9栏“（四）免税销售额”：填写销售免征增值税的货物及劳务、服务、不动产和无形资产的销售额，不包括出口免税销售额。

服务、不动产有扣除项目的纳税人，填写扣除之前的销售额。

（13）第10栏“小微企业免税销售额”：填写符合小微企业免征增值税政策的免税销售额，不包括符合其他增值税免税政策的销售额。个体工商户和其他个人不填写本栏次。

（14）第11栏“未达起征点销售额”：填写个体工商户和其他个人未达起征点（含支持小微企业免征增值税政策）的免税销售额，不包括符合其他增值税免税政策的销售额。本栏次由个体工商户和其他个人填写。

（15）第12栏“其他免税销售额”：填写销售免征增值税的货物及劳务、服务、不动产和无形资产的销售额，不包括符合小微企业免征增值税和未达起征点政策的免税销售额。

（16）第13栏“（五）出口免税销售额”：填写出口免征增值税货物及劳务、出口免征增值税服务、无形资产的销售额。

服务有扣除项目的纳税人，填写扣除之前的销售额。

（17）第14栏“税控器具开具的普通发票销售额”：填写税控器具开具的出口免征增值税货物及劳务、出口免征增值税服务、无形资产的普通发票销售额。

（18）第15栏“本期应纳税额”：填写本期按征收率计算缴纳的应纳税额。

（19）第16栏“本期应纳税额减征额”：填写纳税人本期按照税法规定减征的增值税应纳税额。包含可在增值税应纳税额中全额抵减的增值税税控系统专用设备费用以及技术维护费，可在增值税应纳税额中抵免的购置税控收款机的增值税税额。

当本期减征额小于或等于第15栏“本期应纳税额”时，按本期减征额实际填写；当本期减征额大于第15栏“本期应纳税额”时，按本期第15栏填写，本期减征额不足抵减部分结转下期继续抵减。

（20）第17栏“本期免税额”：填写纳税人本期增值税免税额，免税额根据第9栏“免税销售额”和征收率计算。

（21）第18栏“小微企业免税额”：填写符合小微企业免征增值税政策的增值税免税额，免税额根据第10栏“小微企业免税销售额”和征收率计算。

（22）第19栏“未达起征点免税额”：填写个体工商户和其他个人未达起征点（含支持小微企业免征增值税政策）的增值税免税额，免税额根据第11栏“未达起征点销售额”和征收率计算。

（23）第21栏“本期预缴税额”：填写纳税人本期预缴的增值税额，但不包括查补缴纳的增值税额。

项目小结

1.增值税是对在我国境内从事销售货物、进口货物或者提供加工、修理修配劳务及应税行为的单位和个人，以其取得的货物或应税劳务、应税行为的销售额，以及进口货物的金额为计税依据而征收的一种流转税。在中华人民共和国境内销售货物、进口货物或者提供加工、修理修配劳务及应税行为的单位和个人，为增值税的纳税人。根据经营规模大小、是否有固定的生产经营场所，以及会计核算健全与否，增值税纳税人可分为一般纳税人和小规模纳税人两类。

2.增值税的税率包括17%、11%、6%、0，小规模纳税人适用的增值税征收率为3%，财政部和国家税务总局另有规定的除外。

3.增值税发票包括增值税专用发票、增值税普通发票、增值税电子普通发票三种。增值税专用发票只限于增值税一般纳税人领购使用，增值税小规模纳税人和非增值税纳税人不得领购使用。

4.一般纳税人增值税应纳税额的计算采用抵扣税款的方法，即当期应纳税额等于当期销项税额减去当期进项税额。在计算销项税额时，应重点掌握销售额的确定。在计算进项税额时，应重点掌握进项税额抵扣的条件。小规模纳税人增值税应纳税额的计算采用简易征收方法，进口货物在进口环节应由海关代征增值税。

5.增值税的纳税申报有规定的期限、地点。增值税一般纳税人纳税申报表与增值税小规模纳税人纳税申报表的填写方法不同。

复习思考题

1.增值税的征税范围是如何规定的？

2.如何划分增值税一般纳税人和小规模纳税人？

3.准予抵扣的进项税额如何规定？

4.增值税纳税义务的发生时间如何确定？

技能训练题

1.某化工厂为增值税一般纳税人，2016年8月份发生以下经济业务：

（1）购进化工原料一批，取得增值税专用发票，注明价款120 000元，增值税税率为17%，原料已验收入库并部分投入使用。在购货过程中支付运费价税合计2 442元；已取得货运公司开具的增值税专用发票，其中注明增值税税额为242元。

（2）购进包装物一批，取得的增值税专用发票上注明的价款为3 000元，增值税税额为510元。

（3）销售甲种化工产品2 000千克，开具增值税专用发票，注明销售额为120 000元；同时收取包装物押金23 400元，并单独设账核算。

（4）没收逾期包装物押金5 850元，已入账核算。

要求：计算该化工厂本月应缴增值税税额。

2.某百货商场为增值税一般纳税人，2016年10月份发生以下购销业务：

（1）购入日用品，取得的增值税专用发票上注明的价款为120 000元，同时支付货物运输费价税合计4 662元，取得货运公司开具的增值税专用发票。

（2）将购入的一批货物作为礼物赠送给业务单位，同类商品的销售价为30 000元（不含税价）。

（3）向小规模纳税人销售货物，金额为23 400元，柜台零售货物金额为11 700元；向一般纳税人销售货物，价款为60 000元。

（4）国庆节将价值10 530元（含税价）的库存商品作为福利发放给职工。

（5）向希望工程捐赠货物一批，不含税金额为50 000元。

要求：计算该百货商场本月应缴增值税税额。

3.新星家电商店为增值税小规模纳税人，2016年9月销售康佳2988彩电20台，取得全部价款为57 500元（含税）。彩电零售价为3 000元（其中5台以以旧换新方式销售，旧电视折价为500元）。

要求：计算新星家电商店当月应纳增值税税额。

4.金鹰商场为增值税一般纳税人，2016年8月发生以下经济业务：

（1）购进电视机400台，单价2 500元，取得增值税专用发票，注明税额为170 000元，货已入库，款已支付，确定零售价为3 500元/台。

（2）购进送货汽车1辆，取得增值税专用发票，价款为80 000元，注明税额为13 600元，车已使用，款已支付。

（3）购进棉被2 000条，棉褥2 000条，棉被单价为100元/条，棉褥单价为80元/条，取得增值税专用发票，注明税额为61 200元，货已入库，款未支付；棉被零售价为140.40元/条，棉褥零售价为117元/条。

（4）将第（3）项业务中的棉被1 000条、棉褥1 000条支援灾区。

（5）本月销售货物取得价款（含税）1 755 000元。

（6）支付购进电视机的运费价税合计27 000元，取得货运公司开具的增值税专用发票。

（7）出售商场已使用6年的桑塔纳轿车2辆，取得价款24 720元。

（8）上月留存未抵扣进项税额50 000元。

要求：计算金鹰商场本月应交税额，并做出相应会计分录。

5. 喜来登副食商店为增值税小规模纳税人，2016年3月发生以下经济业务：

（1）外购商品一批，增值税专用发票注明税额为20 000元，货已收验收入库，款已付。

（2）本月零售收入为93 600元（含税）。

（3）本月收购免税农业产品一批，收购价为5 000元。

要求：计算该商店本月应纳增值税税额 。

实务操作题

1. 安徽万年亲健身器材有限公司是一家健身器材生产企业，为增值税一般纳税人。2016年5月4日，向乙公司（一般纳税人）销售一批健身器材，并开具增值税专用发票，发票上注明的销售价款为2 500 000元，增值税税额为425 000元。2016年5月，安徽万年亲健身器材有限公司购入原材料时取得的增值税专用发票当月已全部认证，发票上注明的金额合计1 000 000元，税额合计170 000元。该公司上期留抵税额10 000元。

要求：计算当月应纳增值税税额并填写增值税申报表。（注意：未给定信息及资料自行假定）

2. 安徽智远人力资源服务有限公司（统一社会信用代码：9134010056MAQ89EW7）为增值税小规模纳税人，2017年1月份发生以下业务：

（1）提供人力资源咨询服务取得收入16万元。

（2）提供会议服务取得收入10万元。

要求：

（1）计算该公司2017年1月应缴纳的增值税税额。

（2）请代为填写增值税纳税申报表。

项目三　消费税纳税实务

知识目标

▶ 理解消费税的含义、特点。

▶ 掌握消费税的纳税人、征税范围、税率等基本规定。

技能目标

▶ 熟练掌握及运用消费税应纳税额的计算和纳税申报。

案例导读

某地成立了一家酒厂，主要生产白酒，同时成立了自己的酒类产品销售公司。酒厂生产的白酒首先销售给自己的销售公司，然后由销售公司销售给各地的分公司或代理商。

请问：(1) 消费税是由酒厂还是销售公司申报缴纳？

(2) 如何确定计税价格？

任务一　认知消费税

一、消费税的含义和特点

消费税是对在我国境内生产、委托加工和进口应税消费品的单位和个人征收的一种流转税。消费税同其他商品劳务税相比，具有以下特点：

(1) 以税法规定的特定产品为征税对象。

(2) 只在消费品生产、流通或消费的某一环节征税。

(3) 根据不同消费品的种类、档次、结构、功能等情况，制定不同的税率。

(4) 消费税是价内税，是价格的组成部分。

《中华人民共和国消费税暂行条例》已于2008年11月5日国务院第34次常务会议修订通过，自2009年1月1日起施行。此后，财政部、国家税务总局先后对消费税政策作了相应调整（见财税〔2014〕93号、〔2015〕16号和〔2016〕103号等文件）。

二、消费税的征税对象和征税范围

消费税以在我国境内生产、委托加工、进口的应税消费品为征税对象。我国现行消费税设置了15个税目，具体包括：烟，酒，高档化妆品，贵重首饰及珠宝玉石，鞭炮、焰火，成品油，摩托车，小汽车，高尔夫球及球具，高档手表，游艇，木制一次性筷子，实木地板，电池，涂料。

现行消费税的具体征收范围如下：

1.烟

凡是以烟叶为原料加工生产的产品，不论使用何种辅料，均属于本税目的征收范围。本税目下设卷烟、雪茄烟、烟丝3个子目。

2.酒

本税目下设白酒、黄酒、啤酒、其他酒4个子目。

3.高档化妆品

本税目的征收范围包括：高档美容及修饰类化妆品、高档护肤类化妆品和成套化妆品。高档美容及修饰类化妆品和高档护肤类化妆品是指生产（进口）环节销售（完税）价格（不含增值税）在10元/毫升（克）或15元/片（张）及以上的美容、修饰类化妆品和护肤类化妆品。

4.贵重首饰及珠宝玉石

本税目的征收范围包括：各种金银首饰、铂金手饰，以及镶嵌首饰和经采掘、打磨、加工的各种珠宝玉石。

5.鞭炮、焰火

鞭炮又称爆竹，是用多层纸密裹火药，接以药引线制成的一种爆炸品。焰火是指烟火剂，一般系包扎品，内装药剂，点燃后烟火喷射，呈各种颜色。本税目的征收范围包括各种鞭炮、焰火。

6.成品油

本税目的征收范围包括：汽油、柴油、航空煤油、石脑油、溶剂油、润滑油、燃料油7个子目。

7.摩托车

本税目的征收范围包括：轻便摩托车和摩托车两种。

对最大设计车速不超过50千米/时，发动机汽缸总工作容量不超过50毫升的三轮摩托车不征收消费税。对气缸容量小于250毫升的小排量摩托车不征收消费税。

8.小汽车

本税目的征收范围包括：乘用车、中轻型商用客车和超豪华小汽车。

自2016年12月1日起，“小汽车”税目下增设“超豪华小汽车”子税目，征收范围为每辆零售价格130万元（不含增值税）及以上的乘用车和中轻型商用客车，即乘用车和中轻型商用客车子税目中的超豪华小汽车。

电动汽车不属于本税目的征收范围；对于企业购进货车或厢式货车改装生产的商务车、卫星通信车等专用汽车不属于消费税征税范围，不征收消费税。

9.高尔夫球及球具

本税目的征收范围包括：高尔夫球、高尔夫球杆、高尔夫球包（袋），以及高尔夫球杆的杆头、杆身和握把。

10.高档手表

高档手表是指销售价格（不含增值税）每只在10 000元（含）以上的各类手表。

本税目的征收范围包括：符合以上标准的各类手表。

11.游艇

本税目的征收范围包括：艇身长度大于8米（含）小于90米（含），内置发动机，可以在水上移动，一般为私人或团体购置，主要用于水上运动和休闲娱乐等非谋利活动的各类机动艇。

12.木制一次性筷子

本税目的征收范围包括：各种规格的木制一次性筷子。

13.实木地板

本税目的征收范围包括：各种规格的实木地板、实木指接地板、实木复合地板，以及用于装饰墙壁、天棚的侧端面为榫、槽的实木装饰板。

14.电池

电池是一种将化学能、光能等直接转换为电能的装置，一般由电极、电解质、容器、极端，通常还有隔离层组成的基本功能单元，以及用一个或多个基本功能单元装配成的电池组。

本税目的征收范围包括：原电池、蓄电池、燃料电池、太阳能电池和其他电池。

对无汞原电池、金属氢化物镍蓄电池（又称“氢镍蓄电池”或“镍氢蓄电池”）、锂原电池、锂离子蓄电池、太阳能电池、燃料电池和全钒液流电池免征消费税。

15.涂料

涂料是指涂于物体表面能形成具有保护、装饰或特殊性能的固态涂膜的一类液体或固体材料之总称。

对施工状态下挥发性有机物（Volatile Organic Compounds，VOC）含量低于420克/升（含）的涂料免征消费税。

三、消费税的纳税人

在中华人民共和国境内生产、委托加工和进口《消费税暂行条例》规定的消费品的单位和个人，以及国务院确定的销售《消费税暂行条例》规定的消费品的其他单位和个人，为消费税的纳税人。

这里的“单位”，是指企业、行政单位、事业单位、军事单位、社会团体及其他单位。这里的“个人”，是指个体工商户及其他个人。

具体包括：

（1）生产应税消费品的单位和个人。

（2）零售应税消费品的单位和个人。

（3）委托加工应税消费品的单位和个人。

（4）进口应税消费品的单位和个人。

（5）自产自用应税消费品的单位和个人。

四、消费税的税率

我国现行消费税采用比例税率、定额税率和复合税率三种形式。对于从价征税的消费品，采用比例税率；对于从量征税的消费品，采用定额税率；对少数产品，采用复合税率。

消费税税目税率（税额）表见表3-1。

表3-1 消费税税目税率（税额）表

税 目	税 率
一、烟	
1.卷烟	
（1）甲类卷烟（每标准条（200支）调拨价格在70元（不含增值税）以上（含70元））	56%加0.003元/支
（2）乙类卷烟（每标准条（200支）调拨价格小于70元（不含增值税））	36%加0.003元/支
（3）商业批发	11%加0.005元/支
2.雪茄烟	36%
3.烟丝	30%
二、酒	
1.白酒	20%加0.5元/500克（或500毫升）
2.黄酒	240元/吨
3.啤酒	
（1）甲类啤酒	250元/吨
（2）乙类啤酒	220元/吨
4.其他酒	10%
三、高档化妆品	15%（注1）
四、贵重首饰及珠宝玉石	
1.金银首饰、铂金首饰、钻石及钻石饰品	5%
2.其他贵重首饰和珠宝玉石	10%
五、鞭炮、焰火	15%
六、成品油	
1.汽油	1.52元/升
2.柴油	1.20元/升
3.石脑油	1.52元/升

续表

税　目	税　率
4.溶剂油	1.52元/升
5.润滑油	1.52元/升
6.燃料油	1.20元/升
7.航空煤油（暂缓征收）	1.20元/升
七、摩托车	
1.气缸容量（排气量，下同）在250毫升（含250毫升）以下的	3%
2.气缸容量在250毫升以上的	10%
八、小汽车	
1.乘用车	
（1）气缸容量（排气量，下同）在1.0升（含1.0升）以下的	1%
（2）气缸容量在1.0升以上至1.5升（含1.5升）的	3%
（3）气缸容量在1.5升以上至2.0升（含2.0升）的	5%
（4）气缸容量在2.0升以上至2.5升（含2.5升）的	9%
（5）气缸容量在2.5升以上至3.0升（含3.0升）的	12%
（6）气缸容量在3.0升以上至4.0升（含4.0升）的	25%
（7）气缸容量在4.0升以上的	40%
2.中轻型商用客车	5%
3.超豪华小汽车	10%（注2）
九、高尔夫球及球具	10%
十、高档手表	20%
十一、游艇	10%
十二、木制一次性筷子	5%
十三、实木地板	5%
十四、电池	4%（注3）
十五、涂料	4%（注3）

注1：根据《财政部 国家税务总局关于调整化妆品消费政策的通知》（财税〔2016〕103号）的规定，自2016年10月1日起执行。

注2：根据《财政部 国家税务总局关于对超豪华小汽车加征消费税有关事项的通知》（财税〔2016〕129号）的规定，自2016年12月1日起执行。

注3：《财政部 国家税务总局关于对电池 涂料征收消费税的通知》（财税〔2015〕16号）规定，将电池、涂料列入消费税征收范围，在生产、委托加工和进口环节征收，适用税率均为4%。

五、消费税的纳税环节

消费税实行单一环节征收，其纳税环节具体有以下四种情况：

1.生产环节

生产应税消费品除了直接对外销售应征收消费税外，纳税人将生产的应税消费品换取生产资料、消费资料、投资入股、偿还债务，以及用于继续生产应税消费品以外的其他方面都应缴纳消费税。

2.委托加工环节

委托加工应税消费品是指委托方提供原料和主要材料，受托方只收取加工费和代垫部分辅助材料加工的应税消费品。由受托方提供原材料或其他情形的，一律不能视同加工应税消费品。委托加工的应税消费品收回后，再继续用于生产应税消费品销售的，其加工环节缴纳的消费税可以扣除。

3.进口环节

进口环节缴纳的消费税由海关代征。

4.零售环节

金银首饰、铂金首饰、钻石及钻石饰品的消费税在零售环节征收。

自2016年12月1日起，对超豪华小汽车在零售环节加征消费税。

5.批发环节

在卷烟的批发环节加征一道从价计征的消费税。

任务二　消费税应纳税额的计算

一、消费税应纳税额计算的基本方法

消费税应纳税额的计算，根据不同应税消费品分别实行从量定额、从价定率和从价定率与从量定额相结合三种方法。

1.从量定额计算方法

现行消费税对黄酒、啤酒、成品油实行从量定额的计税方法。在这种方法下，应纳消费税税额的计算取决于应税消费品的销售数量和单位税额两个因素。其基本计算公式如下：

应纳消费税税额=应税消费品的销售数量×单位税额

公式中应税消费品的销售（包括视同销售）数量是指纳税人生产、加工和进口应税消费品的数量。具体规定为：

（1）销售应税消费品的，为应税消费品的销售数量。

（2）自产自用应税消费品的，为应税消费品的移送使用数量。

（3）委托加工应税消费品的，为纳税人收回的应税消费品数量。

（4）进口应税消费品的，为海关核定的应税消费品进口征税数量。

上述计税数量按规定，黄酒、啤酒以吨为计税单位，汽油、柴油以升为计税单位。考虑到在实际销售过程中，一些纳税人会把吨和升这两个计量单位混用，税法将不同计量单位的换算标准统一规定为：

啤酒：1吨=988升　　黄酒：1吨=962升

汽油：1吨=1 388升　　柴油：1吨=1 176升

石脑油：1吨=1 385升　　溶剂油：1吨=1 282升

润滑油：1吨=1 126升　　燃料油：1吨=1 015升

航空煤油：1吨=1 246升

【例3-1】鞍山某炼油厂2016年12月生产销售汽油8 000吨，计算其应纳消费税税额。

【解析】其应纳消费税税额的计算如下：

应纳消费税税额=8 000×1 388×1.52=16 878 080（元）

2.从价定率计算方法

消费税大部分税目实行从价定率的计税方法，在这种方法下，应纳消费税税额的计算取决于应税消费品的销售额和适用税率两个因素。其基本计算公式如下：

应纳消费税税额=应税消费品的销售额×适用税率

【例3-2】广州阳光摩托车制造有限公司2016年1月份生产销售排量为250毫升的摩托车4 500辆，出厂价（不含增值税）9 500元/辆，计算该厂本期应纳消费税税额。

【解析】该厂本期应纳消费税税额的计算如下：

应纳消费税税额=4 500×9 500×3%=1 282 500（元）

3.从价定率和从量定额复合计算方法

在现行消费税的征税范围中，卷烟、白酒采用复合计算方法。其基本计算公式如下：

应纳消费税税额=销售额×适用税率+销售数量×单位税额

【例3-3】黄山卷烟厂2016年2月销售甲卷烟100标准箱（每箱250条，每条200支，下同），每箱按调拨价格20 000元销售；销售乙卷烟50标准箱，每箱按调拨价格7 500元销售。计算卷烟厂当月应纳消费税税额。

【解析】卷烟厂当月应纳消费税税额计算如下：

甲卷烟每标准条调拨价格=20 000÷250=80（元）

由于80元>70元，因此适用比例税率为56%。

乙卷烟每标准条调拨价格=7 500÷250=30（元）

由于30元<70元，因此适用比例税率为36%。

卷烟厂当月应纳消费税税额=100×20 000×56%+50×7 500×36%+（100+50）×250×200×0.003

=1 120 000+135 000+22 500

=1 277 500（元）

二、消费税应纳税额计算的具体规定

（一）纳税人销售自产应税消费品的计税

（1）销售自己生产的应税消费品，其销售额的确定与计征增值税的销售额相同，即销售额包括向购买方收取的全部价款和价外费用，但不包括增值税税额。

所谓价外费用，是指价外向购买方收取的手续费、补贴、基金、集资费、返还利润、奖励费、违约金、滞纳金、延期付款利息、赔偿金、代收款项、代垫款项、包装费、包装物租金、储备费、优质费、运输装卸费以及其他各种性质的价外收费，但下列项目不包括在内：

①同时符合以下条件的代垫运输费用：

A.承运部门的运输费用发票开具给购买方的。

B.纳税人将该项发票转交给购买方的。

②同时符合以下条件代为收取的政府性基金或者行政事业性收费：

A.由国务院或者财政部批准设立的政府性基金，由国务院或者省级人民政府及其财政、价格主管部门批准设立的行政事业性收费。

B.收取时开具省级以上财政部门印制的财政票据。

C.所收款项全额上缴财政。

纳税人的应税消费品连同包装销售的，无论包装是否单独计价，也不论在会计上如何核算，均应并入应税消费品的销售额中征收消费税。如果包装物不作价随同产品销售，而是收取押金，且单独核算又未过期的，则此项押金不应并入应税消费品的销售额中征收消费税，但对因逾期未收回的包装物不再退还的押金，或者已收取的时间超过12个月的押金，应并入应税消费品的销售额，按照应税消费品的适用税率征收消费税。对既作价随同应税消费品销售，又另外收取的包装物押金，凡纳税人在规定的期限内不予退还的，均应并入应税消费品的销售额，按照应税消费品的适用税率征收消费税。

纳税人销售的应税消费品，以外汇结算销售额的，其销售额的人民币折合率可以选择结算的当天或者当月1日的国家外汇牌价（原则上为中间价）。纳税人应事先确定采取何种折合率，确定后1年内不得变更。

纳税人的应税消费品销售额，不包括应向购货方收取的增值税税款。如果纳税人应税消费品的销售额是价款和增值税税款合并收取的，在计算消费税时，应将含增值税的销售额换算为不含增值税税款的销售额。

【例3-4】上海一化妆品生产企业为增值税一般纳税人，2016年10月7日向某大型商场销售高档化妆品一批，开具增值税专用发票，取得不含增值税销售额400 000元，增值税税额68 000元；10月25日向某单位销售高档化妆品一批，开具普通发票，取得含增值税销售额58 500元。计算该化妆品生产企业10月应缴纳的消费税税额。

【解析】该化妆品生产企业10月应纳消费税税额的计算如下：

高档化妆品的应税销售额=400 000+58 500÷（1+17%）=450 000（元）

应缴纳消费税税额=450 000×15%=67 500（元）

（2）纳税人通过自设非独立核算部门销售的自产应税消费品，按其对外销售额（或销售量）计征。

【例3-5】一摩托车制造企业（增值税一般纳税人）当年8月份将生产的排量为350毫升的摩托车28辆，以每辆出厂价12 500元（不含增值税）销售给自设非独立核算的门市部；门市部又以每辆16 965元（含增值税）售给消费者。计算该摩托车制造企业8月应缴纳的消费税税额。

【解析】该摩托车制造企业8月应纳消费税税额的计算如下：

350毫升（250毫升以上）摩托车适用消费税税率为10%。

计税价格=16 965÷（1+17%）=14 500（元）

应纳消费税税额=14 500×28×10%=40 600（元）

（3）纳税人外购以下已税消费品生产应税消费品，仍应以纳税人的销售额为依据计税，但为了避免重复征税，可从其应纳消费税税额中扣除当期生产领用的外购已税消费品的已纳消费税税款。扣除范围包括：

①外购已税烟丝为原料生产的卷烟。

②外购已税高档化妆品为原料生产的高档化妆品。

③外购已税珠宝、玉石为原料生产的贵重首饰及珠宝、玉石（但外购已税珠宝、玉石生产的改在零售环节征收消费税的除外）。

④外购已税鞭炮、焰火为原料生产的鞭炮、焰火。

⑤外购已税汽油、柴油、石脑油、燃料油、润滑油为原料生产的应税消费品。

⑥外购已税杆头、杆身和握把为原料生产的高尔夫球杆。

⑦外购已税木制一次性筷子为原料生产的木制一次性筷子。

⑧外购已税实木地板为原料生产的实木地板。

⑨外购已税摩托车生产的摩托车。

上述当期准予扣除的外购应税消费品已纳消费税税款的计算公式如下：

$$\text{当期准予扣除的外购应税消费品已纳消费税税款}=\text{当期准予扣除的外购应税消费品买价}\times\text{外购应税消费品适用税率}$$

$$\text{当期准予扣除的外购应税消费品买价}=\text{期初库存的外购应税消费品的买价}+\text{当期购进的应税消费品的买价}-\text{期末库存的外购应税消费品的买价}$$

外购已税消费品的买价是指外购应税消费品增值税专用发票上注明的销售额（不包括增值税税额）。

【例3-6】某化妆品厂用外购已税化妆品生产高档化妆品，当月销售额为234万元（含增值税税款）。当月月初库存外购化妆品账面余额为70万元，当月购进30万元，月末库存外购化妆品账面余额为50万元。计算该厂当月生产高档化妆品应纳消费税税额。

【解析】该厂当月生产高档化妆品应纳消费税税额的计算如下：

当月销售高档化妆品应纳消费税税额=234÷（1+17%）×15%=30（万元）

当月准予扣除外购高档化妆品已纳税额=（70+30−50）×15%=7.5（万元）

该厂当月生产高档化妆品应纳消费税税额=30−7.5=22.5（万元）

（4）纳税人应税消费品的计税价格明显偏低又无正当理由的，按下列权限核定计税价格：

①卷烟和白酒的计税价格由税务总局核定；

②其他应税消费品的计税价格由税务总局所属税务分局核定。

（二）纳税人自产自用视同销售应税消费品的计税

（1）纳税人用于换取生产资料和消费资料、投资入股和抵偿债务等方面的应税消费品，以纳税人同类应税消费品的最高销售价格为计税依据。

【例3-7】江淮汽车制造厂以自产小汽车（1 600毫升气缸容量）10辆换取某钢厂生产的钢材200吨，每吨钢材3 000元。该厂生产的同一型号小汽车的销售价格分别为9.5万元/辆、9万元/辆和8.5万元/辆。计算用于换取钢材的小汽车应纳消费税税额（以上价格不含增值税）。

【解析】用于换取钢材的小汽车应纳消费税税额的计算如下：

小汽车适用的消费税税率为5%，则：

应纳消费税税额=9.5×10×5%=4.75（万元）

（2）纳税人自产应税消费品，自用于生产非应税产品、在建工程等其他方面视同销售的，其销售额按以下顺序确定：

①按纳税人当月销售同类消费品的销售价格计算。如果当月同类消费品当期销售价格高低不同，按销售数量加权平均计算，但销售价格明显偏低又无正当理由的，或者无销售价格的，不能进行加权平均计算。

【例3-8】某酒厂5月份分三批销售白酒：第一批销售5 000箱，销售额为625万元；第二批销售3 000箱，销售额为360万元；第三批销售2 000箱，销售额为225万元。计算这些白酒当月加权平均销售价格。

【解析】这些白酒当月加权平均销售价格的计算如下：

加权平均销售价格=（6 250 000+3 600 000+2 250 000）÷（5 000+3 000+2 000）=1 210（元/箱）

②如果当月无销售或当月未完结的，按照同类消费品上月或最近月份的销售价格计算。

③如果没有同类消费品销售价格的，按组成计税价格计算，其计算公式如下：

自产自用应税消费品的组成计税价格=（成本+利润）÷（1-消费税税率）①

式中："成本"是指应税消费品的产品生产成本。"利润"是指根据应税消费品的全国平均成本利润率计算的利润。

应税消费品全国平均成本利润率见表3-2。

表3-2 **应税消费品全国平均成本利润率**

货物名称	利润率	货物名称	利润率
1.甲类卷烟	10%	11.摩托车	6%
2.乙类卷烟	5%	12.高尔夫球及球具	10%
3.雪茄烟	5%	13.高档手表	20%
4.烟丝	5%	14.游艇	10%
5.粮食白酒	10%	15.木制一次性筷子	5%
6.薯类白酒	5%	16.实木地板	5%
7.其他酒	5%	17.乘用车	8%
8.高档化妆品	5%	18.中轻型商用客车	5%
9.鞭炮、焰火	5%	19.电池	4%
10.贵重首饰及珠宝玉石	6%	20.涂料	7%

① 公式的推导：
组成计税价格=成本+利润+消费税　　(1)
消费税=组成计税价格×税率　　(2)
将（2）代入（1）：组成计税价格=成本+利润+组成计税价格×税率
移项：组成计税价格-组成计税价格×税率=成本+利润
并项：组成计税价格×（1-税率）=成本+利润
移项：组成计税价格=（成本+利润）÷（1-税率）

【例3-9】某日用化工厂自制高档化妆品一批，分给本厂职工，无同类产品销售价，已知这批化妆品的成本为30 000元。计算其应纳消费税税额。

【解析】其应纳消费税税额的计算如下：

组成计税价格=（30 000+30 000×5%）÷（1-15%）

=37 058.82（元）

应纳消费税税额=37 058.82×15%

=5 558.82（元）

（三）纳税人委托加工应税消费品的计税

委托加工的应税消费品是指由委托方提供原料和主要材料，受托方只收取加工费和代垫部分辅助材料加工的应税消费品。对于由受托方提供原材料生产的应税消费品，或者受托方先将原材料卖给委托方，然后接受加工的应税消费品，以及由受托方以委托方名义购进原材料生产的应税消费品，不论纳税人在财务上是否作销售处理，都不得作为委托加工应税消费品，而应当按照销售自制应税消费品缴纳消费税。

（1）委托加工的应税消费品销售额的确定与自产自用视同销售的应税消费品基本相同，但有两点区别：一是销售额按照代收代缴税款的受托方的同类消费品的销售价格计算；二是组成计税价格的计算原理相同，但公式中的分子不同。其计算公式如下：

委托加工应税消费品的组成计税价格=（材料成本+加工费）÷（1-消费税税率）

式中："材料成本"是指委托方所提供加工材料的实际成本。委托加工应税消费品的纳税人，必须在委托加工合同上如实注明（或以其他方式提供）材料成本；凡未提供材料成本的，受托方所在地主管税务机关有权核定其材料成本。"加工费"是指受托方加工应税消费品向委托方所收取的全部费用（包括代垫辅助材料的实际成本）。

（2）委托加工收回的应税消费品由于已由受托方代收代缴消费税，因此委托方将委托加工的应税消费品收回后直接出售的，不再征收消费税。收回后用于连续生产应税消费品的，下列项目准予从应纳消费税税额中按当期生产领用数量计算扣除委托加工收回的应税消费品已纳消费税税款：

①以委托加工收回的已税烟丝为原料生产的卷烟。

②以委托加工收回的已税高档化妆品为原料生产的高档化妆品。

③以委托加工收回的已税珠宝、玉石为原料生产的贵重首饰及珠宝、玉石。

④以委托加工收回的已税鞭炮、焰火为原料生产的鞭炮、焰火。

⑤以委托加工收回的已税杆头、杆身和握把为原料生产的高尔夫球杆。

⑥以委托加工收回的已税木制一次性筷子为原料生产的木制一次性筷子。

⑦以委托加工收回的已税实木地板为原料生产的实木地板。

⑧以委托加工收回的已税汽油、柴油、石脑油、燃料油、润滑油为原料生产的应税消费品。

⑨以委托加工收回的已税摩托车生产的摩托车。

上述当期准予扣除的委托加工收回的应税消费品已纳消费税税款的计算公式如下：

当期准予扣除的委托加工收回的应税消费品已纳消费税税款=期初库存的委托加工应税消费品已纳税款+当期收回的委托加工应税消费品已纳税款-期末库存的委托加工应税消费品已纳税款

（四）纳税人进口应税消费品的计税

进口应税消费品按组成计税价格计算应纳税额。

在从价计征办法下，应纳税额的计算公式如下：

组成计税价格=（关税完税价格+关税）÷（1-消费税税率）

应纳消费税税额=组成计税价格×消费税税率

式中："关税完税价格"是指海关核定的关税计税价格。

【例3-10】某外贸公司2016年3月从国外进口一批应税消费品。已知该批应税消费品的关税完税价格为60万元，按规定应缴纳关税12万元，假定进口应税消费品的消费税税率为10%，计算进口环节应缴纳的消费税税额。

【解析】进口环节应缴纳的消费税税额的计算如下：

组成计税价格=（60+12）÷（1-10%）

=80（万元）

应纳消费税税额=80×10%

=8（万元）

在从量计征办法下，应纳税额的计算公式为：

应纳税额=进口应税消费品数量×消费税定额税率

在复合计税办法下，应纳税额的计算公式为：

组成计税价格=（关税完税价格+关税+进口应税消费品数量×消费税定额税率）÷（1-消费税比例税率）

应纳税额=组成计税价格×消费税比例税率+进口应税消费品数量×消费税定额税率

（五）纳税人兼营不同税率应税消费品的计税

纳税人兼营不同税率的应税消费品，应当分别核算不同税率应税消费品的销售额、销售数量。未分别核算销售额、销售数量的，或者将不同税率的应税消费品组成成套消费品销售的，从高适用税率。

例如，某烟厂既生产税率为56%的卷烟，又生产税率为36%的雪茄烟，还生产上述两类烟的套装礼品烟。该烟厂应分别核算不同税率两种烟的销售额。如果该烟厂没有分别核算，而是将两类烟及其套装礼品合在一起计算纳税，则混在一起的销售额应按56%的高税率计算缴纳消费税，而不能按36%的税率计税。

（六）出口应税消费品的退（免）税

我国按照国际通行的做法，对出口的应税消费品也实行免税或退税的政策。

（1）计算出口应税消费品应退消费税的税率或单位税额，依据《消费税暂行条例》所附《消费税税目税率（税额）表》执行。这是退（免）消费税与退（免）增值税的一个重要区别。当出口的货物是应税消费品时，其退还增值税要按规定的退税率计算，其退还消费税则按该应税消费品适用的消费税税率计算。企业应将不同消费税税率的出口应税消费品分开核算和申报，凡划分不清的，一律从低适用税率计算应退消费税税额。

（2）退（免）税范围。出口应税消费品退（免）消费税在政策上分为以下三种情况：

①有出口经营权的外贸企业购进应税消费品直接出口的，以及外贸企业受其他外贸企

业委托代理出口的应税消费品，报关出口时可退还其已在生产环节或委托加工环节征收的消费税税款。

出口的应税消费品办理退税后，发生退关，或者国外退货进口时予以免税的，报关出口者必须及时向其机构所在地或者居住地主管税务机关申报补缴已退的消费税税款。

②有出口经营权的生产企业自营出口，或者生产企业委托外贸企业代理出口自产的应税消费品，免征生产环节的消费税，不办理退税。

纳税人直接出口的应税消费品办理免税后，发生退关或者国外退货，进口时已予以免税的，经机构所在地或者居住地主管税务机关批准，可暂不办理补税，待其转为国内销售时，再申报补缴消费税。

③除生产企业、外贸企业外的其他企业（主要是一般商贸企业）委托外贸企业代理出口的应税消费品，一律不予免税、退税。

（3）退税的计算。按规定应予退税的出口应税消费品，其退税额的计算如下：

从量定额征收部分，按货物报关出口的数量计算，计算公式为：

应退消费税税额=出口数量×单位税额

从价定率征收部分，按外贸企业从工厂购进货物时征收消费税的价格计算，计算公式为：

应退消费税税额=出口货物的工厂销售额×税率

式中："工厂销售额"为不含增值税的销售额。"税率"和"单位税额"即征收消费税时所适用的税率和单位税额。

任务三　消费税的纳税申报与缴纳

一、消费税纳税义务的发生时间

（1）纳税人销售应税消费品的，其纳税义务发生时间为：

①采取赊销和分期收款结算方式的，为销售合同规定的收款日期的当天。

②采取预收货款结算方式的，为发出应税消费品的当天。

③采取托收承付和委托银行收款方式销售应税消费品的，为发出应税消费品并办妥托收手续的当天。

④采取其他结算方式的，为收讫销售款或者取得索取销售款凭据的当天。

（2）纳税人自产自用应税消费品的，其纳税义务发生时间为移送使用的当天。

（3）纳税人委托加工应税消费品的，其纳税义务发出时间为纳税人提货的当天。

（4）纳税人进口应税消费品的，其纳税义务发生时间为报关进口的当天。

二、消费税的纳税期限

按照《消费税暂行条例》的规定，消费税的纳税期限分别为1日、3日、5日、10日、15日、1个月或者1个季度。纳税人的具体纳税期限，由主管税务机关根据纳税人应纳税额的大小分别核定；不能按照固定期限纳税的，可以按次纳税。

纳税人以1个月或者1个季度为1个纳税期的，自期满之日起15日内申报纳税；以1

日、3日、5日、10日或者15日为1个纳税期的，自期满之日起5日内预缴税款，于次月1日起15日内申报纳税并结清上月应纳税款。

纳税人进口应税消费品，应当自海关填发《海关进口消费税专用缴款书》之日起15日内缴纳税款。

三、消费税的纳税地点

纳税人销售的应税消费品及自产自用的应税消费品，除国家另有规定外，应当向纳税人机构所在地或者居住地的主管税务机关申报纳税，但由于纳税人的组织形式和生产经营方式不同，存在纳税人核算地与生产经营地和销售地分离的情况，同时考虑到地区间的财政收入，因此对纳税地点作了某些特殊规定：

（1）纳税人销售的应税消费品，以及自产自用的应税消费品，除国家另有规定外，应当向纳税人核算地主管税务机关申报纳税。

（2）纳税人委托加工的应税消费品，受托方为个人的，由委托方向其机构所在地或者居住地主管税务机关申报纳税；受托方为企业等单位的，由受托方向机构所在地或者居住地主管税务机关代收代缴消费税。

（3）进口的应税消费品，由进口人或其代理人向报关地海关申报纳税。

（4）纳税人到外县（市）销售或委托外县（市）代销自产应税消费品的，于应税消费品销售后，向机构所在地或者居住地主管税务机关申报纳税。

（5）纳税人的总机构与分支机构不在同一县（市），但在同一省（自治区、直辖市）范围内，经省（自治区、直辖市）财政厅（局）、国家税务局审批同意，可以由总机构汇总向总机构所在地的主管税务机关申报缴纳消费税。

四、消费税的纳税申报

依法已向税务机关办理税务登记的纳税人、扣缴义务人、委托代征人，均应从办理税务登记的次月起向主管税务机关办理纳税申报。纳税人、扣缴义务人在规定期限内不能按时到税务机关申报的，可向税务机关提出书面申请，办理延期申报。经主管税务机关核准后，纳税人在核准的期限内申报。

消费税目前主要采用上门申报的直接申报方式和网上申报的电子申报方式。上门申报即纳税人或代理人直接到主管国税机关申报征收岗位办理纳税申报。网上申报是指纳税人或代理人不需要直接到税务机关办理申报，而是用网络传输的方式将电子数据文档发送到国税机关指定的网页或电子信箱进行纳税申报，同时在纳税申报期前，将与电子数据相同的纳税申报纸质资料送达申报征收窗口的一种电子申报方式。

《烟类应税消费品消费税纳税申报表》《酒类应税消费品消费税纳税申报表》《成品油消费税纳税申报表》《小汽车消费税纳税申报表》《其他应税消费品消费税纳税申报表》分别见表3-3、表3-4、表3-5、表3-6和表3-7。

表3-3

烟类应税消费品消费税纳税申报表

税款所属期：　　年　月　日至　　年　月　日

纳税人名称（公章）：　纳税人识别号：□□□□□□□□□□□□□□□□□□□□

填表日期：　年　月　日　单位：卷烟万支、雪茄烟支、烟丝千克；金额单位：元（列至角分）

项目 应税消费品名称	适用税率		销售数量	销售额	应纳税额
	定额税率	比例税率			
卷烟	0.003元/支	56%			
卷烟	0.003元/支	36%			
雪茄烟	—	36%			
烟丝	—	30%			
合计	—	—	—	—	

<table>
<tr><td>本期准予扣除税额：</td><td rowspan="3">声明
此纳税申报表是根据国家税收法律的规定填报的，我确定它是真实的、可靠的、完整的。
经办人（签章）：
财务负责人（签章）：
联系电话：</td></tr>
<tr><td>本期减（免）税额：</td></tr>
<tr><td>期初未缴税额：</td></tr>
<tr><td>本期缴纳前期应纳税额：</td><td rowspan="5">（如果你已委托代理人申报，请填写）
授权声明
为代理一切税务事宜，现授权＿＿＿＿＿＿＿＿（地址）＿＿＿＿＿＿为本纳税人的代理申报人，任何与本申报表有关的往来文件，都可寄予此人。
授权人签章：</td></tr>
<tr><td>本期预缴税额：</td></tr>
<tr><td>本期应补（退）税额：</td></tr>
<tr><td>期末未缴税额：</td></tr>
</table>

以下由税务机关填写：

受理人（签章）：　　受理日期：　年　月　日　　受理税务机关（章）：

表3-4 **酒类应税消费品消费税纳税申报表**

税款所属期：　年　月　日至　年　月　日

纳税人名称（公章）：　纳税人识别号：□□□□□□□□□□□□□□□□□□□□

填表日期：　年　月　日　　　　　　　　　　　　　　金额单位：元（列至角分）

项目 应税消费品名称	适用税率		销售数量	销售额	应纳税额
	定额税率	比例税率			
白酒	0.5元/500克	20%			
啤酒	250元/吨	—			
啤酒	220元/吨	—			
黄酒	240元/吨	—			
其他酒	—	10%			
合计	—	—	—	—	

本期准予抵减税额：	声明 此纳税申报表是根据国家税收法律的规定填报的，我确定它是真实的、可靠的、完整的。 经办人（签章）： 财务负责人（签章）： 联系电话：
本期减（免）税额：	
期初未缴税额：	
本期缴纳前期应纳税额：	（如果你已委托代理人申报，请填写） 授权声明 为代理一切税务事宜，现授权__________（地址）______为本纳税人的代理申报人，任何与本申报表有关的往来文件，都可寄予此人。 授权人签章：
本期预缴税额：	
本期应补（退）税额：	
期末未缴税额：	

以下由税务机关填写：

受理人（签章）：　　受理日期：　年　月　日　　　　受理税务机关（章）：

表3-5

成品油消费税纳税申报表

税款所属期：　年　月　日至　年　月　日

纳税人名称（公章）：　纳税人识别号：

填表日期：　年　月　日　　计量单位：升；　　金额单位：元（列至角分）

项目 应税消费品名称	适用税率（元/升）	销售数量	应纳税额
汽油	1.52		
柴油	1.20		
石脑油	1.52		
溶剂油	1.52		
润滑油	1.52		
燃料油	1.20		
航空煤油	1.20		
合计	—	—	

本期准予扣除税额：	声明 此纳税申报表是根据国家税收法律的规定填报的，我确定它是真实的、可靠的、完整的。 经办人（签章）： 财务负责人（签章）： 联系电话：
本期减（免）税额：	
期初未缴税额：	
本期缴纳前期应纳税额：	（如果你已委托代理人申报，请填写） 授权声明 为代理一切税务事宜，现授权＿＿＿＿（地址）＿＿＿＿为本纳税人的代理申报人，任何与本申报表有关的往来文件，都可寄予此人。 授权人签章：
本期预缴税额：	
本期应补（退）税额：	
期末未缴税额：	

以下由税务机关填写：

受理人（签章）：　受理日期：　年　月　日　　受理税务机关（章）：

表 3-6 **小汽车消费税纳税申报表**

税款所属期： 年 月 日至 年 月 日

纳税人名称（公章）： 纳税人识别号：

填表日期： 年 月 日 单位：辆、元（列至角分）

应税消费品名称 \ 项目		适用税率	销售数量	销售额	应纳税额
乘用车	气缸容量≤1.0升	1%			
	1.0升<气缸容量≤1.5升	3%			
	1.5升<气缸容量≤2.0升	5%			
	2.0升<气缸容量≤2.5升	9%			
	2.5升<气缸容量≤3.0升	12%			
	3.0升<气缸容量≤4.0升	25%			
	气缸容量>4.0升	40%			
中轻型商用客车		5%			
超豪华小汽车		10%			
合计		—	—	—	

本期准予扣除税额：	声明 此纳税申报表是根据国家税收法律的规定填报的，我确定它是真实的、可靠的、完整的。 经办人（签章）： 财务负责人（签章）： 联系电话：
本期减（免）税额：	
期初未缴税额：	
本期缴纳前期应纳税额：	（如果你已委托代理人申报，请填写） 授权声明 为代理一切税务事宜，现授权________（地址）________为本纳税人的代理申报人，任何与本申报表有关的往来文件，都可寄予此人。 授权人签章：
本期预缴税额：	
本期应补（退）税额：	
期末未缴税额：	

以下由税务机关填写：

受理人（签章）： 受理日期： 年 月 日 受理税务机关（章）：

表 3-7

其他应税消费品消费税纳税申报表

税款所属期： 年 月 日至 年 月 日

纳税人名称（公章）： 纳税人识别号：□□□□□□□□□□□□□□□□□□□□

填表日期： 年 月 日 金额单位：元（列至角分）

项目 应税消费品名称	适用税率	销售数量	销售额	应纳税额
合 计	—	—	—	

本期准予扣除税额：	声明 此纳税申报表是根据国家税收法律的规定填报的，我确定它是真实的、可靠的、完整的。 经办人（签章）： 财务负责人（签章）： 联系电话：
本期减（免）税额：	
期初未缴税额：	
本期缴纳前期应纳税额：	（如果你已委托代理人申报，请填写） 授权声明 为代理一切税务事宜，现授权____（地址）____为本纳税人的代理申报人，任何与本申报表有关的往来文件，都可寄予此人。 授权人签章：
本期预缴税额：	
本期应补（退）税额：	
期末未缴税额：	

以下由税务机关填写：

受理人（签章）： 受理日期： 年 月 日 受理税务机关（章）：

项目小结

1.消费税是对在我国境内生产、委托加工和进口应税消费品的单位和个人征收的一种流转税。

2.消费税的具体纳税人有：生产销售除金银首饰、钻石及钻石饰品、铂金首饰以外的应税消费品的单位和个人；零售金银首饰、钻石及钻石饰品、铂金首饰、超豪华小汽车的单位和个人；委托加工应税消费品的单位和个人；进口应税消费品的单位和个人。

3.消费税应税消费品的黄酒、啤酒、成品油采用定额税率，卷烟和白酒采用复合税率，其余应税消费品均采用比例税率。

4.消费税应纳税额的计算有从量定额、从价定率和从价定率与从量定额相结合三种方法。

5.消费税目前主要采用上门申报的直接申报方式和网上申报的电子申报方式。

复习思考题

1.简述消费税的征税对象和征税范围。

2.简述消费税的纳税环节。

3.简述消费税应纳税额计算的基本方法。

4.简述纳税人销售自产应税消费品的计税方法。

技能训练题

1.某啤酒厂2016年3月销售啤酒5 000吨，售价（不含增值税销项税额）2 850元/吨。

要求：计算该厂当月应纳消费税税额。

2.某卷烟厂某月销售卷烟10 000标准箱，每标准箱内装250标准条卷烟，按每标准条卷烟的调拨价格80元（不包括增值税）售出。

要求：计算该厂当月应纳消费税税额。

3.某酒厂自产自用白酒50吨，该批白酒没有同类产品销售价格。已知生产成本为92 500元。该企业将该批白酒30吨用于连续生产其他酒，其余20吨用于职工福利。

要求：计算该厂这批白酒应纳消费税税额。

4.某外贸企业从国外进口80辆排量为250毫升以上的摩托车，关税完税价格为180万元，当月售出其中70辆，每辆售价4万元（不含增值税）。从国内一生产厂家购进250毫升以上的摩托车100辆，每辆工厂销售额为1.638万元（含增值税），其中90辆外销，出口离岸价为205万元；10辆内销，每辆售价2万元（不含增值税）。

要求：计算该外贸企业当月应缴、应退的消费税税额（假定进口时摩托车进口关税税率为20%，消费税税率为10%）。

实务操作题

安徽省巢湖散兵一礼花厂为增值税一般纳税人，法人代表张斌，营业执照注明的统一社会信用代码为93401221977687761F，2016年9月份发生以下业务：

（1）销售各种礼花取得不含税销售额256 000元，代垫运费4 000元，运输部门将发票开给购货单位，款已收到。

（2）采取托收方式销售花炮不含税100 000元，货已发出，办妥托收手续，货款尚未收到。

（3）将不含税价值16 000元的礼花赠送给关系单位。

（4）工厂春节招待会用礼花不含税价格为10 000元。

（5）销售一批花炮给小规模纳税人，开具普通发票，总金额为11 700元。

（6）收回委托加工的花炮取得增值税专用发票上注明的加工费为80 000元。加工单位代收代缴消费税18 000元。收回后直接售出，开具增值税专用发票上注明的销售额为180 000元。

（7）本月购进原料货款已付，货到入库。收到增值税专用发票上注明的价款为120 000元、税额为15 600元；支付生产用水费用，取得增值税专用发票上注明的价款为8 000元，税额为480元。

（8）支付运输费用，取得货运公司的增值税专用发票上注明的运费为20 000元，进项税额为2 200元。

（9）9月11日，缴纳8月应纳增值税税款35 000元。

要求：若你为该企业会计人员，请根据所给资料计算该厂应缴纳的增值税和消费税，并填制消费税纳税申报表。

项目四　企业所得税纳税实务

知识目标

▶ 了解企业所得税的含义、特点。

▶ 理解企业所得税的纳税人、征税对象、税率和税收优惠政策。

▶ 掌握企业应纳税所得额的确定。

技能目标

▶ 熟练掌握及运用企业所得税应纳税额的计算和纳税申报。

案例导读

某工业企业资产总额2 800万元，有职工80人。该公司在2016年12月前预测本年可实现应纳税所得额为30.5万元。

请问：(1) 不做任何调整，则企业按税法规定本年应纳多少企业所得税?

(2) 有筹划的空间吗? 如果有，请问如何筹划?

任务一　认知企业所得税

一、企业所得税的概念

企业所得税是指国家对境内企业生产、经营所得和其他所得依法征收的一种税。它是国家参与企业利润分配、调节企业收益水平、正确处理国家与企业分配关系的一个重要税种。

我国的企业所得税制度，是随着改革开放和经济体制改革的不断推进而逐步建立、完善起来的。

目前，我国现行的企业所得税基本法律规范是经中华人民共和国第十届全国人民代表大会第五次会议于2007年3月16日通过，自2008年1月1日起施行的《中华人民共和国企业所得税法》(以下简称《企业所得税法》)。《中华人民共和国企业所得税法实施条例》(以下简称《企业所得税法实施条例》) 也已经于2007年11月28日国务院第197次常务会议通过，并自2008年1月1日起施行。

二、企业所得税的纳税人、应纳税所得额和税率

（一）纳税人

在中华人民共和国境内，企业和其他取得收入的组织（以下统称企业）为企业所得税的纳税人，不包括个人独资企业和合伙企业。

企业分为居民企业和非居民企业。居民企业是指依法在中国境内成立，或者依照外国（地区）法律成立但实际管理机构在中国境内的企业。非居民企业是指依照外国（地区）法律成立且实际管理机构不在中国境内，但在中国境内设立机构、场所，或者在中国境内未设立机构、场所，但有来源于中国境内所得的企业。

居民企业应当就其来源于中国境内、境外的所得缴纳企业所得税。非居民企业在中国境内设立机构、场所的，应当就其所设机构、场所取得的来源于中国境内的所得，以及发生在中国境外但与其所设机构、场所有实际联系的所得，缴纳企业所得税。非居民企业在中国境内未设立机构、场所的，或者虽设立机构、场所但取得的所得与其所设机构、场所没有实际联系的，应当就其来源于中国境内的所得缴纳企业所得税。

（二）应纳税所得额

企业每一纳税年度的收入总额，减除不征税收入、免税收入、各项扣除以及允许弥补的以前年度亏损后的余额，为应纳税所得额。

（三）税率

企业所得税的基本税率为25%。非居民企业在中国境内未设立机构、场所的，或者虽设立机构、场所但取得的所得与其所设机构、场所没有实际联系的，就其来源于中国境内的所得所缴纳的企业所得税，适用税率为20%。

三、企业所得税税收优惠

税收优惠是指国家运用税收政策在税收法律、法规中规定对某一部分特定纳税人和征税对象给予减轻或免除税收负担的一种措施。《企业所得税法》规定了我国企业所得税实行“产业优惠为主，区域优惠为辅”的税收优惠政策，该法规定：“国家对重点扶持和鼓励发展的产业和项目，给予企业所得税优惠。”引导资金和资源投入到国家需要重点扶持和鼓励发展的产业和项目，包括促进技术创新和技术进步，鼓励基础设施建设，鼓励农业发展及环境保护与节能节水、支持安全生产。

《企业所得税法》规定的企业所得税的税收优惠类别包括免税收入、可以减免税的所得、优惠税率、民族自治地方的减免税、加计扣除、抵扣应纳税所得额、加速折旧、减计收入、抵免应纳税所得额和其他专项优惠政策。企业所得税税收优惠的具体办法，由国务院规定；企业所得税税收优惠的相关目录，由国务院财政、税务主管部门制定，报国务院批准后公布施行。企业同时从事适用不同企业所得税待遇的项目的，其优惠项目应当单独计算所得，并合理分摊企业的期间费用；没有单独计算的，不得享受企业所得税优惠。

（一）免税收入

免税收入是指属于企业的应税所得，但是按照《企业所得税法》的规定免予征收企业所得税的收入。企业的免税收入包括：

1.国债利息收入

国债利息收入是指企业持有国务院财政部门发行的国债而取得的利息收入。

2.符合条件的居民企业之间的股息、红利等权益性投资收益

符合条件的居民企业之间的股息、红利等权益性投资收益，是指居民企业直接投资于其他居民企业取得的投资收益。

鉴于股息、红利是税后利润分配形成的，对居民企业之间的股息、红利收入免征企业所得税，是消除法律性重复征税的国际通行做法。为了更好地体现税收优惠政策，保证企业投资充分享受到高新技术企业、小型微利企业和西部大开发政策等实行低税率的税收待遇，《企业所得税法实施条例》明确规定，不要求纳税人补交税率差。

3.在中国境内设立机构、场所的非居民企业从居民企业取得与该机构、场所有实际联系的股息、红利等权益性投资收益

股息、红利等权益性投资收益不包括连续持有居民企业公开发行并上市流通的股票不足12个月取得的投资收益。

考虑到以购买股票方式取得且连续持有时间较短（不足12个月）的投资，并不以股息、红利收入为主要目的，主要是从二级市场获得股票转让收益，并且变动频繁，税收管理的难度较大，因此，《企业所得税法实施条例》将持有上市公司股票的时间不足12个月的股息、红利收入排除在免税范围之外。对来自所有非上市企业以及持有股份12个月以上取得的股息、红利收入，则适用免税政策。

4.符合条件的非营利组织的收入

符合条件的非营利组织是指同时符合下列条件的组织：

（1）依法履行非营利组织登记手续。

（2）从事公益性或者非营利性活动。

（3）取得的收入除用于与该组织有关的、合理的支出外，全部用于登记核定或者章程规定的公益性或者非营利性事业。

（4）财产及其孳息不用于分配。

（5）按照登记核定或者章程规定，该组织注销后的剩余财产用于公益性或者非营利性目的，或者由登记管理机关转赠给与该组织性质、宗旨相同的组织，并向社会公告。

（6）投入人对投入该组织的财产不保留或者享有任何财产权利。

（7）工作人员工资福利开支控制在规定的比例内，不变相分配该组织的财产。

符合条件的非营利组织的收入，不包括非营利组织从事营利性活动取得的收入，但国务院财政、税务主管部门另有规定的除外。

符合条件的非营利组织的企业所得税免税收入，具体包括：

（1）接受其他单位或者个人捐赠的收入。

（2）除《企业所得税法》第七条规定的财政拨款以外的其他政府补助收入，但不包括因政府购买服务取得的收入。

（3）按照省级以上民政、财政部门规定收取的会费。

（4）不征税收入和免税收入孳生的银行存款利息收入。

（5）财政部、国家税务总局规定的其他收入。

（二）可以减免税的所得

企业的下列所得，可以免征、减征企业所得税：

1.从事农、林、牧、渔业项目的所得

企业从事农、林、牧、渔业项目的所得，可以免征、减征企业所得税，具体包括：

（1）蔬菜、谷物、薯类、油料、豆类、棉花、麻类、糖料、水果、坚果的种植。

（2）农作物新品种的选育。

（3）中药材的种植。

（4）林木的培育和种植。

（5）牲畜、家禽的饲养。

（6）林产品的采集。

（7）灌溉、农产品初加工、兽医、农技推广、农机作业和维修等农、林、牧、渔服务业项目。

（8）远洋捕捞。

企业从事下列项目的所得，减半征收企业所得税：

（1）花卉、茶以及其他饮料作物和香料作物的种植。

（2）海水养殖、内陆养殖。

企业从事国家限制和禁止发展的项目，不得享受上述企业所得税优惠。

2.从事国家重点扶持的公共基础设施项目投资经营的所得

国家重点扶持的公共基础设施项目，是指《公共基础设施项目企业所得税优惠目录》规定的港口码头、机场、铁路、公路、城市公共交通、电力、水利等项目。

（1）企业从事上述国家重点扶持的公共基础设施项目的投资经营的所得，自项目取得第1笔生产经营收入所属纳税年度起，第1年至第3年免征企业所得税，第4年至第6年减半征收企业所得税，简称“三免三减半”。

《企业所得税法实施条例》规定，对企业从事港口码头、机场、铁路、公路、电力、水利等项目投资经营所得，给予“三免三减半”的优惠，从企业取得第1笔生产经营收入所属纳税年度起计算减免税起始日。

（2）企业承包经营、承包建设和内部自建自用上述项目，不得享受上述企业所得税优惠。

3.从事符合条件的环境保护、节能节水项目的所得

符合条件的环境保护、节能节水项目，包括公共污水处理、公共垃圾处理、沼气综合开发利用、节能减排技术改造、海水淡化等。项目的具体条件和范围由国务院财政、税务主管部门商国务院有关部门制定，报国务院批准后公布施行。

企业从事上述规定的符合条件的环境保护、节能节水项目的所得，自项目取得第1笔生产经营收入所属纳税年度起，第1年至第3年免征企业所得税，第4年至第6年减半征收企业所得税。

依照上述第2、3点的规定享受减免税优惠的项目，在减免税期限内转让的，受让方自受让之日起，可以在剩余期限内享受规定的减免税优惠；减免税期限届满后转让的，受让方不得就该项目重复享受减免税优惠。

4.符合条件的技术转让所得

符合条件的技术转让所得免征、减征企业所得税，是指一个纳税年度内，居民企业技

术转让所得不超过500万元的部分，免征企业所得税；超过500万元的部分，减半征收企业所得税。其计算公式为：

技术转让所得=技术转让收入-技术转让成本-相关税费

享受减免企业所得税优惠的技术转让应符合以下条件：

（1）享受优惠的技术转让主体是《企业所得税法》规定的居民企业。

（2）技术转让属于财政部、国家税务总局规定的范围。

（3）境内技术转让经省级以上科技部门认定。

（4）向境外转让技术经省级以上商务部门认定。

（5）国务院税务主管部门规定的其他条件。

享受技术转让所得减免企业所得税优惠的企业，应单独计算技术转让所得，并合理分摊企业的期间费用；没有单独计算的，不得享受技术转让所得企业所得税优惠。

5.非居民企业的应纳税所得

在中国境内未设立机构、场所的，或者虽设立机构、场所但取得的所得与其所设机构、场所没有实际联系的非居民企业，其取得的来源于中国境内的所得，减按10%的税率征收企业所得税。下列所得可以免征企业所得税：

（1）外国政府向中国政府提供贷款取得的利息所得。

（2）国际金融组织向中国政府和居民企业提供优惠贷款取得的利息所得。

国际金融组织包括国际货币基金组织、世界银行、亚洲开发银行、国际开发协会、国际农业发展基金、欧洲投资银行以及财政部和国家税务总局确定的其他国际金融组织；所称优惠贷款，是指低于金融企业同期同类贷款利率水平的贷款。

（3）经国务院批准的其他所得。

《企业所得税法》及《企业所得税法实施条例》借鉴国际惯例，规定对汇出境外利润减按10%的税率征收企业所得税。

（三）民族自治地方的减免税

民族自治地方的自治机关对本民族自治地方的企业应缴纳的企业所得税中属于地方分享的部分，可以决定减征或者免征。自治州、自治县决定减征或者免征的，须报省、自治区、直辖市人民政府批准。

民族自治地方是指依照《中华人民共和国民族区域自治法》的规定，实行民族区域自治的自治区、自治州、自治县。

对民族自治地方内国家限制和禁止行业的企业，不得减征或者免征企业所得税。

（四）加计扣除

企业的下列支出，可以在计算应纳税所得额时加计扣除：

1.开发新技术、新产品、新工艺发生的研究开发费用

研究开发费用的加计扣除，是指企业为开发新技术、新产品、新工艺发生的研究开发费用，未形成无形资产计入当期损益的，在按照规定据实扣除的基础上，按照研究开发费用的50%加计扣除；形成无形资产的，按照无形资产成本的150%摊销。

2015年12月29日，国家税务总局发出《关于研究开发费用税前加计扣除政策有关问题的公告》（国家税务总局公告2015年第97号），进一步明确了政策执行口径及税收征管问题。该公告适用于2016年度及以后年度企业所得税汇算清缴。此次政策调整，放宽了

研发活动适用范围，除原有允许加计扣除的费用外，将外聘研发人员劳务费、试制产品检验费、专家咨询费等纳入研发费用加计扣除范围。并且，企业在现有会计科目基础上，按照研发支出科目设置辅助账，企业的核算管理更为简便。此外，调整后的程序将企业享受加计扣除优惠政策简化为事后备案管理，有关资料由企业留存备查即可。但值得注意的是，虽然研发费加计扣除范围扩大了，但企业要对仪器、设备和无形资产的使用情况做必要的记录，并将实际发生的相关费用，按照实际工时占比等合理方法在研发费用和生产经营费用间进行分配。首先，资料要准备充分，以备申报和税务机关检查时使用。其次，企业在研发过程中形成的下脚料、残次品、中间试制品等特殊收入，应冲减对应的可加计扣除的研发费用。另外，企业对研发费用实行辅助账管理，更符合研发支出的灵活性。企业要在平时就分清加计扣除事项的范围，避免在年终分笔查找，以确保研发费用的核算更加准确。

企业从事规定项目的研究开发活动，其在一个纳税年度中实际发生的下列费用支出，允许在计算应纳税所得额时按照规定实行加计扣除：

（1）新产品设计费、新工艺规程制定费以及与研发活动直接相关的技术图书资料费、资料翻译费。

（2）从事研发活动直接消耗的材料、燃料和动力费用。

（3）在职直接从事研发活动人员的工资、薪金、奖金、津贴、补贴。

（4）专门用于研发活动的仪器、设备的折旧费或租赁费。

（5）专门用于研发活动的软件、专利权、非专利技术等无形资产的摊销费用。

（6）专门用于中间试验和产品试制的模具、工艺装备开发及制造费。

（7）勘探开发技术的现场试验费。

（8）研发成果的论证、评审、验收费用。

对企业共同合作开发的项目，凡符合上述条件的，由合作各方就自身承担的研发费用分别按照规定计算加计扣除。

对企业委托给外单位进行开发的研发费用，凡符合上述条件的，由委托方按照规定计算加计扣除，受托方不得再进行加计扣除。对委托开发的项目，受托方应向委托方提供该研发项目的费用支出明细情况；否则，该委托开发项目的费用支出不得实行加计扣除。

企业根据财务会计核算和研发项目的实际情况，对发生的研发费用进行收益化或资本化处理的，可按下述规定计算加计扣除：

（1）研发费用计入当期损益未形成无形资产的，允许再按当年研发费用实际发生额的50%，直接抵扣当年的应纳税所得额。

（2）研发费用形成无形资产的，按照无形资产成本的150%在税前摊销。除法律另有规定外，摊销年限不得低于10年。

法律、行政法规和国家税务总局规定不允许企业所得税前扣除的费用和支出项目，均不允许计入研究开发费用。企业未设立专门的研发机构或企业研发机构同时承担生产经营任务的，应对研发费用和生产经营费用分开进行核算，准确、合理地计算各项研究开发费用支出，对划分不清的，不得实行加计扣除。

2.安置残疾人员及国家鼓励安置的其他就业人员所支付的工资

企业安置残疾人员所支付的工资的加计扣除，是指安置残疾人员的企业，在按照支付给残疾职工工资据实扣除的基础上，按照支付给残疾职工工资的100%加计扣除。企业安置国家鼓励安置的其他就业人员所支付的工资的加计扣除办法，由国务院另行规定。

《财政部 国家税务总局关于安置残疾人员就业有关企业所得税优惠政策问题的通知》（财税〔2009〕70号）规定如下：企业就支付残疾职工的工资，在进行企业所得税预缴申报时，允许据实计算扣除；在年度终了进行企业所得税年度申报和汇算清缴时，再按照上述规定计算加计扣除。残疾人员的范围适用《中华人民共和国残疾人保障法》的有关规定，是指在心理、生理、人体结构上，某种组织、功能丧失或者不正常，全部或者部分丧失以正常方式从事某种活动能力的人。残疾人包括视力残疾、听力残疾、言语残疾、肢体残疾、智力残疾、精神残疾、多重残疾和其他残疾的人。

企业享受安置残疾职工工资100%加计扣除应同时具备如下条件：

（1）依法与安置的每位残疾人签订1年以上（含1年）的劳动合同或服务协议，并且安置的每位残疾人在企业实际上岗工作。

（2）为安置的每位残疾人按月足额缴纳了企业所在区县人民政府根据国家政策规定的基本养老保险、基本医疗保险、失业保险和工伤保险等社会保险。

（3）定期通过银行等金融机构向安置的每位残疾人实际支付了不低于企业所在区县适用的经省级人民政府批准的最低工资标准的工资。

（4）具备安置残疾人上岗工作的基本设施。

安置残疾人员及国家鼓励安置的其他就业人员所支付的工资加计扣除税收优惠需要办理事后备案。备案时，应报送以下资料：①《企业所得税优惠事项备案表》；②为安置的每位残疾人按月足额缴纳了企业所在区县人民政府根据国家政策规定的基本养老保险、基本医疗保险、失业保险和工伤保险等社会保险证明资料；③安置残疾职工名单及《残疾人证》或《残疾军人证》复印件。

（五）抵扣应纳税所得额

创业投资企业从事国家需要重点扶持和鼓励的创业投资，可以按投资额的一定比例抵扣应纳税所得额。

抵扣应纳税所得额是指创业投资企业采取股权投资方式投资于未上市的中小高新技术企业2年以上的，可以按照其投资额的70%在股权持有满2年的当年抵扣该创业投资企业的应纳税所得额；当年不足抵扣的，可以在以后纳税年度结转抵扣。

投资于未上市的中小高新技术企业2年以上的，包括发生在2008年1月1日以前满2年的投资；中小高新技术企业是指按照《高新技术企业认定管理办法》（国科发火〔2008〕172号）和《高新技术企业认定管理工作指引》（国科发火〔2008〕362号）取得高新技术企业资格，且年销售额和资产总额均不超过2亿元、从业人数不超过500人的企业，其中2007年年底前已取得高新技术企业资格的，在其规定有效期内不需重新认定。

创业投资企业是依照《创业投资企业管理暂行办法》和《外商投资创业投资企业管理规定》在中国境内设立的专门从事创业投资活动的企业或其他经济组织。

创业投资企业符合以下条件的，可以按投资额的一定比例抵扣应纳税所得额：

（1）经营范围符合《创业投资企业管理暂行办法》规定，且工商登记为“创业投资有限责任公司”“创业投资股份有限公司”等专业性法人创业投资企业。

（2）按照《创业投资企业管理暂行办法》规定的条件和程序完成备案，经备案管理部门年度检查核实，投资运作符合《创业投资企业管理暂行办法》的有关规定。

(3) 创业投资企业投资的中小高新技术企业，除应按照相关规定，通过高新技术企业认定以外，还应符合职工人数不超过500人、年销售（营业）额不超过2亿元、资产总额不超过2亿元的条件。

(4) 财政部、国家税务总局规定的其他条件。

中小企业接受创业投资之后，经认定符合高新技术企业标准的，应自其被认定为高新技术企业的年度起，计算创业投资企业的投资期限。该期限内中小企业接受创业投资后，企业规模超过中小企业标准，但仍符合高新技术企业标准的，不影响创业投资企业享受有关税收优惠。

财税［2015］116号文件规定："自2015年10月1日起，全国范围内的有限合伙制创业投资企业采取股权投资方式投资于未上市的中小高新技术企业满2年（24个月）的，该合伙企业的法人合伙人可按照其对未上市中小高新技术企业投资额的70%抵扣该法人合伙人从该有限合伙制创业投资企业分得的应纳税所得额，当年不足抵扣的，可以在以后纳税年度结转抵扣。"

（六）加速折旧

企业的固定资产由于技术进步等原因，确需加速折旧的，可以缩短折旧年限或者采取加速折旧的方法。

可以采取缩短折旧年限或者采取加速折旧方法的固定资产包括：

(1) 由于技术进步，产品更新换代较快的固定资产。

(2) 常年处于强震动、高腐蚀状态的固定资产。

采取缩短折旧年限方法的，最低折旧年限不得低于法定折旧年限的60%；采取加速折旧方法的，可以采取双倍余额递减法或者年数总和法。

（七）减计收入

企业综合利用资源，生产符合国家产业政策规定的产品所取得的收入，可以在计算应纳税所得额时减计收入。

减计收入是指企业以《资源综合利用企业所得税优惠目录》规定的资源作为主要原材料，生产国家非限制和禁止并符合国家和行业相关标准的产品取得的收入，减按90%计入收入总额。前述所称原材料占生产产品材料的比例不得低于《资源综合利用企业所得税优惠目录》规定的标准。

（八）抵免应纳税额

企业购置用于环境保护、节能节水、安全生产等专用设备的投资额，可以按一定比例实行税额抵免。

税额抵免是指企业购置并实际使用《环境保护专用设备企业所得税优惠目录》、《节能节水专用设备企业所得税优惠目录》和《安全生产专用设备企业所得税优惠目录》规定的环境保护、节能节水、安全生产等专用设备的，该专用设备的投资额的10%可以从企业当年的应纳税额中抵免；当年不足抵免的，可以在以后5个纳税年度结转抵免。享受上述规定的企业所得税优惠的企业，应当实际购置并自身实际投入使用上述规定的专用设备；企业购置上述专用设备在5年内转让、出租的，应当停止享受企业所得税优惠，并补缴已经抵免的企业所得税税款。

购置并实际使用的环境保护、节能节水和安全生产专用设备，包括承租方企业以融资租赁方式租入的、在融资租赁合同中约定租赁期届满时租赁设备所有权转移给承租方企业，且符合规定条件的上述专用设备。凡融资租赁期届满后租赁设备所有权未转移至承租方企业的，承租方企业应停止享受抵免企业所得税优惠，并补缴已经抵免的企业所得税税款。

（九）专项税收优惠政策

根据国民经济和社会发展的需要，或者由于突发事件等原因对企业经营活动产生重大影响的，国务院可以制定企业所得税专项优惠政策，报全国人民代表大会常务委员会备案。

1.鼓励软件产业和集成电路产业发展的优惠政策

《财政部 国家税务总局关于企业所得税若干优惠政策的通知》（财税〔2008〕1号）的规定如下：

（1）软件生产企业实行增值税即征即退政策所退还的税款，由企业用于研究开发软件产品和扩大再生产，不作为企业所得税应税收入，不予征收企业所得税。

（2）我国境内新办软件生产企业经认定后，自获利年度起，第1年和第2年免征企业所得税，第3年至第5年减半征收企业所得税。

（3）国家规划布局内的重点软件生产企业，如当年未享受免税优惠的，减按10%的税率征收企业所得税。

（4）软件生产企业的职工培训费用，可按实际发生额在计算应纳税所得额时扣除。

（5）企事业单位购进软件，凡符合固定资产或无形资产确认条件的，可以按照固定资产或无形资产进行核算，经主管税务机关核准，其折旧或摊销年限可以适当缩短，最短可为2年。

（6）集成电路设计企业视同软件企业，享受上述软件企业的有关企业所得税政策。

（7）集成电路生产企业的生产性设备，经主管税务机关核准，其折旧年限可以适当缩短，最短可为3年。

（8）投资额超过80亿元人民币或集成电路线宽小于0.25微米的集成电路生产企业，可以减按15%的税率缴纳企业所得税，其中，经营期在15年以上的，从开始获利的年度起，第1年至第5年免征企业所得税，第6年至第10年减半征收企业所得税。

（9）对生产线宽小于0.8微米（含）集成电路产品的生产企业，经认定后，自获利年度起，第1年和第2年免征企业所得税，第3年至第5年减半征收企业所得税。已经享受自获利年度起企业所得税“两免三减半”政策的企业，不再重复执行本条规定。

2.鼓励证券投资基金发展的优惠政策

《财政部 国家税务总局关于企业所得税若干优惠政策的通知》（财税〔2008〕1号）的规定如下：

（1）对证券投资基金从证券市场中取得的收入，包括买卖股票、债券的差价收入，股权的股息、红利收入，债券的利息收入及其他收入，暂不征收企业所得税。

（2）对投资者从证券投资基金分配中取得的收入，暂不征收企业所得税。

（3）对证券投资基金管理人运用基金买卖股票、债券的差价收入，暂不征收企业所得税。

3.清洁基金和CDM项目实施企业的优惠政策

《财政部 国家税务总局关于中国清洁发展机制基金及清洁发展机制项目实施企业有关企业所得税政策问题的通知》(财税〔2009〕30号)规定了中国清洁发展机制基金(以下简称清洁基金)和清洁发展机制项目(以下简称CDM项目)实施企业的优惠政策。

(1)对清洁基金取得的下列收入,免征企业所得税:清洁发展机制项目温室气体减排量转让收入上缴国家的部分;国际金融组织赠款收入;基金资金的存款利息收入、购买国债的利息收入;国内外机构、组织和个人的捐赠收入。

(2)CDM项目实施企业按照2005年《清洁发展机制项目运行管理办法》(国家发改委、科技部、外交部、财政部令第37号)的规定,将温室气体减排量的转让收入,按照以下比例上缴给国家的部分,准予在计算应纳税所得额时扣除:氢氟碳化物(HFC)和全氟碳化物(PFC)类项目,为温室气体减排量转让收入的65%;氧化亚氮(N_2O)类项目,为温室气体减排量转让收入的30%;《清洁发展机制项目运行管理办法》第4条规定的重点领域以及植树造林项目等类清洁发展机制项目,为温室气体减排量转让收入的2%。

(3)对企业实施的将温室气体减排量转让收入的65%上缴给国家的HFC和PFC类CDM项目,以及将温室气体减排量转让收入的30%上缴给国家的N_2O类CDM项目,其实施该类CDM项目的所得,自项目取得第1笔减排量转让收入所属纳税年度起,第1年至第3年免征企业所得税,第4年至第6年减半征收企业所得税。

企业实施CDM项目的所得,是指企业实施CDM项目取得的温室气体减排量转让收入扣除上缴国家的部分,再扣除企业实施CDM项目发生的相关成本、费用后的净所得。

企业应单独核算其享受优惠的CDM项目的所得,并合理分摊有关期间费用;没有单独核算的,不得享受上述企业所得税优惠政策。

4.中国台湾航运公司海峡两岸海上直航的优惠政策

《财政部 国家税务总局关于海峡两岸海上直航营业税和企业所得税政策的通知》(财税〔2009〕4号)规定,自2008年12月15日起,对中国台湾航空公司从事海峡两岸海上直航业务取得的来源于大陆的所得,免征企业所得税。“营改增”后,有关的增值税按原文件精神执行。

5.股权分置改革的优惠政策

股权分置改革中,上市公司因股权分置改革而接受的非流通股股东作为对价注入资产和被非流通股股东豁免债务,上市公司应增加注册资本或资本公积,不征收企业所得税。

6.其他有关行业、企业的优惠政策

《企业所得税法》施行后,为保证部分行业、企业税收优惠政策执行的连续性,对下列定期企业所得税优惠政策,继续按原优惠政策规定的办法和时间执行到期:①就业和再就业;②奥运会和世博会;③社会公益;④债转股;⑤清产核资、重组、改制、转制等企业改革;⑥涉农和国家储备;⑦其他单项优惠政策等。

(十)过渡性税收优惠

过渡性税收优惠是指我国内外资企业所得税合并且付诸施行后的特殊处理措施。为了保证新的企业所得税法顺利实施,对老企业按原税法享受的部分税收优惠采取了过渡性优惠措施。

1.《企业所得税法》公布前已批准设立的企业

税法规定,《企业所得税法》公布前已经批准设立的企业,依照当时的税收法律、行政法规规定，享受低税率优惠的，按照国务院规定，可以在该法施行后5年内，逐步过渡到该法规定的税率；享受定期减免税优惠的，按照国务院规定，可以在该法施行后继续享受到期满为止，但因未获利而尚未享受优惠的，优惠期限从该法施行年度起计算。

2.法律设置的特定地区的新设高新技术企业

法律设置的发展对外经济合作和技术交流的特定地区内，以及国务院已规定执行上述地区特殊政策的地区内新设立的国家需要重点扶持的高新技术企业，可以享受过渡性税收优惠，具体办法由国务院规定。

3.西部大开发税收优惠政策

根据《国家税务总局关于执行《西部地区鼓励类产业目录》有关企业所得税问题的公告》（国家税务局公告2015年第14号）：对设在西部地区以《西部地区鼓励类产业目录》中新增鼓励产业项目为主营业务，且其当年主营业务收入占企业收入总额70%以上的企业，自2014年10月1日起，可减按15%的税率缴纳企业所得税。

4.实施企业税收过渡优惠政策的其他规定

（1）享受企业所得税过渡优惠政策的企业，应按照《企业所得税法》及《企业所得税法实施条例》中有关收入和扣除的规定计算应纳税所得额，并按有关规定计算享受税收优惠。

（2）企业所得税过渡优惠政策与《企业所得税法》及《企业所得税法实施条例》规定的优惠政策存在交叉的，由企业选择最优惠的政策执行，不得叠加享受，且一经选择，不得改变。

所谓不得叠加享受且一经选择，不得改变的税收优惠政策，限于企业所得税过渡优惠政策与《企业所得税法》及《企业所得税法实施条例》中规定的定期减免税和减低税率类的税收优惠。

《企业所得税法》及《企业所得税法实施条例》中规定的各项税收优惠，凡企业符合规定条件的，可以同时享受。

（3）企业在享受过渡税收优惠过程中发生合并、分立、重组等情形的，按照《财政部 国家税务总局关于企业重组业务企业所得税处理若干问题的通知》（财税〔2009〕59号）的统一规定执行。

（4）2008年1月1日之前外商投资企业形成的累积未分配利润，在2008年以后分配给外国投资者的，免征外商投资企业向外国投资者支付利润时应扣缴的预提所得税；2008年及以后年度外商投资企业新增利润分配给外国投资者的，依法缴纳企业所得税。

（5）《企业所得税法》施行后，股权分置改革中非流通股股东通过对价方式向流通股股东支付的股份、现金等收入，暂免征收流通股股东应缴纳的企业所得税。该项免税继续执行到股权分置试点改革结束。

（6）居民企业被认定为高新技术企业，同时又处于企业所得税过渡优惠政策规定享受企业所得税“两免三减半”“五免五减半”等定期减免税优惠过渡期的，该居民企业的所得税适用税率可以选择依照过渡期适用税率并适用减半征税至期满，或者选择适用高新技术企业的15%税率，但不能享受15%税率的减半征税。

居民企业被认定为高新技术企业，同时又符合软件生产企业和集成电路生产企业定期减半征收企业所得税优惠条件的，该居民企业的所得税适用税率可以选择适用高新技术企业的15%税率，也可以选择依照25%的法定税率减半征收，但不能享受15%税率的减半征税。

居民企业取得《企业所得税法实施条例》规定可减半征收企业所得税的所得，是指居民企业应就该部分所得单独核算并依照25%的法定税率减半缴纳企业所得税。

高新技术企业减低税率优惠属于变更适用条件的延续政策而未列入过渡政策，因此，凡居民企业经税务机关核准2007年度及以前享受高新技术企业或新技术企业所得税优惠；2008年及以后年度未被认定为高新技术企业的，自2008年起不得适用高新技术企业15%的税率，也不适用企业所得税过渡优惠政策规定的过渡税率，而应自2008年度起适用25%的法定税率。

2016年1月29日，科技部、财政部、国家税务总局印发了修订后的《高新技术企业认定管理办法》(国科发火〔2016〕32号)。新的管理办法加大了对科技型中小企业的支持力度；细化明确了认定条件的指标；修订了技术领域内容。研发费用方面，对年销售收入5 000万元（含）以下的中小企业，研发费用占比从不低于6%改为不低于5%。认定条件方面，增加了两条要求：即企业申请认定时须注册成立1年以上；企业未发生重大安全事故、重大质量事故或严重环境违法行为。同时，新办法调整了认定条件中对知识产权的要求，取消了近3年内获得知识产权的限制和5年以上独占许可获得知识产权的方式。调整了科技人员占比指标，将“具有大学专科以上学历的科技人员占企业当年职工总数的30%以上，其中研发人员占企业当年职工总数的10%以上”，调整为“企业从事研发和相关技术创新活动的科技人员占企业当年职工总数的比例不低于10%”。新办法在放宽认定条件的同时，明显加大了后续监管力度，提高了企业合规性要求。

根据《财政部 国家税务总局关于进一步扩大小型微利企业所得税优惠政策范围的通知》(财税〔2015〕99号）和《国家税务总局关于贯彻落实进一步扩大小型微利企业减半征收企业所得税范围有关问题的公告》(国家税务总局公告2015年第61号）的规定，自2015年10月1日起至2017年12月31日，对年应纳税所得额在20万元到30万元（含30万元）之间的小型微利企业，其所得减按50%计入应纳税所得额，按20%的税率缴纳企业所得税。

企业所得税优惠政策中所谓的小型微利企业是指按企业所得税法规定，从事国家非限制和禁止行业（可参考国家发改委发布的《产业结构调整指导目录（2011）》〔国家发展改革委2013年第21号令〕)，年度应纳税所得额不超过30万元，从业人数不超过100人，资产总额不超过3 000万元的工业企业和年度应纳税所得额不超过30万元，从业人数不超过80人，资产总额不超过1 000万元的其他企业。

财政部、国家税务总局联合发布《关于扩大小型微利企业所得税优惠政策范围的通知》(财税[2017]43号)。自2017年1月1日至2019年12月31日，将小型微利企业的年应纳税所得额上限由30万元提高至50万元，对年应纳税所得额低于50万元（含50万元）的小型微利企业，其所得减按50%计入应纳税所得额，按20%的税率缴纳企业所得税。

任务二　企业所得税应纳税额的计算

一、应纳税所得额的确定

企业每一纳税年度的收入总额，减除不征税收入、免税收入、各项扣除以及允许弥补的以前年度亏损后的余额，为应纳税所得额。其计算公式如下：

应纳税所得额=应税收入总额-准予扣除项目金额

这里必须分清“应纳税所得额”与“会计利润”这两个概念。应纳税所得额是一个税收概念，是纳税人在一个时期内的计税所得，是企业所得税的计税依据。会计利润是一个会计概念，是企业一定时期内生产经营的财务成果。会计利润是确定应纳税所得额的基础，但并不等同于应纳税所得额。当税法与财务会计制度存在差异时，会计利润必须根据税法规定作相应的调整后，才能作为企业的应纳税所得额。

（一）应税收入的确定

企业以货币形式和非货币形式从各种来源取得的收入，为收入总额。其包括：①销售货物收入；②提供劳务收入；③转让财产收入；④股息、红利等权益性投资收益；⑤利息收入；⑥租金收入；⑦特许权使用费收入；⑧接受捐赠收入；⑨其他收入。

收入总额中的下列收入为不征税收入：①财政拨款；②依法收取并纳入财政管理的行政事业性收费、政府性基金；③国务院规定的其他不征税收入。

免税收入见本项目任务一。

企业的应税收入为收入总额减去不征税收入和免税收入。

（二）各项扣除

企业实际发生的与取得收入有关的、合理的支出，包括成本、费用、税金、损失和其他支出，准予在计算应纳税所得额时扣除。

在计算应纳税所得额时，下列支出不得扣除：①向投资者支付的股息、红利等权益性投资收益款项；②企业所得税税款；③税收滞纳金；④罚金、罚款和被没收财物的损失；⑤《企业所得税法》第九条规定以外的捐赠支出；⑥赞助支出；⑦未经核定的准备金支出；⑧与取得收入无关的其他支出。

在计算应纳税所得额时，企业按照规定计算的固定资产折旧，准予扣除。

下列固定资产不得计算折旧扣除：①房屋、建筑物以外未投入使用的固定资产；②以经营租赁方式租入的固定资产；③以融资租赁方式租出的固定资产；④已足额提取折旧仍继续使用的固定资产；⑤与经营活动无关的固定资产；⑥单独估价作为固定资产入账的土地；⑦其他不得计算折旧扣除的固定资产。

在计算应纳税所得额时，企业按照规定计算的无形资产摊销费用，准予扣除。

下列无形资产不得计算摊销费用扣除：①自行开发的支出已在计算应纳税所得额时扣除的无形资产；②自创商誉；③与经营活动无关的无形资产；④其他不得计算摊销费用扣除的无形资产。

在计算应纳税所得额时，企业发生的下列支出作为长期待摊费用，按照规定摊销的，准予扣除：①已足额提取折旧的固定资产的改建支出；②租入固定资产的改建支出；③固定资产的大修理支出；④其他应当作为长期待摊费用的支出。

企业对外投资期间，投资资产的成本在计算应纳税所得额时不得扣除。

企业使用或者销售存货，按照规定计算的存货成本，准予在计算应纳税所得额时扣除。

企业转让资产，该项资产的净值，准予在计算应纳税所得额时扣除。

企业在汇总计算缴纳企业所得税时，其境外营业机构的亏损不得抵减境内营业机构的盈利。

企业纳税年度发生的亏损，准予向以后年度结转，用以后年度的所得弥补，但结转年限最长不得超过5年。

非居民企业取得规定的所得，按照下列方法计算其应纳税所得额：①股息、红利等权益性投资收益和利息、租金、特许权使用费所得，以收入全额为应纳税所得额；②转让财产所得，以收入全额减除财产净值后的余额为应纳税所得额；③其他所得，参照前两项规定的方法计算应纳税所得额。

（三）部分扣除项目的具体范围和标准

1.工资薪金支出

企业发生的合理的工资薪金支出，准予在税前扣除，应从如下三个方面理解上述规定：

一是允许税前扣除的，必须是企业实际发生的工资薪金支出。

二是工资薪金的发放对象必须是在本企业任职或者受雇的员工。

三是工资薪金支出标准应该限于合理的范围和幅度。

《国家税务总局关于企业工资薪金及职工福利费扣除问题的通知》（国税函〔2009〕3号）规定，合理工资薪金是指企业按照股东大会、董事会、薪酬委员会或相关管理机构制定的工资薪金制度规定实际发放给员工的工资薪金。

2.职工福利费等三项经费支出

（1）企业发生的职工福利费支出，不超过工资薪金总额14%的部分，准予扣除。

本规定应从以下几个方面理解：

①计算职工福利费支出的基数为企业实际发放的合理的工资薪金总额。属于国有性质的企业，其工资薪金不得超过政府有关部门给予的限定数额；超过部分，不得计入企业工资薪金总额，也不得在计算企业应纳税所得额时扣除。

②2008年及以后年度企业发生的职工福利费，应先冲减以前年度累计计提但尚未实际使用的职工福利费余额，不足部分按《企业所得税法》的规定扣除。企业以前年度累计计提但尚未实际使用的职工福利费余额已在税前扣除，属于职工权益，如果改变用途的，应调整增加应纳税所得额。

③企业职工福利费的用途包括以下几个方面：

其一，尚未实行分离办社会职能的企业，其内设的福利部门所发生的设备、设施和人员费用，包括职工食堂、职工浴室、理发室、医务所、托儿所、疗养院等集体福利部门的设备、设施及维修保养费用和福利部门工作人员的工资薪金、社会保险费、住房公积金、劳务费等。

其二，职工卫生保健、生活、住房、交通等所发放的各项补贴和非货币性福利，包括企业向职工发放的因公外地就医费用、未实行医疗统筹企业职工医疗费用、职工供养直系亲属医疗补贴、供暖费补贴、职工防暑降温费、职工困难补贴、救济费、职工食堂经费补贴、职工交通补贴等。

其三，按照其他规定发生的其他职工福利费，包括丧葬补助费、抚恤费、安家费、探亲假路费等。

④职工福利费支出应单独核算。企业发生的职工福利费应该单独设置账册，进行准确核算。没有单独设置账册准确核算的，税务机关应责令企业在规定的期限内进行改正；逾期仍未改正的，税务机关可对企业发生的职工福利费进行合理的核定。

（2）企业拨缴的工会经费，不超过工资薪金总额2%的部分，准予扣除。企业可以凭《工会经费拨缴款专用收据》或税务部门委托代征工会经费开具的电子缴款书专用凭证在税前列支工会经费。

（3）除国务院财税主管部门另有规定外，企业发生的职工教育经费支出，不超过工资薪金总额2.5%的部分，准予扣除；超过部分，准予在以后纳税年度结转扣除。

《财政部 国家税务总局关于企业所得税若干优惠政策的通知》（财税〔2008〕1号）规定，软件生产企业发生的职工教育培训经费支出，可以据实扣除。

3.社会保险支出和住房公积金支出

企业依照国务院有关主管部门或者省级人民政府规定的范围和标准为职工缴纳的基本养老保险费、基本医疗保险费、失业保险费、工伤保险费、生育保险费等基本社会保险费和住房公积金，准予扣除。企业为投资者或者职工支付的补充养老保险费、补充医疗保险费，在国务院财政、税务主管部门规定的范围和标准内，准予扣除。

4.商业保险支出

除企业依照国家有关规定为特殊工种职工支付的人身安全保险费和国务院财政、税务主管部门规定可以扣除的其他商业保险费外，企业为投资者或者职工支付的商业保险费，不得扣除。

依照国家有关规定，为特殊工种职工支付的人身安全保险费主要包括：建筑企业依照《中华人民共和国建筑法》的有关规定，为从事高危作业的职工办理的意外伤害保险；煤矿企业依照《中华人民共和国煤炭法》的有关规定，为煤矿井下作业职工办理的意外伤害保险等。

5.财产保险支出

企业参加财产保险，按照规定缴纳的保险费，准予扣除。其中，财产包括与生产经营活动有关的各类财产。与生产经营活动无关的财产保险支出，不得在税前扣除。

6.借款费用支出

企业在生产经营活动中发生的合理的不需要资本化的借款费用，准予扣除。资本化的借款费用，可以通过对资产进行折旧、摊销、结转成本等方式间接在税前扣除。

企业为购置、建造固定资产、无形资产和经过12个月以上的建造才能达到预定可销售状态的存货发生借款的，在有关资产购置、建造期间发生的合理的借款费用，应当作为资本性支出计入有关资产的成本，并依照税收规定扣除。

企业在生产经营过程中发生的下列利息支出，准予扣除：

（1）非金融企业向金融企业借款的利息支出、金融企业的各项存款利息支出和同业拆借利息支出、企业经批准发行债券的利息支出。

（2）非金融企业向非金融企业借款的利息支出，不超过按照金融企业同期同类贷款利率计算的数额的部分。

企业从其关联方接受的债权性投资与权益性投资的比例超过规定标准而发生的利息支出，不得在计算应纳税所得额时扣除。《财政部 国家税务总局关于企业关联方利息支出税前扣除标准有关税收政策问题的通知》（财税〔2008〕121号）规定，金融企业接受关联方债权性投资与权益性投资比例不超过5：1；其他企业接受关联方债权性投资与权益性投资比例不超过2：1。

7.业务招待费

企业发生的与生产经营活动有关的业务招待费支出，按照发生额的60%扣除，但最高不得超过当年销售（营业）收入的5‰。

企业对业务招待费进行纳税调整时，需要分三步操作：

第一步，就企业实际发生的与生产经营活动无关，或者无法证明其真实性的业务招待费，全额调增应纳税所得额；

第二步，就企业实际发生的与生产经营有关的业务招待费总额的40%，调增应纳税所得额；

第三步，就企业实际发生的与生产经营有关的业务招待费总额的60%，与销售（营业）收入的5‰进行比较，如果大于销售（营业）收入的5‰，则应当就大于的部分调增应纳税所得额。

【例4-1】甲公司2016年度发生与生产经营活动有关的业务招待费30万元，当年按税法规定确认的销售收入为2 000万元，计算甲公司2016年业务招待费纳税调整额。

【解析】甲公司2016年业务招待费纳税调整额的计算如下：

第一步，调增业务招待费实际发生额的40%，即：30×40%=12（万元）

第二步，计算税前扣除限额，即：2 000×5‰=10（万元）

第三步，比较实际发生额的60%与销售（营业）收入的5‰部分大小。实际发生额的60%为18万元，而销售（营业）收入的5‰为10万元，所以税前扣除限额仅为10万元，应纳税调增额为：18-10=8（万元）

综合来看，业务招待费合计调增应纳税所得额为：12+8=20（万元）

8.广告费和业务宣传费

企业发生的符合条件的广告费和业务宣传费支出，除国务院财税主管部门另有规定外，不超过当年销售（营业）收入15%的部分，准予扣除；超过部分，准予在以后纳税年度结转扣除。

值得注意的是，广告费和业务宣传费的税前扣除，必须符合一定的条件。条件的具体内容有待国务院财税主管部门进一步明确，目前仍按原税前扣除办法要求，对于广告费需要通过媒体发布、实际支付且取得专用发票。

9.劳动保护支出

企业发生的合理的劳动保护支出，准予扣除。

劳动保护支出，一般需要满足以下条件：

（1）必须是确因工作需要发生的支出。

（2）为其雇员配备或提供，而不是为其他与其没有任何劳动关系的人配备或提供劳动保护用品。

（3）限于工作服、手套、安全保护用品、防暑降温用品等非现金支出。如果以劳动保护的名义向雇员发放现金，则不允许在税前扣除。

10.汇兑损失

除已经计入有关资产成本以及与向所有者进行利润分配相关的部分外，企业在货币交易中，以及纳税年度终了时将人民币以外的货币性资产、负债按照期末即期人民币汇率中间价折算为人民币时产生的汇兑损失，准予扣除。

11.专项资金支出

企业依照法律、行政法规的有关规定提取的用于环境保护、生态恢复等方面的专项资金，准予扣除。上述专项资金提取后改变用途的，不得扣除。

12.租赁费支出

根据生产经营活动的需要租入固定资产支付的租赁费，按照以下方法扣除：

（1）以经营租赁方式租入固定资产发生的租赁费支出，按照租赁期限均匀扣除。

（2）以融资租赁方式租入固定资产发生的租赁费支出，按照规定构成融资租入固定资产价值的部分应当提取折旧费用，分期扣除。

13.公益性捐赠支出

企业通过公益性社会团体或者县级以上人民政府及其部门，用于《中华人民共和国公益事业捐赠法》规定的公益事业的捐赠，在其年度利润总额12%以内的部分，准予扣除。

14.固定资产累计折旧的税前扣除

根据《企业所得税法》的规定，企业的固定资产由于技术进步等原因确需加速折旧的，可以缩短折旧年限或者采取加速折旧的方法。可以缩短折旧年限或者采取加速折旧的方法的固定资产包括由于技术进步而产品更新换代较快的固定资产，以及常年处于强震动、高腐蚀状态的固定资产。采取缩短折旧年限方法的，最低折旧年限不得低于《企业所得税法实施条例》规定折旧年限的60%；采取加速折旧方法的，可以采取双倍余额递减法或者年数总和法。

根据《财政部 国家税务总局关于完善固定资产加速折旧企业所得税政策的通知》（财税〔2014〕75号）和国家税务总局公告2014年第64号的有关规定，对生物药品制造业，专用设备制造业，铁路、船舶、航空航天和其他运输设备制造业，计算机、通信和其他电子设备制造业，仪器仪表制造业，信息传输、软件和信息技术服务业等行业企业（以下简称六大行业），2014年1月1日后购进的固定资产（包括自行建造），允许按不低于企业所得税法规定折旧年限的60%缩短折旧年限，或选择采取双倍余额递减法或年数总和法进行加速折旧。企业持有的固定资产，单位价值不超过5 000元的，可以一次性在计算应纳税所得额时扣除。企业在2013年12月31日前持有的单位价值不超过5 000元的固定资产，其折余价值部分，2014年1月1日以后可以一次性在计算应纳税所得额时扣除。企业的固定资产采取加速折旧方法的，可以采用双倍余额递减法或者年数总和法。加速折旧方法一经确定，一般不得变更。财政部、国家税务总局下发的《关于进一步完善固定资产加速折旧企业所得税政策的通知》（财税〔2015〕106号），把政策惠及面扩大到了轻工、纺织、机械、汽车等四个领域重点行业。在内容上有两个亮点：一是四个新增领域的企业2015年1月1日以后新购进的固定资产允许缩短折旧年限或采取加速折旧方法。二是对于这些重点行业的小型微利企业新购进的研发和生产经营共用的仪器、设备，单位价值不超过100万元（含）的，允许一次性计入当期成本费用在计算应纳税所得额时扣除。

关于固定资产的折旧年限，除国务院财政、税务主管部门另有规定外，不应低于税法规定的最低折旧年限。《企业所得税法实施条例》规定，固定资产计算折旧的最低年限见表4-1。

表4-1 **固定资产计算折旧的最低年限表**

序号	固定资产名称	最低折旧年限	备注
1	房屋、建筑物	20年	
2	飞机、火车、轮船、机器、机械和其他生产设备	10年	
3	与生产经营活动有关的器具、工具、家具等	5年	
4	飞机、火车、轮船以外的运输工具	4年	
5	电子设备	3年	

15.弥补亏损的税收规定

《企业所得税法》所称的亏损，是指企业依照《企业所得税法》和《企业所得税法实施条例》的规定，将每一纳税年度的收入总额减除不征税收入、免税收入和各项扣除后小于零的数额。

企业纳税年度发生的亏损，准予向以后年度结转，用以后年度的所得弥补，但结转年限最长不得超过5年。

纳税人由查账征收方式改为核定征收方式后，再改为查账征收方式的，其以前年度已确认未弥补的亏损可从再改为查账征收方式的年度起弥补，但弥补亏损期限以发生亏损年度的下一年开始计算，5年内不论盈亏或者改变征收方式，均连续计算弥补年限。

【例4-2】某企业按《企业所得税年度纳税申报表》填报规定，年度利润为2 000万元，该年度通过国家机关向贫困地区捐赠100万元，向中国教育发展基金会捐赠50万元。请计算法律规定的允许扣除额，并说明理由。

【解析】法律规定的允许扣除额的计算如下：

该年度公益性捐赠的扣除额=100+50=150（万元）

一般公益救济性捐赠扣除限额=2 000×12%=240（万元）

向贫困地区捐赠100万元，小于扣除限额240万元，可按实际捐赠额扣除。

向中国教育发展基金会捐赠50万元可全额扣除。

二、企业所得税应纳税额的计算

（一）企业所得税应纳税额的计算公式

企业所得税应纳税额的计算公式如下：

应纳税额=应纳税所得额×适用税率-减免税额-抵免税额

抵免税额包括：①居民企业来源于中国境外的应税所得已在境外缴纳的所得税税额；②非居民企业在中国境内设立机构、场所，取得发生在中国境外但与该机构、场所有实际联系的应税所得已在境外缴纳的所得税税额。

在计算抵免税额的时候一般采用限额抵免。境外所得依照我国税法规定计算的应纳税额，是税收抵免的最高限额；超过抵免限额的部分，可以在以后5个年度内，用每年度抵免限额抵免当年应抵税额后的余额进行抵补。

抵免限额的计算公式如下：

抵免限额=境外所得×我国企业所得税法定税率（25%）

【例4-3】某居民企业从境外取得税前所得40万元，境外缴纳所得税时适用的税率为20%，请计算境外所得应补缴所得税税额。

【解析】境外所得应补缴所得税税额的计算如下：

境外所得税税款抵扣限额=40×25%=10（万元）

境外所得已缴纳的所得税税额=40×20%=8（万元）

境外所得应补缴所得税税额=10-8=2（万元）

（二）应纳税额计算的一般规定

企业所得税以年度应纳税所得额作为计税依据，为了确保税收收入均衡入库，根据《企业所得税法》第五十四条的规定，实行“按年计算、分月或分季预缴、年终汇算清缴、多退少补”的办法。

1.预缴

纳税人是分月还是分季预缴，由主管税务机关视纳税人税额的多少等具体情况确定。无论盈利或者亏损，企业都应当自月份或者季度终了之日起15日内，向税务机关报送预缴《企业所得税年度纳税申报表》，预缴税款。

纳税人预缴企业所得税时，一般应当按纳税人月度或季度的实际利润额预缴，即直接根据月度或季度实际实现的利润与规定的税率进行计算预缴；按照月度或季度的实际利润额预缴有困难的，纳税人可以选择按照其上一年度应纳税所得额的月度或季度平均额与规定的税率预缴；或者按照经税务机关认可的其他方法预缴。预缴方法一经确定，该纳税年度内不得随意变更。

《国家税务总局关于贯彻落实进一步扩大小型微利企业减半征收企业所得税范围有关问题的公告》（国家税务总局公告2015年第61号）中指出，自2015年10月1日2017年12月31日，企业预缴所得税时享受小型微利企业所得税优惠政策，按照以下规定执行：

（1）查账征收企业。上一纳税年度符合小型微利企业条件的，分别按照以下情况处理：按照实际利润预缴企业所得税的，预缴时累计实际利润不超过30万元（含，下同）的，可以享受减半征税政策；按照上一纳税年度应纳税所得额平均额预缴企业所得税的，预缴时可以享受减半征税政策。

（2）定率征收企业。上一纳税年度符合小型微利企业条件，预缴时累计应纳税所得额不超过30万元的，可以享受减半征税政策。

（3）定额征收企业。根据优惠政策规定需要调减定额的，由主管税务机关按照程序调整，依照原办法征收。

（4）上一纳税年度不符合小型微利企业条件的企业。预缴时预计当年符合小型微利企业条件的，可以享受减半征税政策。

（5）年度内新成立小型微利企业，预缴时累计实际利润或应纳税所得额不超过30万元的，可以享受减半征税政策。

2.汇算清缴

《企业所得税法》第五十四条规定，企业应当自年度终了之日起5个月内，向税务机关报送《企业所得税年度纳税申报表》，并汇算清缴，结清应缴应退税款。

汇算清缴是指纳税人在纳税年度终了后规定时期内，依照税收法律、法规、规章及其他有关企业所得税的规定，自行计算全年应纳税所得额和应纳所得税额，根据月度或季度预缴的所得税数额，确定该年度应补或者应退税额，并填写《企业所得税年度纳税申报表》，向主管税务机关办理年度企业所得税纳税申报、提供税务机关要求提供的有关资料、结清全年企业所得税税款的行为。

【例4-4】鸿兴公司为生产企业，是甲企业的全资子公司，鸿兴公司2017年2月委托某税务师事务所对其2016年度的所得税纳税情况进行审查。经审查发现，该企业2016年度共实现会计利润20万元，已按20%的税率预缴企业所得税4万元。在审查中发现如下业务：

（1）审查“主营业务收入”明细账贷方发生额。1月1日，该企业与购买方签订分期收款销售A设备合同一份，合同约定的收款总金额为80万元，分4年于每年年底等额收取。按会计准则规定，以商品现值确认收入70万元。结合“主营业务成本”明细账，借方发生额中反映1月1日分期收款销售A设备一套结转设备成本50万元。进一步审查“财务费用”明细账，贷方发生额中反映12月31日结转当年1月1日分期收款销售A设备未实现融资收益2.5万元。

（2）审查“销售费用”明细账。5月2日，预提本年度销售B产品的保修费用21万元。合同约定的保修期限为3年。

（3）审查“财务费用”明细账。12月31日支付给关联方甲企业500万元债券2012年度利息50万元。甲企业在鸿兴公司的股本为100万元，同期同类贷款利率为7%。

（4）审查“投资收益”科目。2016年10月21日，从境内上市公司乙企业分得股息20万元，该10 000股股票是鸿兴公司2016年3月10日购买的，购买价格为每股5元，2016年10月21日当天的收盘价为7.2元。11月10日，鸿兴公司将乙企业的股票抛售，取得收入扣除相关税费后为8万元，存入银行。会计处理为：

借：银行存款 80 000

　贷：交易性金融资产——成本 50 000

　　投资收益 30 000

（5）审查“以前年度损益调整”明细账。2016年6月30日，企业盘盈固定资产一台，重置完全价值100万元，七成新。会计处理为：

借：固定资产 1 000 000

　贷：累计折旧 300 000

　　以前年度损益调整 700 000

借：以前年度损益调整 700 000

　贷：利润分配——未分配利润 700 000

（6）审查“在建工程”明细账。2016年6月25日，在建工程领用本企业B产品一批，成本价为80万元，同类货物的售价为100万元。该产品的增值税税率为17%。会计处理为：

借：在建工程 970 000

　贷：库存商品——B产品 800 000

　　应交税费——应交增值税（销项税额） 170 000

（7）其他资料：职工人数30人，资产总额800万元。

要求：根据所提供的资料，对鸿兴公司的所得税纳税事项进行分析，并表述相关税收政策，计算鸿兴公司2016年度应当补缴的企业所得税。

【解析】第一步：（1）主营业务收入的调整。根据《企业所得税法》的规定，采取分期收款方式销售货物的，应当按合同约定的应付款日期确认收入。因此，当期应当确认计税收入20万元（80÷4），会计上确认收入70万元，应当作纳税调减的金额为50万元（70−20）。

（2）主营业务成本的调整。采取分期收款方式销售货物的成本，应当按合同约定的确认收入的时间分期结转。因此，当期应当结转的计税成本为12.5万元（50÷4），会计上结转成本为50万元，应当作纳税调增的金额为37.5万元（50−12.5）。

（3）财务费用调整未实现融资收益在当期冲减财务费用的金额应当作纳税调减2.5万元。

第二步：《企业所得税法》第八条规定，企业实际发生的与取得收入有关的、合理的支出，包括成本、费用、税金、损失和其他支出，准予在计算应纳税所得额时扣除。企业按会计制度预提的保修费用不符合实际发生的原则，不得在税前扣除，应当作纳税调增21万元。

第三步：根据财政部、国家税务总局财税〔2008〕121号文件规定，企业从关联方取得的债权性投资占权益性投资的比例不得超过2倍；超过部分的利息，不管是否超过同期同类贷款利率，一律不得扣除。

（1）鸿兴公司从甲企业取得的债权性投资是权益性投资的5倍（500÷100），大于2倍的比例限制；

（2）鸿兴公司准予扣除的债券利息限额为14万元（100×2×7%）；

（3）应当纳税调增的利息支出为36万元（50−14）。

第四步：（1）根据《企业所得税法》及其实施条例的规定，购买上市公司的股票从上市公司分得的股息，如果股票的持有时间超过12个月转让的，免征企业所得税；不超过12个月转让的，应当并入当期所得缴纳企业所得税。由于上述股票持有时间不超过12个月，因此应当缴纳企业所得税。会计上已经计入“投资收益”，不需要纳税调整。

（2）财政部、国家税务总局财税〔2007〕80号文件规定，股票持有期间发生的公允价值变动损益，不需要缴纳企业所得税，待股票转让时，按转让收入减除历史成本后的余额计入应纳税所得额。转让所得为3万元（8−1×5），由于企业已经将投资收益计入企业的利润总额，因此不需要纳税调整。

第五步：根据《企业所得税法实施条例》第二十二条的规定，企业盘盈的固定资产应当作为盘盈年度的“其他收入”缴纳企业所得税。但会计上2016年度利润总额中不包括70万元盘盈收益，应当作纳税调增70万元。

第六步：国家税务总局《关于企业处置资产所得税处理问题的通知》（国税函〔2008〕828号）规定，企业在建工程领用本企业的产品，由于所有权没有发生转移，不需要缴纳企业所得税。因此，不需要进行纳税调整。

第七步：应补缴企业所得税的计算：

纳税调增金额=37.5+21+36+70=164.5（万元）

纳税调减金额=50+2.5=52.5（万元）

应纳税所得额=20+164.5−52.5=132（万元）

由于该企业的应纳税所得额超过30万元，不符合小型微利企业的条件，应当按25%的税率计算缴纳企业所得税，即：

应补企业所得税=132×25%−4=29（万元）

（三）核定征收应纳税额的计算

主管税务机关应及时向纳税人送达《企业所得税核定征收鉴定表》，及时完成对其核定征收企业所得税的鉴定工作。具体程序如下：

（1）纳税人应在收到《企业所得税核定征收鉴定表》后10个工作日内填好该表并报送主管税务机关。

（2）主管税务机关应在受理《企业所得税核定征收鉴定表》后20个工作日内，分类逐户审查核实，提出鉴定意见，并报县级税务机关复核、认定。

（3）县级税务机关应在收到《企业所得税核定征收鉴定表》后30个工作日内，完成复核、认定工作。

税务机关应在每年6月底前对上年度实行核定征收企业所得税的纳税人进行重新鉴定。重新鉴定工作完成前，纳税人可暂按上年度的核定征收方式预缴企业所得税；重新鉴定工作完成后，按重新鉴定的结果进行调整。

主管税务机关应当分类逐户公示核定的应纳所得税额或应税所得率。主管税务机关应当按照便于纳税人及社会各界了解、监督的原则确定公示地点、方式。

纳税人实行核定应税所得率方式的，按下列规定申报纳税：

（1）主管税务机关根据纳税人应纳税额的大小确定纳税人按月或者按季预缴，年终汇算清缴。预缴方法一经确定，一个纳税年度内不得改变。

（2）纳税人应依照确定的应税所得率计算纳税期间实际应缴纳的税额，进行预缴。按实际数额预缴有困难的，经主管税务机关同意，可按上一年度应纳税额的1/12或1/4预缴，或者按经主管税务机关认可的其他方法预缴。

（3）纳税人预缴税款或年终进行汇算清缴时，应按规定填写《中华人民共和国企业所得税月（季）度预缴纳税申报表（B类）》，在规定的纳税申报时限内报送主管税务机关。

纳税人实行核定应纳所得税额方式的，按下列规定申报纳税：

（1）纳税人在应纳所得税额尚未确定之前，可暂按上年度应纳所得税额的1/12或1/4预缴，或者按经主管税务机关认可的其他方法，按月或按季分期预缴。

（2）在应纳所得税额确定以后，减除当年已预缴的所得税税额，余额按剩余月份或季度均分，以此确定以后各月或各季的应纳税额，由纳税人按月或按季填写《中华人民共和国企业所得税月（季）度预缴纳税申报表（B类）》，在规定的纳税申报期限内进行纳税申报。

（3）纳税人年度终了后，在规定的时限内按照实际经营额或实际应纳税额向税务机关申报纳税。申报额超过核定经营额或应纳税额的，按申报额缴纳税款；申报额低于核定经营额或应纳税额的，按核定经营额或应纳税额缴纳税款。

对违反上述规定的行为，按照《税收征收管理法》及其实施细则和《企业所得税法实施条例》的有关规定处理。

根据《税收征收管理法》及其实施细则和《企业所得税法实施条例》的有关规定，纳税人具有下列情形之一的，应采取核定征收方式征收企业所得税：

（1）依照税收法律法规规定可以不设账簿或应设账簿，但未设账簿的。

（2）只能准确核算收入总额或收入总额能够查实，但其成本费用支出不能准确核算的。

（3）只能准确核算成本费用支出或成本费用能够查实，但其收入总额不能准确核算的。

（4）收入总额及成本费用支出均不能正确核算，并难以查实的。

（5）账目设置和核算虽然符合规定，但并未按规定保存有关账簿、凭证及有关纳税资料的。

（6）发生纳税义务，未按照税收法律法规规定的期限办理纳税申报，经税务机关责令限期申报，逾期仍不申报的。

核定征收方式主要包括定额征收和核定应税所得率征收两种方法。定额征收是指税务机关按照一定的标准、程序和方法，直接核定纳税人年度应纳企业所得税税额，由纳税人按规定进行纳税申报的办法。核定应税所得率征收，是指税务机关按照一定的标准、程序和方法，预先核定纳税人的应税所得率，由纳税人根据纳税年度内的收入总额或成本费用等项目的实际发生额，按预先核定的应税所得率计算缴纳企业所得税的办法。实行核定应税所得率征收办法的，应纳所得税税额的计算公式如下：

应纳税所得额=收入总额×应税所得率

=成本费用支出额÷（1-应税所得率）×应税所得率

应纳税额=应纳税所得额×适用税率

现行各行业应税所得率幅度标准见表4-2。

表4-2 各行业应税所得率幅度标准

行业	应税所得率（%）
农、林、牧、渔业	3~10
制造业	5~15
批发和零售贸易业	4~15
交通运输业	7~15
建筑业	8~20
饮食业	8~25
娱乐业	15~30
其他行业	10~30

任务三　企业所得税的纳税申报与缴纳

企业所得税采取按年计算，分季（月）预缴，年终汇算清缴的办法缴纳。

一、季度（月度）预缴申报

（一）申报时限

在每个季度（月度）终了后15日内，企业应到主管机关办理企业所得税的纳税申报手续（纳税期限的最后一日是法定休假日的，以休假日的次日为限期的最后一日；在期限内有连续3日以上法定休假日的，按休假日天数顺延）。

（二）需要提供的资料

（1）《中华人民共和国企业所得税月（季）度预缴纳税申报表（A类，2015年版）》及附表（查账征收企业适用）、《中华人民共和国企业所得税月（季）度预缴纳税申报表（B类，2015年版）》及附表（核定征收企业适用）。

（2）《中华人民共和国汇总纳税分支机构企业所得税分配表》（适用在中国境内跨省、自治区、直辖市设立不具有法人资格的营业机构，并实行“统一计算、分级管理、就地预缴、汇总清算、财政调节”汇总纳税办法的总机构、分支机构填写）。

（3）财务会计报表。

（4）税务机关规定的其他相关纳税资料。

以上申报资料除《中华人民共和国汇总纳税分支机构企业所得税分配表》，纳税人如果是在税务局办税大厅通过电子申报方式申报的，需要同时报送纸质申报资料；如果是网上申报的，可以在税务局规定的时间内报送纸质纳税资料。

（三）办理程序

（1）如果是在税务局办税大厅通过电子申报方式申报的，则需要利用国家税务总局的纳税申报软件填写申报表，并将电子版拷贝到U盘中，同时携带打印的纸质申报资料进行申报。

（2）如果通过网上申报，则登陆当地国税局网站填写《中华人民共和国企业所得税月（季）度预缴纳税申报表（A类或B类）》《中华人民共和国汇总纳税分支机构企业所得税分配表》（仅指实行汇总纳税办法的总、分支机构）进行网上申报并完成税款实时电子缴库；同时将上述需要提供的纸质资料按规定的时间交到主管国税机关。

二、年度纳税申报

年度终了，企业应在办理第4季度（按月预缴的为12月份）所得税预缴申报后，按以下规定的时限和要求，到主管国税机关办理企业所得税的纳税申报手续。

（一）各类企业规定的申报时限

（1）核定征收企业，原则上一般应于次年3月底以前。

（2）查账征收的小型微利企业，原则上应于次年4月底以前。

（3）其他各类企业，均应于次年5月底以前。

（二）需要提供的资料

（1）《中华人民共和国企业所得税年度纳税申报表（A类）》（查账征收企业适用）、《中华人民共和国企业所得税年度纳税申报表（B类）》（核定征收企业适用）。

（2）财务会计报表。

（3）企业所得税纳税申报附报资料。

（4）税务机关规定的其他相关纳税资料。如外资企业的审计报告、内资企业按规定应由中介机构出具的各类所得税汇算清缴涉税鉴证报告等。

（三）办理程序

（1）如果是到税务局办税大厅上门申报方式申报的，则需要利用国家税务总局的纳税申报软件填写申报表，并将电子版拷贝到U盘中，同时携带打印的相关纸质申报资料进行申报。

（2）如果通过网上申报，则需要登录当地国税局网站填写《中华人民共和国企业所得税年度纳税申报表（A类或B类）》、企业所得税纳税申报附报资料，进行网上申报并完成税款实时电子缴库；同时按规定的时间将上述需要提供的纸质资料交到主管国税机关。

三、企业所得税纳税申报表的编制

（一）《中华人民共和国企业所得税月（季）度预缴纳税申报表（A类，2015年版）》

《中华人民共和国企业所得税月（季）度预缴纳税申报表（A类，2015年版）》格式见表4-3。

表4-3　中华人民共和国企业所得税月（季）度预缴纳税申报表（A类，2015年版）

税款所属期间：　年　月　日至　年　月　日

纳税人识别号：□□□□□□□□□□□□□□□□□□□□

纳税人名称：　　　　金额单位：人民币元（列至角分）

行次	项　目	本期金额	累计金额
1	一、按照实际利润额预缴		
2	营业收入		
3	营业成本		
4	利润总额		
5	加：特定业务计算的应纳税所得额		
6	减：不征税收入和税基减免应纳税所得额（请填附表1）		
7	固定资产加速折旧（扣除）调减额（请填附表2）		
8	弥补以前年度亏损		
9	实际利润额（4行+5行-6行-7行-8行）		
10	税率（25%）		
11	应纳所得税额（9行×10行）		
12	减：减免所得税额（请填附表3）		
13	实际已预缴所得税额	—	
14	特定业务预缴（征）所得税额		
15	应补（退）所得税额（11行-12行-13行-14行）	—	
16	减：以前年度多缴在本期抵缴所得税额		
17	本月（季）实际应补（退）所得税额	—	
18	二、按照上一纳税年度应纳税所得额平均额预缴		
19	上一纳税年度应纳税所得额	—	

续表

行次	项目		本期金额	累计金额
20	本月（季）应纳税所得额（19行×1/4或1/12）			
21	税率（25%）			
22	本月（季）应纳所得税额（20行×21行）			
23	减：减免所得税额（请填附表3）			
24	本月（季）实际应纳所得税额（22行-23行）			
25	三、按照税务机关确定的其他方法预缴			
26	本月（季）税务机关确定的预缴所得税额			
27	总分机构纳税人			
28	总机构	总机构分摊所得税额（15行或24行或26行×总机构分摊预缴比例）		
29		财政集中分配所得税额		
30		分支机构分摊所得税额（15行或24行或26行×分支机构分摊比例）		
31		其中：总机构独立生产经营部门应分摊所得税额		
32	分支机构	分配比例		
33		分配所得税额		
是否属于小型微利企业：	是□		否□	

谨声明：此纳税申报表是根据《中华人民共和国企业所得税法》《中华人民共和国企业所得税法实施条例》和国家有关税收规定填报的，是真实的、可靠的、完整的。

法定代表人（签字）：　　　　年　月　日

纳税人公章：	代理申报中介机构公章：	主管税务机关受理专用章：
会计主管：	经办人：	受理人：
	经办人执业证件号码：	
填表日期：　年　月　日	代理申报日期：　年　月　日	受理日期：　年　月　日

填报说明：

一、适用范围

本表适用于实行查账征收企业所得税的居民纳税人在月（季）度预缴企业所得税时使用。跨地区经营汇总纳税企业的分支机构年度汇算清缴申报适用本表。

二、表头项目

1.“税款所属期间”：为税款所属期月（季）度第一日至所属期月（季）度最后一日。

年度中间开业的纳税人，“税款所属期间”为当月（季）开始经营之日至所属月（季）度的最后一日。次月（季）度起按正常情况填报。

2.“纳税人识别号”：填报税务机关核发的税务登记证号码（15位）。

3.“纳税人名称”：填报税务机关核发的税务登记证记载的纳税人全称。

三、各列次的填报

1.第一部分，按照实际利润额预缴税款的纳税人，填报第2行至第17行。

其中：第2行至第17行的“本期金额”列，填报所属月（季）度第一日至最后一日的数据；第2行至第17行的“累计金额”列，填报所属年度1月1日至所属月（季）度最后一日的累计数额。

2.第二部分，按照上一纳税年度应纳税所得额平均额计算预缴税款的纳税人，填报第19行至第24行。

其中：第19行至第24行的“本期金额”列，填报所属月（季）度第一日至最后一日的数据；第19

行至第24行的“累计金额”列，填报所属年度1月1日至所属月（季）度最后一日的累计数额。

3.第三部分，按照税务机关确定的其他方法预缴的纳税人，填报第26行。

其中：“本期金额”列，填报所属月（季）度第一日至最后一日的数额；“累计金额”列，填报所属年度1月1日至所属月（季）度最后一日的累计数额。

四、各行次的填报

1.第1行至第26行，纳税人根据其预缴申报方式分别填报。

实行“按照实际利润额预缴”的纳税人填报第2行至第17行。实行“按照上一纳税年度应纳税所得额平均额预缴”的纳税人填报第19行至第24行。实行“按照税务机关确定的其他方法预缴”的纳税人填报第26行。

2.第27行至第33行，由跨地区经营汇总纳税企业（以下简称汇总纳税企业）填报。其中：汇总纳税企业总机构在填报第1行至第26行基础上，填报第28行至第31行。汇总纳税企业二级分支机构只填报本表第30行、第32行、第33行。

五、具体项目填报说明

（一）按实际利润额预缴

1.第2行“营业收入”：填报按照企业会计制度、企业会计准则等国家会计规定核算的营业收入。本行主要列示纳税人营业收入数额，不参与计算。

2.第3行“营业成本”：填报按照企业会计制度、企业会计准则等国家会计规定核算的营业成本。本行主要列示纳税人营业成本数额，不参与计算。

3.第4行“利润总额”：填报按照企业会计制度、企业会计准则等国家会计规定核算的利润总额。本行数据与利润表列示的利润总额一致。

4.第5行“特定业务计算的应纳税所得额”：从事房地产开发等特定业务的纳税人，填报按照税收规定计算的特定业务的应纳税所得额。房地产开发企业销售未完工开发产品取得的预售收入，按照税收规定的预计计税毛利率计算的预计毛利额填入此行。

5.第6行“不征税收入和税基减免应纳税所得额”：填报属于税法规定的不征税收入、免税收入、减计收入、所得减免、抵扣应纳税所得额等金额。本行通过《不征税收入和税基类减免应纳税所得额明细表》（附表1）填报。

6.第7行“固定资产加速折旧（扣除）调减额”：填报按照《财政部 国家税务总局关于完善固定资产加速折旧税收政策有关问题的通知》（财税〔2014〕75号）等相关规定，固定资产税收上采取加速折旧，会计上未加速折旧的纳税调整情况。本行通过《固定资产加速折旧（扣除）明细表》（附表2）填报。

7.第8行“弥补以前年度亏损”：填报按照税收规定可在企业所得税前弥补的以前年度尚未弥补的亏损额。

8.第9行“实际利润额”：根据本表相关行次计算结果填报。第9行=4行+5行-6行-7行-8行。

9.第10行“税率（25%）”：填报企业所得税法规定税率25%。

10.第11行“应纳所得税额”：根据相关行次计算结果填报。第11行=9行×10行，且11行≥0。跨地区经营汇总纳税企业总机构和分支机构适用不同税率时，第11行≠9行×10行。

11.第12行“减免所得税额”：填报按照税收规定，当期实际享受的减免所得税额。本行通过《减免所得税额明细表》（附表3）填报。

12.第13行“实际已预缴所得税额”：填报纳税人本年度此前月份、季度累计已经预缴的企业所得税额，“本期金额”列不填写。

13.第14行“特定业务预缴（征）所得税额”：填报按照税收规定的特定业务已经预缴（征）的所得税额。建筑企业总机构直接管理的跨地区设立的项目部，按规定向项目所在地主管税务机关预缴的企业所得税填入此行。

14.第15行“应补（退）所得税额”：根据本表相关行次计算填报。15行“累计金额”列=11行-12行-13行-14行，且15行≤0时，填0；“本期金额”列不填。

15.第16行“减：以前年度多缴在本期抵缴所得税额”：填报以前年度多缴的企业所得税税款未办理

退税，在本纳税年度抵缴的所得税额。

16. 第17行“本月（季）实际应补（退）所得税额”：根据相关行次计算填报。第17行“累计金额”列=15行-16行，且第17行≤0时，填0，“本期金额”列不填。

（二）按照上一年度应纳税所得额平均额预缴

1. 第19行“上一纳税年度应纳税所得额”：填报上一纳税年度申报的应纳税所得额。“本期金额”列不填。

2. 第20行“本月（季）应纳税所得额”：根据相关行次计算填报。

（1）按月度预缴的纳税人：第20行=第19行×1/12。

（2）按季度预缴的纳税人：第20行=第19行×1/4。

3. 第21行“税率（25%）”：填报企业所得税法规定的25%税率。

4. 第22行“本月（季）应纳所得税额”：根据本表相关行次计算填报。22行=20行×21行。

5. 第23行“减：减免所得税额”：填报按照税收规定，当期实际享受的减免所得税额。本行通过《减免所得税额明细表》（附表3）填报。

6. 第24行“本月（季）应纳所得税额”：根据相关行次计算填报。第24行=第22-23行。

（三）按照税务机关确定的其他方法预缴

第26行“本月（季）确定预缴所得税额”：填报税务机关认可的其他方法确定的本月（季）度应缴纳所得税额。

（四）汇总纳税企业总分机构有关项目的填报

1. 第28行“总机构分摊所得税额”：汇总纳税企业的总机构，以本表（第1行至第26行）本月（季）度预缴所得税额为基数，按总机构应当分摊的预缴比例计算出的本期预缴所得税额填报，并按不同预缴方式分别计算：

（1）“按实际利润额预缴”的汇总纳税企业的总机构：第15行×总机构应分摊预缴比例。

（2）“按照上一纳税年度应纳税所得额的平均额预缴”的汇总纳税企业的总机构：第24行×总机构应分摊预缴比例。

（3）“按照税务机关确定的其他方法预缴”的汇总纳税企业的总机构：第26行×总机构应分摊预缴比例。

上述计算公式中“总机构分摊预缴比例”：跨地区经营（跨省、自治区、直辖市、计划单列市）汇总纳税企业，总机构分摊的预缴比例填报25%；省内经营的汇总纳税企业，总机构应分摊的预缴比例按各省级税务机关规定填报。

2. 第29行“财政集中分配所得税额”：汇总纳税企业的总机构，以本表（第1行至第26行）本月（季）度预缴所得税额为基数，按财政集中分配的预缴比例计算出的本期预缴所得税额填报，并按不同预缴方式分别计算：

（1）“按实际利润额预缴”的汇总纳税企业的总机构：第15行×财政集中分配预缴比例。

（2）“按照上一纳税年度应纳税所得额的平均额预缴”的汇总纳税企业的总机构：第24行×财政集中分配预缴比例。

（3）“按照税务机关确定的其他方法预缴”的汇总纳税企业的总机构：第26行×财政集中分配预缴比例。

跨地区经营（跨省、自治区、直辖市、计划单列市）汇总纳税企业，中央财政集中分配的预缴比例填报25%；省内经营的汇总纳税企业，财政集中分配的预缴比例按各省级税务机关规定填报。

3. 第30行“分支机构应分摊所得税额”：汇总纳税企业的总机构，以本表（第1行至第26行）本月（季）度预缴所得税额为基数，按分支机构应分摊的预缴比例计算出的本期预缴所得税额填报，并按不同预缴方式分别计算：

（1）“按实际利润额预缴”的汇总纳税企业的总机构：第15行×分支机构应分摊预缴比例。

（2）“按照上一纳税年度应纳税所得额平均额预缴”的汇总纳税企业的总机构：第24行×分支机构应分摊预缴比例。

（3）“按照税务机关确定的其他方法预缴”的汇总纳税企业的总机构：第26行×分支机构应分摊预缴比例。

上述计算公式中“分支机构应分摊预缴比例”：跨地区经营（跨省、自治区、直辖市、计划单列市）汇总纳税企业，分支机构应分摊的预缴比例填报50%；省内经营的汇总纳税企业，分支机构应分摊的预缴比例按各省级税务机关规定执行填报。

分支机构根据《中华人民共和国企业所得税汇总纳税分支机构所得税分配表（2015年版）》中的“分支机构分摊所得税额”填写本行。

4.第31行“其中：总机构独立生产经营部门应分摊所得税额”：填报跨地区经营汇总纳税企业的总机构，设立的具有主体生产经营职能且按规定视同二级分支机构的部门，所应分摊的本期预缴所得税额。

5.第32行“分配比例”：汇总纳税企业的分支机构，填报依据《企业所得税汇总纳税分支机构所得税分配表（2015年版）》确定的该分支机构的分配比例。

6.第33行“分配所得税额”：填报汇总纳税企业的分支机构按分配比例计算应预缴或汇算清缴的所得税额。第33行=30行×32行。

六、“是否属于小型微利企业”填报

1.纳税人上一纳税年度汇算清缴符合小型微利企业条件的，本年预缴时，选择“是”，预缴累计会计利润不符合小微企业条件的，选择“否”。

2.本年度新办企业，“资产总额”和“从业人数”符合规定条件，选择“是”，预缴累计会计利润不符合小微企业条件的，选择“否”。

3.上年度“资产总额”和“从业人数”符合规定条件，应纳税所得额不符合小微企业条件的，预计本年度会计利润符合小微企业条件，选择“是”，预缴累计会计利润不符合小微企业条件，选择“否”。

4.纳税人第一季度预缴所得税时，鉴于上一年度汇算清缴尚未结束，可以按照上年度第四季度预缴情况选择“是”或“否”。

本栏次为必填项目，不符合小型微利企业条件的，选择“否”。

七、表内表间关系

（一）表内关系

1.第9行=4行+5行-6行-7行-8行。

2.第11行=9行×10行。当汇总纳税企业的总机构和分支机构适用不同税率时，第11行≠9行×10行。

3.第15行=11行-12行-13行-14行，且第15行≤0时，填0。

4.第17行=15行-16行，且第17行≤0时，填0。

5.第20行“本期金额”=19行“累计金额”×1/4或1/12。

6.第22行=20行×21行。

7.第24行=22行-23行。

8.第28行=15行或24行或26行×规定比例。

9.第29行=15行或24行或26行×规定比例。

（二）表间关系

1.第6行=《不征税收入和税基类减免应纳税所得额明细表》（附表1）第1行。

2.第7行“本期金额”=《固定资产加速折旧（扣除）明细表》（附表2）第13行11列；第7行“累计金额”=《固定资产加速折旧（扣除）明细表》（附表2）第13行16列。

3.第12行、第23行=《减免所得税额明细表》（附表3）第1行。

4.第30行=《企业所得税汇总纳税分支机构所得税分配表（2015年版）》中的“分支机构分摊所得税额”。

5.第32、33行=《企业所得税汇总纳税分支机构所得税分配表（2015年版）》中与填表纳税人对应行次中的“分配比例”“分配所得税额”列。

（二）《中华人民共和国企业所得税月（季）度和年度预缴纳税申报表（B类，2015年版）》

《中华人民共和国企业所得税月（季）度和年度预缴纳税申报表（B类，2015年版）》格式见表4-4。

表4-4 **中华人民共和国企业所得税月（季）度预缴和年度纳税申报表（B类，2015年版）**

税款所属期间：　　年　月　日至　　年　月　日

纳税人识别号：□□□□□□□□□□□□□□□□□□

纳税人名称：　　　　　　　　　　　　　　　　　　　　金额单位：人民币元（列至角分）

<table>
<tr><th colspan="3">项　　目</th><th>行次</th><th>累计金额</th></tr>
<tr><td colspan="5">一、以下由按应税所得率计算应纳所得税额的企业填报</td></tr>
<tr><td rowspan="14">应纳税所得额的计算</td><td rowspan="11">按收入总额核定应纳税所得额</td><td>收入总额</td><td>1</td><td></td></tr>
<tr><td>减：不征税收入</td><td>2</td><td></td></tr>
<tr><td>免税收入</td><td>3</td><td></td></tr>
<tr><td>其中：国债利息收入</td><td>4</td><td></td></tr>
<tr><td>地方政府债券利息收入</td><td>5</td><td></td></tr>
<tr><td>符合条件居民企业之间股息红利等权益性收益</td><td>6</td><td></td></tr>
<tr><td>符合条件的非营利组织收入</td><td>7</td><td></td></tr>
<tr><td>其他免税收入：</td><td>8</td><td></td></tr>
<tr><td>应税收入额（1行-2行-3行）</td><td>9</td><td></td></tr>
<tr><td>税务机关核定的应税所得率（%）</td><td>10</td><td></td></tr>
<tr><td>应纳税所得额（9行×10行）</td><td>11</td><td></td></tr>
<tr><td rowspan="3">按成本费用核定应纳税所得额</td><td>成本费用总额</td><td>12</td><td></td></tr>
<tr><td>税务机关核定的应税所得率（%）</td><td>13</td><td></td></tr>
<tr><td>应纳税所得额〔12行÷（100%－13行）×13行〕</td><td>14</td><td></td></tr>
<tr><td colspan="2" rowspan="2">应纳所得税额的计算</td><td>税率（25%）</td><td>15</td><td></td></tr>
<tr><td>应纳所得税额（11行×15行或14行×15行）</td><td>16</td><td></td></tr>
<tr><td colspan="2" rowspan="4">应补（退）所得税额的计算</td><td>减：符合条件的小型微利企业减免所得税额</td><td>17</td><td></td></tr>
<tr><td>其中：减半征税</td><td>18</td><td></td></tr>
<tr><td>已预缴所得税额</td><td>19</td><td></td></tr>
<tr><td>应补（退）所得税额（16行-17行-19行）</td><td>20</td><td></td></tr>
<tr><td colspan="5">二、以下由税务机关核定应纳所得税额的企业填报</td></tr>
<tr><td colspan="3">税务机关核定应纳所得税额</td><td>21</td><td></td></tr>
<tr><td colspan="2">预缴申报时填报</td><td colspan="3">是否属于小型微利企业：　是□　否□</td></tr>
<tr><td colspan="2" rowspan="2">年度申报时填报</td><td>所属行业：</td><td colspan="2">从业人数：</td></tr>
<tr><td>资产总额：</td><td colspan="2">国家限制和禁止行业：　是□　否□</td></tr>
<tr><td colspan="5">谨声明：此纳税申报表是根据《中华人民共和国企业所得税法》《中华人民共和国企业所得税法实施条例》和国家有关税收规定填报的，是真实的、可靠的、完整的。
法定代表人（签字）：　年　月　日</td></tr>
<tr><td colspan="2">纳税人公章：
会计主管：

填表日期：　年　月　日</td><td colspan="2">代理申报中介机构公章：
经办人：
经办人执业证件号码：
代理申报日期：　年　月　日</td><td>主管税务机关受理专用章：
受理人：

受理日期：　年　月　日</td></tr>
</table>

国家税务总局监制

填报说明：

一、适用范围

本表由实行核定征收企业所得税的纳税人在月（季）度申报缴纳企业所得税时使用。实行核定应税所得率方式的纳税人，年度汇算清缴使用本表。

二、表头项目

1.“税款所属期间”：为税款所属期月（季）度第一日至所属期月（季）度最后一日。

年度中间开业的，“税款所属期间”为当月（季）开始经营之日至所属月（季）度的最后一日。次月（季）度起按正常情况填报。

2.“纳税人识别号”：填报税务机关核发的税务登记证件号码（15位）。

3.“纳税人名称”：填报税务机关核发的税务登记证件中的纳税人全称。

三、具体项目填报说明

（一）应纳税所得额的计算

1.本表第1行至第11行由“按收入总额核定应纳税所得额”的纳税人填写。第1行“收入总额”：填写本年度累计取得的各项收入金额。

2.第2行“不征税收入”：填报纳税人计入收入总额但属于税收规定不征税的财政拨款、依法收取并纳入财政管理的行政事业性收费以及政府性基金和国务院规定的其他不征税收入。

3.第3行“免税收入”：填报纳税人计入利润总额但属于税收规定免税的收入或收益。第3行填报4行+5行+6行+7行+8行的合计数。

4.第4行“国债利息收入”：填报纳税人持有国务院财政部门发行的国债取得的利息收入。

5.第5行“地方政府债券利息收入”：填报纳税人持有地方政府债券利息收入。

6.第6行“符合条件居民企业之间股息红利等权益性收益”：填报本期发生的符合条件的居民企业之间的股息、红利等权益性投资收益情况。不包括连续持有居民企业公开发行并上市流通的股票不足12个月取得的投资收益。

7.第7行“符合条件的非营利组织的收入”：根据《财政部 国家税务总局关于非营利组织企业所得税免税收入问题的通知》（财税〔2009〕122号）等规定，符合条件并依法履行登记手续的非营利组织，填报取得的捐赠收入等免税收入，不包括营利性收入。

8.第8行“其他免税收入”：填报国家税务总局发布的最新减免项目名称及减免性质代码。

9.第9行“应税收入额”：根据相关行次计算填报。第9行=第1行-2行-3行。

10.第10行“税务机关核定的应税所得率”：填报税务机关核定的应税所得率。

11.第11行“应纳税所得额”：根据相关行次计算填报。第11行=第9行×10行。

12.本表第12行至第14行由“按成本费用核定应纳税所得额”的纳税人填报。第12行“成本费用总额”：填写本年度累计发生的各项成本费用金额。

13.第13行“税务机关核定的应税所得率”：填报税务机关核定的应税所得率。

14.第14行“应纳税所得额”：根据相关行次计算填报。第14行=第12行÷（100%-第13行“应税所得率”）×第13行。

（二）应纳所得税额的计算

1.第15行“税率”：填写企业所得税法规定的25%税率。

2.第16行“应纳所得税额”：

（1）按照收入总额核定应纳税所得额的纳税人，第16行=第11行×15行。

（2）按照成本费用核定应纳税所得额的纳税人，第16行=第14行×15行。

（三）应补（退）所得税额的计算

1.第17行“减：符合条件的小型微利企业减免所得税额”：根据企业所得税法和相关税收政策规定，符合小型微利企业条件的纳税人填报的减免所得税额。包括减按20%税率征收（减低税率政策）和减按10%税率征收（减半征税政策）。

享受减低税率政策的，本行填写本表第11行或第14行×5%的积。

享受减半征税政策的，本行填写本表第11行或第14行×15%的积；同时填写第18行“减半征税”。

2.第19行“已预缴所得税额”：填报当年累计已经预缴的企业所得税额。

3.第20行“应补（退）所得税额”：根据相关行计算填报。第20行=第16行-17行-19行。当第20行≤0时，本行填0。

（四）由税务机关核定应纳所得税额的企业填报

第21行“税务机关核定应纳所得税额”：填报税务机关核定本期应当缴纳的所得税额（小型微利企业填报核减减免税额之后的数额）。税务机关统计小型微利企业减免税时，按照该行次数额，根据情况倒算减免税数额。

（五）小型微利企业判定信息的填报

1.预缴申报时本栏次为必填项目，填写“是否属于小型微利企业”。

（1）核定应税所得率征收的纳税人：

①纳税人上一纳税年度汇算清缴符合小型微利企业条件的，本年预缴时，选择“是”，预缴累计会计利润不符合小微企业条件的，选择“否”。

②本年度新办企业，“资产总额”和“从业人数”符合规定条件，选择“是”，预缴累计会计利润不符合小微企业条件的，选择“否”。

③上年度“资产总额”和“从业人数”符合规定条件，应纳税所得额不符合小微企业条件的，预计本年度会计利润符合小微企业条件，选择“是”，预缴累计会计利润不符合小微企业条件，选择“否”。

④纳税人第1季度预缴所得税时，鉴于上一年度汇算清缴尚未结束，可以按照上年度第4季度预缴情况选择“是”或“否”。

⑤不符合小型微利企业条件的，选择“否”。

（2）核定应纳税额的纳税人：

核定定额征收纳税人，换算应纳税所得额大于30万元的填“否”，其余填“是”。

2.年度申报时填写小型微利企业相关指标，本栏次为必填项目。

（1）“所属行业”：填写“工业”或者“其他”。工业企业包括：采矿业、制造业、电力、燃气及水的生产和供应业；除工业以外的行业填写“其他”。

（2）“从业人数”：指与企业建立劳动关系的职工人数，以及企业接受劳务派遣用工人数之和。从业人数填报纳税人全年季度平均从业人数，具体计算公式如下：

季度平均值=（季初值+季末值）÷2

全年季度平均从业人数=全年各季度平均值之和÷4

（3）“资产总额”：填报纳税人全年季度资产总额平均数，计算方法同“从业人数”口径，资产总额单位为万元，小数点后保留2位小数。

（4）“国家限制和禁止行业”：纳税人从事国家限制和禁止行业，选择“是”，其他选择“否”。

四、表内表间关系

1.第9行=第1行-第2行-第3行。

2.第11行=第9行×第10行。

3.第14行=第12行÷（100%-第13行）×第13行。

4.第16行=第11行（或第14行）×第15行。

5.第17行=第11行或第14行×15%（或5%）的积。

6.第20行=第16行-第17行-第19行。当第20行≤0时，本行填0。

(三) 企业所得税年度纳税申报表

《企业所得税年度纳税申报表(A类)》封面及主表格式见表4-5、表4-6。

表4-5 《企业所得税年度纳税申报表(A类)》封面

中华人民共和国企业所得税年度纳税申报表

(A类，2014年版)

税款所属期间： 年 月 日至 年 月 日

纳税人识别号：□□□□□□□□□□□□□□□□□□

纳税人名称： 金额单位：人民币元(列至角分)

谨声明：此纳税申报表是根据《中华人民共和国企业所得税法》《中华人民共和国企业所得税法实施条例》、有关税收政策以及国家统一会计制度的规定填报的，是真实的、可靠的、完整的。

法定代表人(签章)： 年 月 日

纳税人公章： 会计主管： 填表日期： 年 月 日	代理申报中介机构公章： 经办人： 经办人执业证件号码： 代理申报日期： 年 月 日	主管税务机关受理专用章： 受理人： 受理日期： 年 月 日

国家税务总局监制

《中华人民共和国企业所得税年度纳税申报表(A类，2014年版)》封面填写说明：

《中华人民共和国企业所得税年度纳税申报表(A类，2014年版)》(以下简称申报表)适用于实行查账征收企业所得税的居民纳税人(以下简称纳税人)填报。有关项目填报说明如下：

1.“税款所属期间”：正常经营的纳税人，填报公历当年1月1日至12月31日；纳税人年度中间开业的，填报实际生产经营之日至当年12月31日；纳税人年度中间发生合并、分立、破产、停业等情况的，填报公历当年1月1日至实际停业或法院裁定并宣告破产之日；纳税人年度中间开业且年度中间又发生合并、分立、破产、停业等情况的，填报实际生产经营之日至实际停业或法院裁定并宣告破产之日。

2.“纳税人识别号”：填报税务机关统一核发的税务登记证号码。

3.“纳税人名称”：填报税务登记证所载纳税人的全称。

4.“填报日期”：填报纳税人申报当日日期。

5.纳税人聘请中介机构代理申报的，加盖代理申报中介机构公章，并填报经办人及其执业证件号码等，没有聘请的，填报“无”。

表4-6 企业所得税年度纳税申报表(A类)主表

中华人民共和国企业所得税年度纳税申报表(A类)

行次	类别	项目	金额
1	利润总额计算	一、营业收入(填写A101010\101020\103000)	
2		减：营业成本(填写A102010\102020\103000)	
3		税金及附加	
4		销售费用(填写A104000)	
5		管理费用(填写A104000)	
6		财务费用(填写A104000)	
7		资产减值损失	
8		加：公允价值变动收益	

续表

行次	类别	项目	金额
9	利润总额计算	投资收益	
10		二、营业利润（1-2-3-4-5-6-7+8+9）	
11		加：营业外收入（填写 A101010\101020\103000）	
12		减：营业外支出（填写 A102010\102020\103000）	
13		三、利润总额（10+11-12）	
14	应纳税所得额计算	减：境外所得（填写 A108010）	
15		加：纳税调整增加额（填写 A105000）	
16		减：纳税调整减少额（填写 A105000）	
17		减：免税、减计收入及加计扣除（填写 A107010）	
18		加：境外应税所得抵减境内亏损（填写 A108000）	
19		四、纳税调整后所得（13-14+15-16-17+18）	
20		减：所得减免（填写 A107020）	
21		减：抵扣应纳税所得额（填写 A107030）	
22		减：弥补以前年度亏损（填写 A106000）	
23		五、应纳税所得额（19-20-21-22）	
24	应纳税额计算	税率（25%）	
25		六、应纳所得税额（23×24）	
26		减：减免所得税额（填写 A107040）	
27		减：抵免所得税额（填写 A107050）	
28		七、应纳税额（25-26-27）	
29		加：境外所得应纳所得税额（填写 A108000）	
30		减：境外所得抵免所得税额（填写 A108000）	
31		八、实际应纳所得税额（28+29-30）	
32		减：本年累计实际已预缴的所得税额	
33		九、本年应补（退）所得税额（31-32）	
34		其中：总机构分摊本年应补（退）所得税额（填写 A109000）	
35		财政集中分配本年应补（退）所得税额（填写 A109000）	
36		总机构主体生产经营部门分摊本年应补（退）所得税额（填写 A109000）	
37	附列资料	以前年度多缴的所得税额在本年抵减额	
38		以前年度应缴未缴在本年入库所得税额	

注：《企业所得税年度纳税申报表（A类）》各项附表略。如需要详细相关教学资源，可向出版社索取。

《中华人民共和国企业所得税年度纳税申报表（A类）》填报说明：

本表为年度纳税申报表主表，企业应该根据《中华人民共和国企业所得税法》及其实施条例（以下简称税法）、相关税收政策，以及国家统一会计制度（企业会计准则、小企业会计准则、企业会计制度、事业单位会计准则和民间非营利组织会计制度等）的规定，计算填报纳税人利润总额、应纳税所得额、应纳税额和附列资料等有关项目。

企业在计算应纳税所得额及应纳所得税时，企业财务、会计处理办法与税法规定不一致的，应当按照税法规定计算。税法规定不明确的，在没有明确规定之前，暂按企业财务、会计规定计算。

一、有关项目填报说明

（一）表体项目

本表是在纳税人会计利润总额的基础上，加减纳税调整等金额后计算出“纳税调整后所得”（应纳税所得额）。会计与税法的差异（包括收入类、扣除类、资产类等差异）通过《纳税调整项目明细表》（A105000）集中填报。

本表包括利润总额计算、应纳税所得额计算、应纳税额计算、附列资料四个部分。

1.“利润总额计算”中的项目，按照国家统一会计制度口径计算填报。实行企业会计准则、小企业会计准则、企业会计制度、分行业会计制度纳税人其数据直接取自利润表；实行事业单位会计准则的纳税人其数据取自收入支出表；实行民间非营利组织会计制度纳税人其数据取自业务活动表；实行其他国家统一会计制度的纳税人，根据本表项目进行分析填报。

2.“应纳税所得额计算”和“应纳税额计算”中的项目，除根据主表逻辑关系计算的外，通过附表相应栏次填报。

（二）行次说明

第1～13行参照企业会计准则利润表的说明编写。

1.第1行“营业收入”：填报纳税人主要经营业务和其他经营业务取得的收入总额。本行根据“主营业务收入”和“其他业务收入”的数额填报。一般企业纳税人通过《一般企业收入明细表》（A101010）填报；金融企业纳税人通过《金融企业收入明细表》（A101020）填报；事业单位、社会团体、民办非企业单位、非营利组织等纳税人通过《事业单位、民间非营利组织收入、支出明细表》（A103000）填报。

2.第2行“营业成本”：填报纳税人主要经营业务和其他经营业务发生的成本总额。本行根据“主营业务成本”和“其他业务成本”的数额填报。一般企业纳税人通过《一般企业成本支出明细表》（A102010）填报；金融企业纳税人通过《金融企业支出明细表》（A102020）填报；事业单位、社会团体、民办非企业单位、非营利组织等纳税人，通过《事业单位、民间非营利组织收入、支出明细表》（A103000）填报。

3.第3行“税金及附加”：填报纳税人经营活动发生的增值税、消费税、城市维护建设税、资源税、土地增值税和教育费附加等相关税费。本行根据纳税人相关会计科目填报。纳税人在其他会计科目核算的本行不得重复填报。

4.第4行“销售费用”：填报纳税人在销售商品和材料、提供劳务的过程中发生的各种费用。本行通过《期间费用明细表》（A104000）中对应的“销售费用”填报。

5.第5行“管理费用”：填报纳税人为组织和管理企业生产经营发生的管理费用。本行通过《期间费用明细表》（A104000）中对应的“管理费用”填报。

6.第6行“财务费用”：填报纳税人为筹集生产经营所需资金等发生的筹资费用。本行通过《期间费用明细表》（A104000）中对应的“财务费用”填报。

7.第7行“资产减值损失”：填报纳税人计提各项资产准备发生的减值损失。本行根据企业“资产减值损失”科目上的数额填报。实行其他会计准则等的比照填报。

8.第8行“公允价值变动收益”：填报纳税人在初始确认时划分为以公允价值计量且其变动计入当期损益的金融资产或金融负债（包括交易性金融资产或负债，直接指定为以公允价值计量且其变动计入当期损益的金融资产或金融负债），以及采用公允价值模式计量的投资性房地产、衍生工具和套期业务中公允价值变动形成的应计入当期损益的利得或损失。本行根据企业“公允价值变动损益”科目的数额填

报。(损失以“-”号填列)

9.第9行“投资收益”：填报纳税人以各种方式对外投资确认所取得的收益或发生的损失。根据企业“投资收益”科目的数额计算填报；实行事业单位会计准则的纳税人根据“其他收入”科目中的投资收益金额分析填报（损失以“-”号填列）。实行其他会计准则等的比照填报。

10.第10行“营业利润”：填报纳税人当期的营业利润。根据上述项目计算填列。

11.第11行“营业外收入”：填报纳税人取得的与其经营活动无直接关系的各项收入的金额。一般企业纳税人通过《一般企业收入明细表》(A101010）填报；金融企业纳税人通过《金融企业收入明细表》(A101020）填报；实行事业单位会计准则或民间非营利组织会计制度的纳税人通过《事业单位、民间非营利组织收入、支出明细表》(A103000）填报。

12.第12行“营业外支出”：填报纳税人发生的与其经营活动无直接关系的各项支出的金额。一般企业纳税人通过《一般企业成本支出明细表》(A102010）填报；金融企业纳税人通过《金融企业支出明细表》(A102020）填报；实行事业单位会计准则或民间非营利组织会计制度的纳税人通过《事业单位、民间非营利组织收入、支出明细表》(A103000）填报。

13.第13行“利润总额”：填报纳税人当期的利润总额。根据上述项目计算填列。

14.第14行“境外所得”：填报纳税人发生的分国（地区）别取得的境外所得计入利润总额的金额。填报《境外所得纳税调整后所得明细表》(A108010）第14列减去第11列的差额。

15.第15行“纳税调整增加额”：填报纳税人会计处理与税收规定不一致，进行纳税调整增加的金额。本行通过《纳税调整项目明细表》(A105000）“调增金额”列填报。

16.第16行“纳税调整减少额”：填报纳税人会计处理与税收规定不一致，进行纳税调整减少的金额。本行通过《纳税调整项目明细表》(A105000）“调减金额”列填报。

17.第17行“免税、减计收入及加计扣除”：填报属于税法规定免税收入、减计收入、加计扣除金额。本行通过《免税、减计收入及加计扣除优惠明细表》(A107010）填报。

18.第18行“境外应税所得抵减境内亏损”：填报纳税人根据税法规定，选择用境外所得抵减境内亏损的数额。本行通过《境外所得税收抵免明细表》(A108000）填报。

19.第19行“纳税调整后所得”：填报纳税人经过纳税调整、税收优惠、境外所得计算后的所得额。

20.第20行“所得减免”：填报属于税法规定所得减免金额。本行通过《所得减免优惠明细表》(A107020）填报，本行<0时，填0。

21.第21行“抵扣应纳税所得额”：填报根据税法规定应抵扣的应纳税所得额。本行通过《抵扣应纳税所得额明细表》(A107030）填报。

22.第22行“弥补以前年度亏损”：填报纳税人按照税法规定可在税前弥补的以前年度亏损的数额，本行根据《企业所得税弥补亏损明细表》(A106000）填报。

23.第23行“应纳税所得额”：金额等于本表第19-20-21-22行计算结果。本行不得为负数。本表第19行或者按照上述行次顺序计算结果本行为负数，本行金额填0。

24.第24行“税率”：填报税法规定的税率25%。

25.第25行“应纳所得税额”：金额等于本表第23×24行。

26.第26行“减免所得税额”：填报纳税人按税法规定实际减免的企业所得税额。本行通过《减免所得税优惠明细表》(A107040）填报。

27.第27行“抵免所得税额”：填报企业当年的应纳所得税额中抵免的金额。本行通过《税额抵免优惠明细表》(A107050）填报。

28.第28行“应纳税额”：金额等于本表第25-26-27行。

29.第29行“境外所得应纳所得税额”：填报纳税人来源于中国境外的所得，按照我国税法规定计算的应纳所得税额。本行通过《境外所得税收抵免明细表》(A108000）填报。

30.第30行“境外所得抵免所得税额”：填报纳税人来源于中国境外所得依照中国境外税收法律以及

相关规定应缴纳并实际缴纳（包括视同已实际缴纳）的企业所得税性质的税款（准予抵免税款）。本行通过《境外所得税收抵免明细表》（A108000）填报。

31. 第31行“实际应纳所得税额”：填报纳税人当期的实际应纳所得税额。金额等于本表第28+29-30行。

32. 第32行“本年累计实际已预缴的所得税额”：填报纳税人按照税法规定本纳税年度已在月（季）度累计预缴的所得税额，包括按照税法规定的特定业务已预缴（征）的所得税额，建筑企业总机构直接管理的跨地区设立的项目部按规定向项目所在地主管税务机关预缴的所得税额。

33. 第33行“本年应补（退）的所得税额”：填报纳税人当期应补（退）的所得税额。金额等于本表第31-32行。

34. 第34行“总机构分摊本年应补（退）所得税额”：填报汇总纳税的总机构按照税收规定在总机构所在地分摊本年应补（退）所得税款。本行根据《跨地区经营汇总纳税企业年度分摊企业所得税明细表》（A109000）填报。

35. 第35行“财政集中分配本年应补（退）所得税额”：填报汇总纳税的总机构按照税收规定财政集中分配本年应补（退）所得税款。本行根据《跨地区经营汇总纳税企业年度分摊企业所得税明细表》（A109000）填报。

36. 第36行“总机构主体生产经营部门分摊本年应补（退）所得税额”：填报汇总纳税的总机构所属的具有主体生产经营职能的部门按照税收规定应分摊的本年应补（退）所得税额。本行根据《跨地区经营汇总纳税企业年度分摊企业所得税明细表》（A109000）填报。

37. 第37行“以前年度多缴的所得税额在本年抵减额”：填报纳税人以前纳税年度汇算清缴多缴的税款尚未办理退税、并在本纳税年度抵缴的所得税额。

38. 第38行“以前年度应缴未缴在本年入库所得额”：填报纳税人以前纳税年度应缴未缴在本纳税年度入库所得税额。

二、表内、表间关系

（一）表内关系

1. 第10行 = 第1-2-3-4-5-6-7+8+9行。

2. 第13行 = 第10+11-12行。

3. 第19行 = 第13-14+15-16-17+18行。

4. 第23行 = 第19-20-21-22行。

5. 第25行 = 第23×24行。

6. 第28行 = 第25-26-27行。

7. 第31行 = 第28+29-30行。

8. 第33行 = 第31-32行。

（二）表间关系

1. 第1行 = 表A101010第1行或表A101020第1行或表A103000第2+3+4+5+6行或表A103000第11+12+13+14+15行。

2. 第2行 = 表A102010第1行或表A102020第1行或表A103000第19+20+21+22行或表A103000第25+26+27行。

3. 第4行 = 表A104000第25行第1列。

4. 第5行 = 表A104000第25行第3列。

5. 第6行 = 表A104000第25行第5列。

6. 第11行 = 表A101010第16行或表A101020第35行或表A103000第9行或第17行。

7. 第12行 = 表A102010第16行或表A102020第33行或表A103000第23行或第28行。

8. 第14行 = 表A108010第10行第14列 - 第11列。

9. 第15行 = 表A105000第43行第3列。

10. 第16行 = 表A105000第43行第4列。

11. 第17行 = 表A107010第27行。

12. 第18行 = 表A108000第10行第6列。(当本表第13-14+15-16-17行≥0时，本行 = 0)。

13. 第20行=表A107020第40行第7列。

14. 第21行 = 表A107030第7行。

15. 第22行 = 表A106000第6行第10列。

16. 第26行 = 表A107040第29行。

17. 第27行 = 表A107050第7行第11列。

18. 第29行 = 表A108000第10行第9列。

19. 第30行 = 表A108000第10行第19列。

20. 第34行 = 表A109000第12+16行。

21. 第35行 = 表A109000第13行。

22. 第36行 = 表A109000第15行。

表4-6列示申报表全部表单名称及编号。纳税人在填报申报表之前，请仔细阅读这些表单，并根据企业的涉税业务，选择“填报”或“不填报”。选择“填报”的，需完成该表格相关内容的填报；选择“不填报”的，可以不填报该表格。对选择“不填报”的表格，可以不上报税务机关。有关项目填报说明如下：

1.《企业基础信息表》(A000000)

本表为必填表，主要反映纳税人的基本信息，包括纳税人基本信息、主要会计政策、股东结构和对外投资情况等。纳税人填报申报表时，首先填报此表，为后续申报提供指引。

2.《中华人民共和国企业所得税年度纳税申报表（A类）》(A100000)

本表为必填表，是纳税人计算申报缴纳企业所得税的主表。

3.《一般企业收入明细表》(A101010)

本表适用于除金融企业、事业单位和民间非营利组织外的企业填报，反映一般企业按照国家统一会计制度规定取得收入情况。

4.《金融企业收入明细表》(A101020)

本表仅适用于金融企业（包括商业银行、保险公司、证券公司等金融企业）填报，反映金融企业按照企业会计准则规定取得收入情况。

5.《一般企业成本支出明细表》(A102010)

本表适用于除金融企业、事业单位和民间非营利组织外的企业填报，反映一般企业按照国家统一会计制度的规定发生成本费用支出情况。

6.《金融企业支出明细表》(A102020)

本表仅适用于金融企业（包括商业银行、保险公司、证券公司等金融企业）填报，反映金融企业按照企业会计准则规定发生成本支出情况。

7.《事业单位、民间非营利组织收入、支出明细表》(A103000)

本表适用于事业单位和民间非营利组织填报，反映事业单位、社会团体、民办非企业单位、非营利性组织等按照有关会计制度规定取得收入、发生成本费用支出情况。

8.《期间费用明细表》(A104000)

本表由纳税人根据国家统一会计制度规定，填报期间费用明细项目。

9.《纳税调整项目明细表》（A105000）

本表填报纳税人财务、会计处理办法（以下简称会计处理）与税收法律、行政法规的规定（以下简称税法规定）不一致，需要进行纳税调整的项目和金额。

10.《视同销售和房地产开发企业特定业务纳税调整明细表》（A105010）

本表填报纳税人发生视同销售行为、房地产企业销售未完工产品、未完工产品转完工产品特定业务，会计处理与税法规定不一致，需要进行纳税调整的项目和金额。

11.《未按权责发生制确认收入纳税调整明细表》（A105020）

本表填报纳税人发生会计上按照权责发生制确认收入，而税法规定不按照权责发生制确认收入，需要按照税法规定进行纳税调整的项目和金额。

12.《投资收益纳税调整明细表》（A105030）

本表填报纳税人发生投资收益，会计处理与税法规定不一致，需要进行纳税调整的项目和金额。

13.《专项用途财政性资金纳税调整明细表》（A105040）

本表填报纳税人发生符合不征税收入条件的专项用途财政性资金，会计处理与税法规定不一致，需要进行纳税调整的金额。

14.《职工薪酬纳税调整明细表》（A105050）

本表填报纳税人发生的职工薪酬（包括工资薪金、职工福利费、职工教育经费、工会经费、各类基本社会保障性缴款、住房公积金、补充养老保险、补充医疗保险等支出），会计处理与税法规定不一致，需要进行纳税调整的项目和金额。

15.《广告费和业务宣传费跨年度纳税调整明细表》（A105060）

本表填报纳税人本年发生的广告费和业务宣传费支出，会计处理与税法规定不一致，需要进行纳税调整的金额。

16.《捐赠支出纳税调整明细表》（A105070）

本表填报纳税人发生捐赠支出，会计处理与税法规定不一致，需要进行纳税调整的项目和金额。

17.《资产折旧、摊销情况及纳税调整明细表》（A105080）

本表填报纳税人资产折旧、摊销情况及会计处理与税法规定不一致，需要进行纳税调整的项目和金额。

18.《固定资产加速折旧、扣除明细表》（A105081）

本表填报纳税人符合《财政部 国家税务总局关于完善固定资产加速折旧税收政策有关问题的通知》（财税〔2014〕75号）规定，2014年及以后年度新增固定资产加速折旧及允许一次性计入当期成本费用税前扣除的项目和金额。

19.《资产损失税前扣除及纳税调整明细表》（A105090）

本表填报纳税人发生资产损失，以及由于会计处理与税法规定不一致，需要进行纳税调整的项目和金额。

20.《资产损失（专项申报）税前扣除及纳税调整明细表》（A105091）

本表填报纳税人发生的货币资产、非货币资产、投资、其他资产损失，以及由于会计处理与税法规定不一致，需要进行纳税调整的项目和金额。

21.《企业重组纳税调整明细表》（A105100）

本表填报纳税人发生企业重组所涉及的所得或损失，会计处理与税法规定不一致，需要进行纳税调整的项目和金额。

22.《政策性搬迁纳税调整明细表》（A105110）

本表填报纳税人发生政策性搬迁所涉及的所得或损失，由于会计处理与税法规定不一致，需要进行纳税调整的项目和金额。

23.《特殊行业准备金纳税调整明细表》（A105120）

本表填报保险公司、证券行业等特殊行业纳税人发生特殊行业准备金，会计处理与税法规定不一致，需要进行纳税调整的项目和金额。

24.《企业所得税弥补亏损明细表》（A106000）

本表填报纳税人以前年度发生的亏损，需要在本年度结转弥补的金额，本年度可弥补的金额以及可继续结转以后年度弥补的亏损额。

25.《免税、减计收入及加计扣除优惠明细表》（A107010）

本表填报纳税人本年度所享受免税收入、减计收入、加计扣除等优惠的项目和金额。

26.《符合条件的居民企业之间的股息、红利等权益性投资收益优惠明细表》（A107011）

本表填报纳税人本年度享受居民企业之间的股息、红利等权益性投资收益免税项目和金额。

27.《综合利用资源生产产品取得的收入优惠明细表》（A107012）

本表填报纳税人本年度发生的综合利用资源生产产品取得的收入减计收入的项目和金额。

28.《金融、保险等机构取得的涉农利息、保费收入优惠明细表》（A107013）

本表填报纳税人本年度发生的金融、保险等机构取得的涉农利息、保费收入减计收入项目和金额。

29.《研发费用加计扣除优惠明细表》（A107014）

本表填报纳税人本年度享受研发费加计扣除情况和金额。

30.《所得减免优惠明细表》（A107020）

本表填报纳税人本年度享受减免所得额（包括农、林、牧、渔项目和国家重点扶持的公共基础设施项目、环境保护、节能节水项目以及符合条件的技术转让项目等）的项目和金额。

31.《抵扣应纳税所得额明细表》（A107030）

本表填报纳税人本年度享受创业投资企业抵扣应纳税所得额优惠金额。

32.《减免所得税优惠明细表》（A107040）

本表填报纳税人本年度享受减免所得税（包括小微企业、高新技术企业、民族自治地方企业、其他专项优惠等）的项目和金额。

33.《高新技术企业优惠情况及明细表》（A107041）

本表填报纳税人本年度享受高新技术企业优惠的情况和金额。

34.《软件、集成电路企业优惠情况及明细表》（A107042）

本表填报纳税人本年度享受软件、集成电路企业优惠的情况和金额。

35.《税额抵免优惠明细表》(A107050)

本表填报纳税人本年度享受购买专用设备投资额抵免税额情况和金额。

36.《境外所得税收抵免明细表》(A108000)

本表填报纳税人本年度来源于或发生于不同国家、地区的所得，按照我国税法规定计算应缴纳和应抵免的企业所得税额。

37.《境外所得纳税调整后所得明细表》(A108010)

本表填报纳税人本年度来源于或发生于不同国家、地区的所得，按照我国税法规定计算调整后的所得。

38.《境外分支机构弥补亏损明细表》(A108020)

本表填报纳税人境外分支机构本年度及以前年度发生的税前尚未弥补的非实际亏损额和实际亏损额、结转以后年度弥补的非实际亏损额和实际亏损额。

39.《跨年度结转抵免境外所得税明细表》(A108030)

本表填报纳税人本年度发生的来源于不同国家或地区的境外所得按照我国税收法律、法规的规定可以抵免的所得税额。

40.《跨地区经营汇总纳税企业年度分摊企业所得税明细表》(A109000)

本表填报跨地区经营汇总纳税企业总机构，按规定计算总分机构每一纳税年度应缴的企业所得税，总、分机构应分摊的企业所得税。

41.《企业所得税汇总纳税分支机构所得税分配表》(A109010)

本表填报总机构所属年度实际应纳所得税额以及所属分支机构在所属年度应分摊的所得税额。

任务四　企业所得税案例分析

随着新《企业会计制度》及其相关配套法规的逐步实施和《中华人民共和国行政许可法》的颁布施行，纳税人在成本核算管理方面拥有了较多的自主选择或决定的权利，但需要按税法规定及时备案和调整。市场经济体制的进一步深化和完善，多种经济成分的共同竞争和发展，尤其是非公有制经济的快速发展，导致利益分配格局发生了较大变化。企业价值的最大化，对税收征收率的提高和征管质量提出了严峻的挑战。本任务设想通过对某利用成本核算方法偷逃企业所得税评估案例的分析，为进一步加强企业所得税税源管理提供有益的探索。

一、案头稽核基本情况

某绢纺公司投产于20××年4月，主要从事绢纺和毛纱的生产销售。对其汇缴资料案头审核分析，该公司20××年度实现产品销售收入48 513 291.80元，应纳企业所得税收入48 858 864.53元，应纳增值税164 786.97元，税负率0.34%，年利润80 084.55元，利润率0.164%，汇缴申报企业所得税229 398.79元，自行调整项目主要是折旧残值比例的调整(由3%调为5%)。案头稽核显示疑点如下：一是该公司增值税税负偏低，远低于行业平均税负1.83%，同时也突破行业预警税负下限0.74%，是否存在少做收入或迟做收入，从而调节增值税应纳税额的现象？二是计提折旧的残值比例虽然已作调整，但固定资产入账价值3 012万元，金额较大，是否存在计价有误或取得旧的固定资产无票入账现象？三是利润率偏低，是否存在多转成本现象？

二、评估疑点约谈说明

对上述疑点，我们按评估程序对企业主办会计进行了约谈。主办会计的说明如下：一是企业系新办，库存较大，进项税额留抵多，所以税负低，以后年度税负将逐步体现。二是入账固定资产系实物投资，附有取得合法评估资格的事务所的评估报告入账，少留残值部分已自行调增。三是成本核算方法采取的是分步结转法。工资及费用全部由完工产品负担，平时只对原材料按在产品和完工产品分摊计算，且该方法得到了市财政部门的认可。主办会计自我认为该公司成本费用核算准确，各项税款都及时足额进行了申报缴纳，应该没有什么涉税问题。

然而，我们参照同行业资料，认为该行业产品毛利率（同期同行业毛利率约为6%）应该是具有共性和可比性的，同一时期的材料采购价格和产品销售价格基本上由市场调节，同行业价格相差不大，为何该公司的毛利率偏低？为何库存资金占用较大而当期收入实现偏少？主办会计的说明并未能完全排除涉税疑点。我们按规定程序采取了实地核查的方法，以进一步了解真实情况。

三、实地核查真实情况

（一）预提方式发生的费用核查

通过对账簿凭证的审阅，我们了解到该公司设有两个车间：一车间（又分前纺、后纺）和二车间，平均职工人数481人。中间产品毛纱（即筒子）系委外加工的半成品（既可以直接对外销售，亦可连续用于生产经营）。加工费结算方式为：分期预提，定期结算。“应付账款”年末尚有预提未付加工费余额109 219.33元。同样，该公司将预提的电费余额巧妙结转至“其他应付款”挂账，余额为142 195元，合计251 314.33元。

由于企业所得税税前扣除费用必须遵循真实发生原则，除国家另有规定外，提取准备金或其他预提方式发生的费用均不得在税前扣除。因此，对该公司按照会计制度的规定预提的费用（加工费和电费）余额，应依法及时调增当年应纳税所得额251 314.33元，计缴企业所得税。

（二）固定资产及其折旧计提核查

我们查阅了固定资产相关资料，了解到该公司固定资产入账原值为3 012万元，已计提折旧319 895.48元。记账凭证中所附中介机构的评估报告显示，固定资产包括房屋建筑、机器设备和土地。其中，土地使用权1 064万元，机器设备317.11万元，房屋建筑物1 545.34万元，构筑物85.55万元。但进一步核查发现，所有入账固定资产均无正式发票，仅有评估报告。原因是该公司系地方政府招商引资企业，上述资产均系国有企业改制时由政府参与并通过拍卖受让取得的。

我们指出：一是现行企业所得税的法律法规明确规定，成本费用应凭真实合法凭据入账，无票入账并申报税前扣除既侵蚀了所得税税基，又造成他人出让资产时偷逃流转税和所得税，还扰乱了正常的市场发票管理秩序。

二是此笔旧的固定资产已折旧年限、剩余折旧年限等详细资料未能提供。税法规定企业取得已使用过的固定资产的折旧年限，主管税务机关首先应当根据已使用过的固定资产的新旧磨损程度、使用情况以及是否进行改良等因素合理估计新旧程度，然后与该固定资产的法定折旧年限相乘确定。如果有关固定资产的新旧程度难以准确估计，主管税务机关有权采取其他合理方法。故该公司只能在剩余年限中计提折旧，如果折旧年限已到，不得再提取折旧。

三是此笔资产评估价值明显偏高，不符合市场公允价值，该评估报告有失公允和真实。

四是土地使用权应从固定资产价值中分离出来，作为无形资产管理，按合同规定的使用年限分期摊销。

因此，根据《企业所得税法》的相关规定，对该公司未依法及时索取正式发票而已计提在税前列支的折旧613 148.38元，应予以调增应纳税所得额，补缴企业所得税，并责令其限期整改，按规定索取正式发票。

（三）成本核算方法核查

我们着重对该公司的生产工艺流程进行了详细了解，主要工艺流程为：原材料-清花-梳棉-转针（延展）-拼条（制条）-粗纱-细纱-双拼-筒子-烧毛-摇纱-节取。成本核算采用的是逐步结转分步法，是按产品的生产步骤计算产品成本的。该公司生产费用在完工产品和在产品之间的分配采用的方法是在产品成本按其所耗用的材料费用计算。经核实，该公司确实按期对所耗原材料按在产品和完工产品计算分摊结转了成本，但在产品不计算工资及其他费用，全部转入完工产品成本负担。该公司年末只进行了账盘，未能提供出实盘与账盘的盈亏报告情况。年终亦未按会计制度和税法规定如实进行存销货成本调整。

该公司应对全年发生的工费成本于年末按存销比例进行分摊计算，并按实际盘点情况进行调整。20××年全年工资成本2 969 698元，制造费用发生额3 900 431.10元，按存（3 947 825.15元）、销（46 074 303元）比例分摊计算，在产品应负担成本542 201.41元，年终实际应调整多转成本542 201.41元，依法应予以调增年度应纳税所得额，补缴企业所得税。虽然该公司一再强调其成本核算方法经过财政部门认可，按规定可以自行选择，但是却忽视了不同的成本核算方法在申报企业所得税时计税调整亦不同，且违反了税前据实扣除的原则。

（四）应交未交款核查

我们对该公司各类应交未交款进行了核对，发现该公司“其他应交款”年末余额43 412.13元，系经地税部门批准免、减、缓的应交未交基金，依法应予以调增应纳税所得额。

另外，该公司生产用锅炉烧煤所产生的煤渣收入已申报6 931.62元，但据我们从门岗调取的出门证测算，煤渣收入申报明显不足，总经理亦承认售渣款作了“小金库”处理，应补售渣收入45 100元。

（五）估价原材料成本核查

我们还发现该公司设有“应付账款——估价户”会计科目，专门用于核算原材料料到票未到的内容。该公司在20××年10月对4~9月票已到的已估价原材料成本进行了上百万元的调增调减，但所附调整依据明显不足；10~12月估价部分却没有及时进行调整。经核查，该公司20××年通过长期估价材料高估成本单价未及时按实调增而多转材料成本650 500元，亦应予以调增应纳税所得额。

四、评估结果处理

该公司应调增的应纳税所得额为2 145 676.25元，应补的企业所得税为708 073.16元，我们在按规定责令其限期查补申报的同时，对增值税税负偏低、其与总厂之间的关联交易避税等疑点因已涉嫌偷税，已按规定移交稽查部门进一步查处。

五、企业所得税征管建议及对策

通过该案，深刻反思，可看出企业所得税管理中的许多薄弱环节，充分反映出所得税税源管理任重而道远。

一是要进一步加大税收政策法规的宣传力度，创新宣传形式，积极开展共性和个性的日常纳税辅导，让政策真正深入纳税人，变成纳税人日常财务管理的依法自觉行动；进一步加大税收典型案例的公告力度，以案说法，不断提高纳税人依法核算和依法纳税的遵从度，实现所得税汇缴质量和税源管理水平的双赢。

二是要进一步熟练掌握财会知识和拍卖法、合同法等税收相关法律法规。所得税管理的政策业务固然强，但财务基础知识和税收相关法律知识却是税务人员加强企业所得税管理必备的基本技能。应不断强化税务人员会计与税法知识和技能的融会贯通学习和运用，充分运用成本核算管理方法进行所得税评估和检查，理论联系实际地解决具体问题，从而深入发现企业税前扣除中合理而不符合税法的细节问题、深层次问题，确保企业所得税法律法规的正确贯彻实施，有效地预警和防范所得税税源流失。

三是要切实加大对自行汇缴补税金额大的纳税人的评估力度。不少纳税人平时善于钻营法律、法规空子，千方百计偷逃税。年度结算时为了减少评估和检查风险，在年终汇缴时将故意出错的处理自行调增补税，彰显其依法认真汇缴的自觉性。殊不知，聪明反被聪明误。该案例的评估警示我们，要切实加强对所得税税源大户的税收管理，要透过现象看本质，重点加大对自行汇缴补税金额大的纳税人的评估力度，不能被其假象所迷惑，有时税款往往会从其“高度自觉性”的信任度之中悄悄流失掉。

四是要积极强化对纳税人的反向评估管理。所得税管理重在税源管理，而税源管理的重点是收入和税前扣除项目两大税基。反思该案例，当前利用评估或验资报告代替发票、估价入账时多估价而有意不及时调整、自行选择成本核算方法而不及时按实盘点调整等手段人为调节所得税，以实现或偷逃税款的现象还比较严重。发票的迟开、少开，收入的迟做、少做往往也会造成其他单位或个人偷逃税，达到购销双方合谋调节每期应纳税款的目的，最终造成不缴或少缴税款。而税前扣除项目中合法凭证的有意或无意未取得，也易滋生和助长供货方或提供劳务方通过不开发票偷逃国家税收的行为，更易造成购买方无票入账、扰乱市场经济秩序、滋生腐败和不正当竞争的行为。而且税前扣除的不规范，如未经审批或备案自行税前扣除等，严重损害了税法的严肃性和统一性，使税法的公正、公平原则得不到真正落实，阻碍了国家宏观调控政策和目标的及时和顺利实现。因此，应进一步加大对纳税人的反向评估管理，及时、有效地发现问题，确保所得税税源管理的科学化、精细化落实到处。

五是要强化部门配合和社会共管力度。所得税收入分享机制改革以来，充分调动了地方政府加强税收领导和协调的积极性。但由于所得税管理不仅是税务机关的事情，还涉及政府及其各部门的依法支持和配合问题。例如，破产、改制企业的资产拍卖，就涉及政府、财政等部门的票据规范和依法使用问题。因此，只有地方政府依法支持的意识高、部门配合的法制观念强、社会共管力度大，才能有效防范和避免上百万元甚至上亿元资产的受让方无票入账现象的再次发生。应该进一步加大部门协作力度，加强相互间的信息共享，及时沟通解决所得税管理中存在的问题，保证税收政策的依法落实，逐步形成各部门综合治税的良好税收环境和中央与地方经济双赢的和谐社会氛围。

资料来源 佚名. 运用成本管理方法实现企业所得税真实合法税前扣除原则案例浅析［EB/OL］.（2005-10-31）［2013-04-09］. http：//www.ntgs.gov.cn/M_457/H_10794.html.

项目小结

1.企业所得税是指国家对境内企业生产、经营所得和其他所得依法征收的一种税。它是国家参与企业利润分配、调节企业收益水平，正确处理国家与企业分配关系的一个重要税种。

2.我国的企业所得税制度，是随着改革开放和经济体制改革的不断推进而逐步建立、完善起来的。

3.目前，我国现行的企业所得税基本法律规范是经中华人民共和国第十届全国人民代表大会第五次会议于2007年3月16日通过，自2008年1月1日起施行的《中华人民共和国企业所得税法》。《中华人民共和国企业所得税法实施条例》也已经于2007年11月28日国务院第197次常务会议通过，并自2008年1月1日起施行。

4.企业每一纳税年度的收入总额，减除不征税收入、免税收入、各项扣除以及允许弥补的以前年度亏损后的余额，为应纳税所得额。其计算公式如下：

应纳税所得额=应税收入总额-准予扣除项目金额

应纳税额=应纳税所得额×适用税率-减免税额-抵免税额

5.税法对收入、扣除项目、亏损弥补及纳税调整都作了明确的规定。

6.企业所得税实行按年计算，分月或分季预缴的办法。月份或季度终了后15日内预缴，年度终了后4个月内汇算清缴，多退少补。企业所得税应由纳税人向其实际经营管理地主管税务机关缴纳。企业登记注册地与实际经营地不一致的，以实际经营管理地为申报纳税所在地。

复习思考题

1.企业所得税的征税对象有哪些？

2.在计算企业所得税应纳税所得额时，哪些项目不得扣除？

3.企业所得税如何申报与缴纳？

技能训练题

1.某工业企业2016年度的会计利润为100万元，该企业与应纳税款有关的业务如下：

（1）企业全年实发工资总额110万元，按照规定的比例计算提取了职工工会经费2.2万元并拨交企业工会账户、实际列支职工福利费14万元，列支职工教育经费2万元。经核定，企业全年平均在册职工为65人。

（2）投资收益中含有当年的国库券利息收入4万元，国家发行的金融债券利息收入5万元。

（3）“营业外支出”账户中，列支有上缴的税收滞纳金1万元，向其关联企业的赞助支出3万元。

（4）“其他应付款——包装物押金”贷方余额为50 000元，经查，其中有逾期包装物押金20 000元。

（5）“管理费用”账户中，据实列支了当年与生产经营有关的业务招待费25万元，经核定，企业全年的业务收入为6 500万元。

（6）“管理费用”账户中，有新产品研究开发费10万元，经核定，企业上年度的新产品研究开发费为8万元。

要求：根据该企业的上述资料，计算2016年度应纳税所得额。

2.某食品工业企业2016年度生产经营情况如下：

（1）销售收入8 000万元，销售成本4 800万元，增值税1 360万元，销售税金及附加160万元。

（2）其他业务收入100万元，其他业务支出70万元。

（3）销售费用800万元，其中广告费700万元。

（4）管理费用400万元，其中业务招待费120万元，研究新产品开发费200万元（2015年度研究开发费为100万元）。

（5）财务费用200万元，其中含向非金融机构借款利息50万元，年息10%（同期银行贷款利率为6%）。

（6）营业外支出80万元，其中从联营企业分回税后利润34万元（联营企业适用税率为15%），国债利息收入4万元。

要求：计算该企业2016年度的纳税调整项目、金额及应缴的企业所得税。

3.某企业2016年取得国内销售收入400万元，扣除各种费用和成本支出后的利润总额为250万元，经检查，涉及利润表的有关业务事项有：

（1）以经营租赁方式租入设备1台，租赁期为3年，一次性支付租金30万元，已计入其他业务支出。

（2）企业将本单位的产品用于投资，评估价格为58.5万元（含增值税），该商品的账面价值为35万元。

（3）全年共发生业务招待费25万元，广告费10万元，已全部计入期间费用。

（4）无形资产支出160万元，按8年进行了摊销。

（5）为其他企业的贷款进行担保支出5万元，已进行了扣除。

（6）其在A国设立的分支机构取得经营收入50万元，按40%的税率缴纳了所得税；在B国的分支机构取得生产经营所得80万元，按30%的税率缴纳了所得税。

要求：试计算该企业本年度应缴纳的所得税税额。

项目五 个人所得税纳税实务

知识目标

▶ 理解个人所得税的含义、特点。

▶ 掌握个人所得税纳税人身份的判定、应税所得项目、税率、不同税目的费用扣除标准及减免税的规定。

技能目标

▶ 熟练掌握及运用个人所得税应纳税额的计算和纳税申报。

案例导读

某公司职员朱先生2016年12月18日取得工资、薪金所得2 500元，当月公司又发放给他全年一次性奖金收入30 000元。

请问：(1) 朱先生12月需要缴纳个人所得税吗？

(2) 如何确定其个人所得税的缴纳金额？

任务一 认知个人所得税

一、个人所得税的概念

个人所得税是对个人（自然人）取得的各项所得征收的一种所得税。

个人所得税的基本规范是1980年9月10日第五届全国人民代表大会第三次会议制定、根据1993年10月31日第八届全国人民代表大会常务委员会第四次会议决定修正的《中华人民共和国个人所得税法》（以下简称《个人所得税法》），多年来通过了六次修正。目前适用的是2011年6月30日，由第十一届全国人民代表大会常务委员会第二十一次会议通过的《个人所得税法》，并自2011年9月1日起施行。

二、个人所得税的纳税人

个人所得税的纳税人，包括中国公民、个体工商户、个人独资企业合伙企业的投资人以及在中国有所得的外籍人员（包括无国籍人员）和中国香港、澳门、台湾同胞。上述纳税义务人依据住所和居住时间两个标准，区分为居民纳税和非居民纳税，分别承担不同的纳税义务。

(一) 居民纳税人

居民纳税人负有无限纳税义务。其所取得的应纳税所得，无论是来源于中国境内还是中国境外任何地方，都要在中国缴纳个人所得税。居民纳税人是指在中国境内有住所，或者无住所而在中国境内居住满1年的人。这包括下列两种情况：一是在中国境内定居的中国公民和外国侨民，但不包括虽具有中国国籍，却没有在中国大陆定居，而是侨居海外的华侨和居住在中国香港、澳门、台湾的同胞。二是从公历1月1日起至12月31日止，居住在中国境内的外国人，在一个纳税年度内，一次离境不超过30日，或者多次离境累计不超过90日的，仍应被视为全年在中国境内居住，从而被判定为居民纳税人。

(二) 非居民纳税人

非居民纳税人承担有限纳税义务，即仅就其来源于中国境内的所得，向中国缴纳个人所得税。非居民纳税人是指不符合居民纳税人判定标准（条件）的纳税人，即习惯性居住地不在中国境内，而且不在中国居住，或者在一个纳税年度内，在中国境内居住不满1年的个人。在现实生活中，习惯性居住地不在中国境内的个人，只有外籍人员、华侨或中国香港、澳门、台湾同胞。因此，非居民纳税人实际上只能是在一个纳税年度内，没有在中国境内居住，或者在中国境内居住不满1年的外籍人员、华侨或中国香港、澳门、台湾同胞。

三、个人所得税的征收范围

个人所得税的征收范围具体包括以下内容：

(一) 工资、薪金所得

工资、薪金所得是指个人因任职或者受雇而取得的工资、薪金、奖金、年终加薪、劳动分红、津贴、补贴以及与任职或者受雇有关的其他所得。除工资、薪金所得以外，奖金、年终加薪、劳动分红、津贴、补贴也被确定为工资，其中，年终加薪、劳动分红不分种类和取得情况，一律按工资、薪金所得课税。津贴、补贴等则有例外。根据我国目前个人收入的构成情况，对于一些不属于工资、薪金性质的补贴、津贴或者不属于纳税人本人工资、薪金性质的补贴、津贴所得项目的收入，不予征税。这些项目包括：

(1) 独生子女补贴。

(2) 执行公务员工资制度未纳入基本工资总额的补贴、津贴差额和家属成员的副食品补贴。

(3) 托儿补助费。

(4) 差旅费津贴、误餐补助。其中，误餐补助是指按照财政部规定，个人因工在城区、郊区工作，不能在工作单位或返回就餐的，根据实际误餐顿数，按规定的标准领取的误餐费。单位以误餐补助名义发给职工的补助、津贴不能包括在内。

(二) 个体工商户（含个人独资企业与合伙企业）的生产、经营所得

个体工商户的生产、经营所得是指：

(1) 个体工商户从事工业、手工业、建筑业、交通运输业、商业、饮食业、服务业、修理业以及其他行业生产、经营取得的所得。

(2) 个人经政府有关部门批准，取得执照，从事办学、医疗、咨询以及其他有偿服务活动取得的所得。

（3）其他个人从事个体工商业生产、经营取得的所得。

（4）上述个体工商户和个人取得的与生产、经营有关的各项应纳税所得。

需要注意的是，个体工商户和从事生产、经营的个人，取得与生产、经营活动无关的其他各项应税所得，应分别按照其他应税项目的有关规定，计算征收个人所得税。例如，取得银行存款的利息所得、对外投资取得的股息所得，应按“股息、利息、红利”税目的规定单独计征个人所得税。

个人独资企业、合伙企业的个人投资者以企业资金为本人、家庭成员及其相关人员支付与企业生产经营无关的消费性支出及购买汽车、住房等财产性支出视为企业对个人投资者利润分配，并入投资者个人的生产经营所得，依照“个体工商户生产经营所得”项目计征个人所得税。

（三）对企事业单位的承包经营、承租经营所得

对企事业单位的承包经营、承租经营所得，是指个人承包经营、承租经营以及转包、转租取得的所得，包括个人按月或者按次取得的工资、薪金性质的所得。承包包括的项目很多，如生产经营、采购、销售、建筑安装等各种承包。转包包括全部转包和部分转包。

（四）劳务报酬所得

劳务报酬所得是指个人从事设计、装潢、安装、制图、化验、测试、医疗、法律、会计、咨询、讲学、新闻、广播、翻译、审稿、书画、雕刻、影视、录音、录像、演出、表演、广告、展览、技术服务、介绍服务、经纪服务、代办服务以及其他劳务取得的所得。

在实际操作过程中，还可能出现难以判定一项所得是属于工资、薪金所得，还是属于劳务报酬所得的情况。这两者的区别在于：工资、薪金所得是属于非独立个人劳务活动，即在机关、团体、学校、部队、企业、事业单位及其他经济组织中任职、受雇而得到的报酬；而劳务报酬所得则是个人独立从事各项技艺、提供各项劳务取得的报酬。

（五）稿酬所得

稿酬所得是指个人因其作品以图书、报刊形式出版、发表而取得的所得。

（六）特许权使用费所得

特许权使用费所得是指个人提供专利权、商标权、著作权、非专利技术以及其他特许权的使用权取得的所得。提供著作权的使用权取得的所得，不包括稿酬所得。

（七）利息、股息、红利所得

利息、股息、红利所得是指个人拥有债权、股权而取得的利息、股息、红利所得。利息是指个人拥有债权而取得的利息，包括存款利息、贷款利息和各种债券的利息。按税法规定，个人取得的利息所得，除国债和国家发行的金融债券利息外，应当依法缴纳个人所得税。按照一定的比率对每股金额发放的息金，叫股息；公司、企业应分配的利润，按股份分配的叫红利。股息、红利所得，除另有规定都应缴纳个人所得税。

（八）财产租赁所得

财产租赁所得是指个人出租建筑物、土地使用权、机器设备、车船以及其他财产取得的所得。

个人取得的财产转租收入，属于“财产租赁所得”的征税范围，由财产转租人缴纳个人所得税。在确定纳税人时，应以产权凭证为依据；对无产权凭证的，由主管税务机关根据实际情况确定。

（九）财产转让所得

财产转让所得是指个人转让有价证券、股权、建筑物、土地使用权、机器设备、车船以及其他财产取得的所得。

在现实生活中，个人进行的财产转让主要是个人财产所有权的转让。财产转让实际上是一种买卖行为，当事人双方取得价款（收入）或其他经济利益。财产转让所得因其特殊性，需要单独列举项目征税。对个人取得的各项财产转让所得，除股票转让所得外，都要征收个人所得税。

（十）偶然所得

偶然所得是指个人得奖、中奖、中彩以及其他偶然性质的所得。得奖是指参加各种有奖竞赛活动，取得名次得到的奖金；中奖、中彩是指参加各种有奖活动，如有奖销售、有奖储蓄，或者购买彩票，经过规定程序，抽中、摇中号码而取得的奖金。偶然所得应缴纳的个人所得税款，一律由发奖单位或机构代扣代缴。

（十一）经国务院财政部门确定征税的其他所得

除上述列举的各项个人应税所得外，其他确有必要征税的个人所得，由国务院财政部门规定。个人取得的所得，难以界定应纳税所得项目的，由主管税务机关确定。

四、个人所得税的税率

（一）工资、薪金所得适用税率

工资、薪金所得适用7级超额累进税率，税率为3%~45%，见表5-1。

表5-1　**个人所得税税率表（工资、薪金所得适用）**

级数	全月含税应纳税所得额	全月不含税应纳税所得额	税率（%）	速算扣除数
1	不超过1 500元的	不超过1 455元的	3	0
2	超过1 500元至4 500元的部分	超过1 455元至4 155元的部分	10	105
3	超过4 500元至9 000元的部分	超过4 155元至7 755元的部分	20	555
4	超过9 000元至35 000元的部分	超过7 755元至27 255元的部分	25	1 005
5	超过35 000元至55 000元的部分	超过27 255元至41 255元的部分	30	2 755
6	超过55 000元至80 000元的部分	超过41 255元至57 505元的部分	35	5 505
7	超过80 000元的部分	超过57 505元的部分	45	13 505

注：本表所称全月含税应纳税所得额和全月不含税应纳税所得额，是指依照税法的规定，以每月收入额减除费用3 500元后的余额或者再减除附加减除费用后的余额。

（二）个体工商户的生产、经营所得和对企事业单位的承包经营、承租经营所得适用税率

个体工商户的生产、经营所得和对企事业单位的承包经营、承租经营所得，适用5%~35%的5级超额累进税率，见表5-2。

（三）稿酬所得适用税率

稿酬所得适用比例税率，税率为20%，并按应纳税额减征30%，故其实际税率为14%。

（四）劳务报酬所得适用税率

劳务报酬所得适用比例税率，税率为20%。对劳务报酬所得一次收入畸高的可以实行加成征收，具体办法由国务院规定。

表5-2 个人所得税税率表（个体工商户的生产、经营所得和对企事业单位的承包经营、承租经营所得适用）

级数	全年含税应纳税所得额	全年不含税应纳税所得额	税率（%）	速算扣除数
1	不超过15 000元的	不超过14 250元的	5	0
2	超过15 000元至30 000元的部分	超过14 250元至27 750元的部分	10	750
3	超过30 000元至60 000元的部分	超过27 750元至51 750元的部分	20	3 750
4	超过60 000元至100 000元的部分	超过51 750元至79 750元的部分	30	9 750
5	超过100 000元的部分	超过79 750元的部分	35	14 750

注：本表所称全年含税应纳税所得额和全年不含税应纳税所得额，对个体工商户的生产、经营所得来源，是指以每一纳税年度的收入总额，减除成本、费用、相关税费以及损失后的余额；对企事业单位的承包经营、承租经营所得来源，是指以每一纳税年度的收入总额，减除必要费用后的余额。

根据《个人所得税法实施条例》的规定，劳务报酬所得一次收入畸高，是指个人一次取得劳务报酬，其应纳税所得额超过20 000元。对应纳税所得额超过20 000元至50 000元的部分，依照税法规定计算应纳税额后，再按照应纳税额加征五成；超过50 000元的部分，加征十成。因此，劳务报酬所得实际上适用20%、30%、40%的3级超额累进税率，见表5-3。

表5-3 个人所得税税率表（劳务报酬所得适用）

级数	每次应纳税所得额	税率（%）	速算扣除数
1	不超过20 000元的部分	20	0
2	超过20 000元至50 000元的部分	30	2 000
3	超过50 000元的部分	40	7 000

注：本表所称每次应纳税所得额，是指每次收入额减除费用800元（每次收入额不超过4 000元时），或者减除20%的费用（每次收入额超过4 000元时）后的余额。

（五）特许权使用费所得，利息、股息、红利所得，财产租赁所得，财产转让所得，偶然所得和其他所得适用税率

特许权使用费所得，利息、股息、红利所得，财产租赁所得，财产转让所得，偶然所得和其他所得，适用比例税率，税率为20%。从2007年8月15日起，居民储蓄利息税率调为5%，从2008年10月9日起暂免征收储蓄存款利息的个人所得税。对个人出租住房取得的所得减按10%的税率征收个人所得税。

任务二 个人所得税应纳税额的计算

一、个人所得税的计税依据

个人所得税的计税依据为纳税人取得的应纳税所得额。应纳税所得额即从纳税人收入总额中扣除税法规定的必要费用后的余额。确定应纳税所得额，是正确计算应纳税额的基础和依据。

由于个人所得税的应税项目不同，并且取得某项所得所需费用也不相同，因此，计算个人应纳税所得额，需要按不同应税项目分项计算，以某项应税项目的收入额减去税法规定的该项费用减除标准后的余额为该项应纳税所得额。

1.应纳税所得额的确定

（1）工资、薪金所得，以每月收入额减除费用3 500元后的余额，为应纳税所得额。

（2）个体工商户的生产、经营所得，以每一纳税年度的收入总额，减除成本、费用以及损失后的余额，为应纳税所得额。

个人独资企业的投资者以全部生产经营所得为应纳税所得额。合伙企业的投资者按照合伙企业的全部生产经营所得和合伙协议约定的分配比例，确定应纳税所得额；合伙协议没有约定分配比例的，以全部生产经营所得和合伙人数量平均计算每个投资者的应纳税所得额。

（3）对企事业单位承包经营、承租经营所得，以每一纳税年度的收入总额，减除必要费用后的余额，为应纳税所得额。每一纳税年度的收入总额，是指纳税义务人按照承包经营、承租经营合同规定分得的经营利润和工资、薪金性质的所得；所说的减除必要费用，是指按月减除3 500元。

（4）劳务报酬所得、稿酬所得、特许权使用费所得、财产租赁所得，每次收入不超过4 000元的，减除费用800元；4 000元以上的，减除20%的费用，其余额为应纳税所得额。

（5）财产转让所得，以转让财产的收入额减除财产原值和合理费用后的余额，为应纳税所得额。

（6）利息、股息、红利所得，偶然所得和其他所得，以每次收入额为应纳税所得额。

个人将其所得对教育事业和其他公益事业捐赠的部分，按照国务院有关规定从应纳税所得额中扣除。

2.附加减除费用适用的范围

（1）在中国境内的外商投资企业和外国企业中工作取得工资、薪金所得的外籍人员。

（2）应聘在中国境内的企业、事业单位、社会团体、国家机关中工作取得工资、薪金所得的外籍专家。

（3）在中国境内有住所而在中国境外任职或者受雇取的工资、薪金所得的个人。

（4）财政部确定的取得工资、薪金所得的其他人员。

（5）附加减除费用标准。上述适用范围内的人员每月工资、薪金所得在减除2 000元费用的基础上，再减除2 800元；从2011年9月1日起，在减除3 500元费用的基础上，再减除1 300元。

（6）华侨和中国香港、中国澳门、中国台湾同胞参照上述附加减除费用标准执行。

3.应纳税所得额的其他规定

（1）个人将其所得通过中国境内的社会团体、国家机关向教育和其他社会公益事业以及遭受严重自然灾害地区、贫困地区捐赠，捐赠额未超过纳税义务人申报的应纳税所得额30%的部分可以从其应纳税所得额中扣除。

个人通过非营利的社会团体和国家机关向农村义务教育的捐赠，准予在缴纳个人所得税前的所得额中全额扣除。

（2）个人的所得（不含偶然所得和经国务院财政部门确定征税的其他所得）用于资助非关联的科研机构和高等学校研究开发新产品、新技术、新工艺所发生的研究开发经费，经主管税务机关确定，可以全额在下月（工资、薪金所得）或下次（按次计征的所得）或当年（按年计征的所得）计征个人所得税时，从应纳税所得额中扣除；不足抵扣的，不得结转抵扣。

（3）个人取得的应纳税所得，包括现金、实物、有价证券和其他形式的经济利益。所得为实物的，应当按照取得的凭证上所注明的价格计算应纳税所得额；无凭证的实物或者凭证上所注明的价格明显偏低的，由主管税务机关参照当地的市场价格核定应纳税所得额。所得为有价证券的，由主管税务机关根据票面价格和市场价格核定应纳税所得额。所得为其他形式的经济利益的，参照市场价格核定应纳税所得额。

（4）财政部、税务总局、保监会联合颁布了《关于将商业健康保险个人所得税试点政策推广到全国范围实施的通知》（财税〔2017〕39号）和《国家税务总局关于推广实施商业健康保险个人所得税政策有关征管问题的公告》（税务总局公告2017年17号），明确自2017年7月1日起将试点政策推广到全国实施。根据通知，共有4类人可以适用此政策，一是取得工资薪金所得、连续性劳务报酬所得的个人；二是取得个体工商户生产经营所得的纳税人；三是取得对企事业单位承包承租经营所得的个体工商户业主；四是个人独资企业投资者、合伙企业合伙人和承包承租经营者。其中，取得连续性劳务报酬所得的个人，是指连续3个月以上（含3个月）为同一单位提供劳务而取得所得的个人。自2017年7月1日起，在全国范围内对个人购买符合规定的商业健康保险产品的支出，允许在当年（月）计算应纳税所得额时予以税前扣除，扣除限额为每年2 400元。商业健康保险是保险公司以被保险人的身体状况为保险标的，保证被保险人疾病、意外事故所致伤害时，对直接费用、间接损失进行补偿，赔付一定医疗费用的保险产品，与一般商业健康保险不同，只有取得“税优识别码”的商业健康保险方能享受税前扣除政策。

二、应纳税额的计算

依照税法规定的适用税率和费用扣除标准，各项所得的应纳税额，应分别计算。

（一）工资、薪金所得

工资、薪金所得应纳税额的计算公式如下：

应纳税额=应纳税所得额×适用税率-速算扣除数

=（每月收入额-3 500或4 800）×适用税率-速算扣除数

【例5-1】 某纳税人2017年1月含税工资收入为6 500元，该纳税人不适用附加减除费用的规定，计算其当月应纳个人所得税税额。

【解析】其当月应纳个人所得税税额的计算如下：

应纳税所得额=6 500-3 500=3 000（元）

应纳税额=3 000×10%-105=195（元）

【例5-2】 某外商投资企业中工作的美国专家（假设为非居民纳税人），2017年2月取得由该企业发放的含税工资收入10 000元人民币，请计算其当月应纳个人所得税税额。

【解析】其当月应纳个人所得税税额的计算如下：

应纳税所得额=10 000-4 800=5 200（元）

应纳税额=5 200×20%-555=485（元）

【例5-3】 某企业员工2017年1月工资收入5 000元，并同时获发2016年度年终奖总额10 000元。请计算该员工2017年1月的应纳个人所得税。

【解析】该员工2017年1月的应纳个人所得税计算如下：

当月工资收入的应纳个人所得税=［5 000-3 500-5 000×10%（个人社保部分）-5 000×5%（个人住房公积金部分）］×3%-0（速算扣除数）=22.5（元）

该员工年度奖金的个人所得税适用的税率方面，因为“10 000÷12=833.33（元）”，其相对应的适用税率是3%，速算扣除数为0。该员工年终奖金应纳个人所得税为：

10 000×3%−0=300（元）

2017年1月共应纳个人所得税=22.5+300=322.5（元）

（二）个体工商户的生产、经营所得

个体工商户的生产、经营所得应纳税额的计算公式如下：

应纳税额=应纳税所得额×适用税率−速算扣除数

=（全年收入总额−成本、费用、损失）×适用税率−速算扣除数

个体工商户和从事生产、经营的个人，取得与生产、经营活动无关的各项应税所得，应分别适用应税项目的规定征收个人所得税。

【例5-4】某个体工商户2016年度的有关经营数据如下：本年度耗用燃料286 000元，购置材料15 000元，计提折旧40 000元，缴纳养路费14 500元，支付工人工资57 000元。全年销售收入560 000元，营业外收入22 000元，营业外支出10 000元，缴纳税金及附加20 000元。2016年度每月预缴个人所得税1 000元。据此计算2016年度应纳个人所得税税额和年终补缴税额。

【解析】2016年度应纳个人所得税税额和年终补缴税额的计算如下：

①计算营运成本。

营运成本=燃料费+材料费+折旧费+养路费+工资

=286 000+15 000+40 000+14 500+57 000

=412 500（元）

②计算营运利润。

营运利润=营运收入−营运成本−税金及附加

=560 000−412 500−20 000

=127 500（元）

③计算利润总额。

利润总额=营运利润+营业外收入−营业外支出

=127 500+22 000−10 000

=139 500（元）

④计算应纳税所得额。

应纳税所得额=利润总额−业主费用扣除标准

=139 500−3 500×12

=97 500（元）

⑤计算应纳税额。

应纳税额=97 500×30%−9 750=19 500（元）

本年应补缴所得税=19 500−1 000×12=7 500（元）

所以，该个体工商户全年应纳税额为19 500元，年终应补缴税额为7 500元。

对个人独资企业与合伙企业的生产经营所得，其个人所得税应纳税额的计算有以下两种办法：

第一种：查账征收。

凡实行查账征收办法的，其计算公式如下：

应纳税额=应纳税所得额×适用税率－速算扣除数

=（全年收入总额－成本、费用、损失）×适用税率－速算扣除数

在计算成本、费用、损失扣除额时，下列项目的扣除应执行如下规定：

（1）自2011年9月1日起，个人独资企业和合伙企业投资者的生产经营所得依法计征个人所得税时，个人独资企业和合伙企业投资者本人的费用扣除标准统一确定为42 000元/年，即3 500元/月。投资者的工资不得在税前扣除。

（2）企业向其从业人员实际支付的合理的工资、薪金支出，允许在税前据实扣除。

（3）投资者及其家庭发生的生活费用不允许在税前扣除。投资者及其家庭发生的生活费用与企业生产经营费用混合在一起，并且难以划分的，全部视为投资者个人及其家庭发生的生活费用，不允许在税前扣除。

（4）企业生产经营和投资者及其家庭生活共用的固定资产，难以划分的，由主管税务机关根据企业的生产经营类型、规模等具体情况，核定准予在税前扣除的折旧费用的数额或比例。

（5）企业实际发生的工会经费、职工福利费、职工教育经费分别在其计税工资总额的2%、14%、2.5%的标准内据实扣除。

（6）企业每一纳税年度发生的广告和业务宣传费用不超过当年销售（营业）收入15%的部分，可据实扣除；超过部分可无限期向以后纳税年度结转。

（7）企业每一纳税年度发生的与其生产经营业务直接相关的业务招待费支出，按照发生额的60%扣除，但最高不得超过当年销售（营业）收入的5‰。

（8）企业计提的各种准备金不得扣除。

第二种：核定征收。

有下列情形之一的，主管税务机关应采取核定征收方式征收个人所得税：

（1）企业依照国家有关规定应当设置但未设置账簿的。

（2）企业虽设置账簿，但账目混乱或者成本资料、收入凭证、费用凭证残缺不全，难以查账的。

（3）纳税人发生纳税义务，未按照规定的期限办理纳税申报，经税务机关责令限期申报，逾期仍不申报的。

以上所说核定征收方式，包括定额征收、核定应税所得率征收以及其他合理的征收方式。

实行核定应税所得率征收方式的，应纳税额的计算公式如下：

应纳税额=应纳税所得额×适用税率

应纳税所得额=收入总额×应税所得率

=成本费用支出额÷（1－应税所得率）×应税所得率

个人所得税应税所得率见表5-4。

表5-4　**个人所得税应税所得率表**

行业	应税所得率（%）
工业、交通运输业、商业	5~20
建筑业、房地产开发业	7~20
饮食服务业	7~25
娱乐业	20~40
其他行业	10~30

企业经营多业的，无论其经营项目是否单独核算，均应根据其主营项目确定其适用的应税所得率。

实行核定征收的投资者，不能享受个人所得税的优惠政策。

（三）对企事业单位的承包经营、承租经营所得

对企事业单位的承包经营、承租经营所得应纳税额的计算公式如下：

应纳税额=应纳税所得额×适用税率-速算扣除数

=（纳税年度收入总额-必要费用）×适用税率-速算扣除数

【例5-5】 2016年1月1日，某个人与事业单位签订承包合同经营招待所，据合同协议承包期为1年，该个人全年上交费用180 000元，年终招待所实现利润315 000元。请计算该个人应纳个人所得税税额。

【解析】该个人应纳个人所得税税额的计算如下：

①应纳税所得额=承包经营利润-上缴费用-每月费用扣减合计

=315 000-180 000-3 500×12

=93 000（元）

②应纳税额=应纳税所得额×适用税率-速算扣除数

=93 000×30%-9 750

=18 150（元）

（四）劳务报酬所得

劳务报酬所得应纳税额的计算公式如下：

（1）每次收入不足4 000元的：

应纳税额=应纳税所得额×适用税率

=（每次收入额-800）×20%

（2）每次收入在4 000元以上的：

应纳税额=应纳税所得额×适用税率

=每次收入额×（1-20%）×20%

（3）每次收入的应纳税所得额超过20 000元的：

应纳税额=应纳税所得额×适用税率-速算扣除数

=每次收入额×（1-20%）×适用税率-速算扣除数

【例5-6】 某歌手一次表演取得收入30 000元，计算其应纳个人所得税税额。

【解析】其应纳个人所得税税额的计算如下：

应纳税额=每次收入额×（1-20%）×适用税率-速算扣除数

=30 000×（1-20%）×30%-2 000

=5 200（元）

（五）稿酬所得

稿酬所得应纳税额减征30%，其计算公式如下：

（1）每次收入不足4 000元的：

应纳税额=应纳税所得额×适用税率×（1-30%）

=（每次收入额-800）×20%×（1-30%）

（2）每次收入在4 000元以上的：

应纳税额=应纳税所得额×适用税率×（1-30%）

=每次收入额×（1-20%）×20%×（1-30%）

【例5-7】某作家取得书稿稿酬15 000元，计算应纳个人所得税税额。

【解析】应纳个人所得税税额的计算如下：

应纳税额=应纳税所得额×适用税率×（1-30%）

=15 000×（1-20%）×20%×（1-30%）

=1 680（元）

（六）特许权使用费所得和财产租赁所得

特许权使用费所得和财产租赁所得应纳税额的计算公式如下：

（1）每次收入不足4 000元的：

应纳税额=应纳税所得额×适用税率

=（每次收入额-800）×20%

（2）每次收入在4 000元以上的：

应纳税额=应纳税所得额×适用税率

=每次收入额×（1-20%）×20%

（七）财产转让所得

财产转让所得应纳税额的计算公式如下：

应纳税额=应纳税所得额×适用税率

=（收入总额-财产原值-合理费用）×20%

【例5-8】某人建房一栋，造价120 000元，支付费用10 000元。该人转让房屋，售价300 000元，在卖房过程中按规定支付交易费等有关费用8 200元。计算其应纳个人所得税税额。

【解析】其应纳个人所得税税额的计算如下：

应纳税所得额=财产转让收入-财产原值-合理费用

=300 000-（120 000+10 000）-8 200

=161 800（元）

应纳所得税额=161 800×20%

=32 360（元）

（八）利息、股息、红利所得

利息、股息、红利所得应纳税额的计算公式如下：

应纳税额=应纳税所得额×适用税率

=每次收入额×20%

（九）偶然所得

偶然所得应纳税额的计算公式如下：

应纳税额=应纳税所得额×适用税率

=每次收入额×20%

【例5-9】某人在参加商场的有奖销售过程中，中奖所得共计25 000元。当该人领奖时，商场要其支付个人所得税方可领奖，该人拿出5 000元现金通过民政局捐赠敬老院，请计算该商场应代扣代缴的个人所得税税额。

【解析】该商场应代扣代缴的个人所得税税额的计算如下：

①可扣除的捐赠额为5 000元（因为5 000÷25 000=20%，小于捐赠扣除比例30%）。

②应纳税所得额=偶然所得-捐赠额=25 000-5 000=20 000（元）

③应纳税额（即商场应代扣代缴的个人所得税税额）=应纳税所得额×适用税率

=20 000×20%=4 000（元）

三、个人所得税的减免规定

《个人所得税法》《个人所得税实施条例》以及财政部、国家税务总局的若干规定，都对部分个人所得项目给予了减税、免税的优惠。

1.免纳个人所得税

（1）省级人民政府、国务院部委和中国人民解放军军以上单位，以及外国组织、国际组织颁发的科学、教育、技术、文化、卫生、体育、环境保护等方面的奖金。

（2）国债和国家发行的金融债券利息。

（3）按照国家统一规定发给的补贴、津贴。

（4）福利费、抚恤金、救济金。

（5）保险赔款。

（6）军人的转业费、复员费。

（7）按照国家统一规定发给干部、职工的安家费、退职费、退休工资、离休工资、离休生活补助费。

（8）依照我国有关法律规定应予免税的各国驻华使馆、领事馆的外交代表、领事官员和其他人员的所得。

（9）中国政府参加的国际公约、签订的协议中规定免税的所得。

（10）经国务院财政部门批准免税的所得。

2.减征个人所得税

（1）残疾、孤老人员和烈属的所得。

（2）因严重自然灾害造成重大损失的。

（3）其他经国务院财政部门批准减税的。

2016年2月，国家税务总局发布《国家税务总局关于3项个人所得税事项取消审批实施后续管理的公告》，明确了取消促进科技成果转化暂不征收个人所得税、个人取得股票期权或认购股票等取得折扣或补贴收入个人所得纳税有困难、对律师事务所征收方式核准等3项审批事项的后续管理，简化手续、优化服务，进一步鼓励科研创新，减轻扣缴义务人和纳税人的办税负担。

任务三　个人所得税的纳税申报与缴纳

一、个人所得税纳税申报方式

个人所得税的纳税办法，包括自行申报纳税和代扣代缴两种。

1.自行申报纳税

自行申报纳税是由纳税人自行在税法规定的纳税期限内，向税务机关申报取得的应税所得项目和数额，如实填写《个人所得税基础信息表》（表5-5）和《个人所得税纳税申报表》，并按照规定计算应纳税额，据以缴纳个人所得税的一种方法。

表5-5　　　　　　　　　　　　**个人所得税基础信息表**

个人所得税基础信息表（B表）

姓名		身份证件类型		身份证件号码	
纳税人类型	□有任职受雇单位　□无任职受雇单位（不含股东投资者）　□投资者　□无住所个人（可多选）				
任职受雇单位名称及纳税人识别号					
“三费一金”缴纳情况	□基本养老保险费　□基本医疗保险费 □失业保险费　□住房公积金 □无（可多选）			电子邮箱	
境内联系地址	＿＿省＿＿市＿＿区（县）			邮政编码	
联系电话	手机： 固定电话：			职业	
职务	○高层　○中层　○普通（只选一）			学历	
是否残疾人/烈属/孤老	□残疾　□烈属　□孤老　□否			残疾等级情况	
该栏仅由有境外所得纳税人填写	○户籍所在地 ○经常居住地	＿＿省＿＿市＿＿区（县） 邮政编码＿＿			
该栏仅由投资者纳税人填写	投资者类型	□个体工商户　□个人独资企业投资者　□合伙企业合伙人 □承包、承租经营者　□股东　□其他投资者（可多选）			
	被投资单位信息：名称			扣缴义务人编码	
	地址			邮政编码	
	登记注册类型			行业	
	所得税征收方式	○查账征收 ○核定征收（只选一）		主管税务机关	
	以下由股东及其他投资者填写				
	公司股本（投资）总额			个人股本（投资）额	
该栏仅由无住所纳税人填写	纳税人识别号				
	国籍（地区）			出生地	
	性别			出生日期	年　月　日
	劳动就业证号码			是否税收协定缔约国对方居民	○是　○否
	境内职务			境外职务	
	来华时间			任职期限	
	预计离境时间			预计离境地点	
	境内任职受雇单位	名称		扣缴义务人编码	
		地址		邮政编码	
	境内受聘签约单位	名称		扣缴义务人编码	
		地址		邮政编码	
	境外派遣单位	名称		地址	
	支付地	○境内支付　○境外支付 ○境内、外同时支付（只选一）		境外支付国国别（地区）	

续表

谨声明：此表是根据《中华人民共和国个人所得税法》及其实施条例和国家相关法律法规规定填写的，是真实的、完整的、可靠的。 纳税人签字： 年 月 日	
代理机构（人）签章： 经办人： 经办人执业证件号码：	主管税务机关受理专用章： 受理人：
填表（代理申报）日期： 年 月 日	受理日期： 年 月 日

国家税务总局监制

（1）自行申报纳税的纳税人

自行申报纳税的纳税人应符合以下条件：①自2006年1月1日起，年所得12万元以上的；②从中国境内两处或者两处以上取得工资、薪金所得的；③从中国境外取得所得的；④取得应税所得，没有扣缴义务人的；⑤国务院规定的其他情形。

其中，年所得12万元以上的纳税人，无论取得的各项所得是否已足额缴纳了个人所得税，均应当按照本办法的规定，于纳税年度终了后向主管税务机关办理纳税申报；其他情形的纳税人，均应当按照自行申报纳税管理办法的规定，于取得所得后向主管税务机关办理纳税申报。同时需注意的是，年所得12万元以上的纳税人，不包括在中国境内无住所，且在一个纳税年度中在中国境内居住不满1年的个人。从中国境外取得所得的纳税人，是指在中国境内有住所，或者无住所而在一个纳税年度中在中国境内居住满1年的个人。

（2）自行申报纳税的申报期限

年所得12万元以上的纳税人，在纳税年度终了后3个月内向主管税务机关办理纳税申报。

个体工商户和个人独资、合伙企业投资者取得的生产、经营所得应纳的税款，分月预缴的，纳税人在每月终了后15日内办理纳税申报；分季预缴的，纳税人在每个季度终了后15日内办理纳税申报；纳税年度终了后，纳税人在3个月内进行汇算清缴，多退少补。

纳税人年终一次性取得对企事业单位的承包经营、承租经营所得的，自取得所得之日起30日内办理纳税申报；在一个纳税年度内分次取得承包经营、承租经营所得的，在每次取得所得后的次月15日内申报预缴；纳税年度终了后3个月内汇算清缴，多退少补。

从中国境外取得所得的纳税人，在纳税年度终了后30日内向中国境内主管税务机关办理纳税申报。

除以上规定的情形外，纳税人取得其他各项所得需要申报纳税的，应在取得所得的次月15日内向主管税务机关办理纳税申报。

纳税人不能按照规定的期限办理纳税申报，需要延期的，按照《税收征收管理法》第二十七条和《中华人民共和国税收征收管理法实施细则》第三十七条的规定办理。

（3）自行申报纳税的申报方式

纳税人可以采取数据电文、邮寄等方式申报，也可以直接到主管税务机关申报，或者采取符合主管税务机关规定的其他方式申报。邮寄申报纳税的，以寄出地的邮戳日期为实际申报日期。纳税期限最后一日是法定休息日的，以休息日的次日为期限的最后一日。纳税人确有困难，不能按期办理纳税申报的，经主管税务机关核准，可以延期申报。

（4）自行申报纳税的申报地点

在中国境内有任职、受雇单位的，向任职、受雇单位所在地主管税务机关申报。

在中国境内有两处或者两处以上任职、受雇单位的，选择并固定向其中一处单位所在地主管税务机关申报。

在中国境内无任职、受雇单位，年所得项目中有个体工商户的生产、经营所得或者对企事业单位的承包经营、承租经营所得（以下统称生产、经营所得）的，向其中一处实际经营所在地主管税务机关申报。

在中国境内无任职、受雇单位，年所得项目中无生产、经营所得的，向户籍所在地主管税务机关申报。在中国境内有户籍，但户籍所在地与中国境内经常居住地不一致的，选择并固定向其中一地主管税务机关申报。在中国境内没有户籍的，向中国境内经常居住地主管税务机关申报。

其他所得的纳税人，纳税申报地点分别为：①从两处或者两处以上取得工资、薪金所得的，选择并固定向其中一处单位所在地主管税务机关申报；②从中国境外取得所得的，向中国境内户籍所在地主管税务机关申报。在中国境内有户籍，但户籍所在地与中国境内经常居住地不一致的，选择并固定向其中一地主管税务机关申报。在中国境内没有户籍的，向中国境内经常居住地主管税务机关申报；③个体工商户向实际经营所在地主管税务机关申报；④个人独资、合伙企业投资者兴办两个或两个以上企业的，区分不同情形确定纳税申报地点。

兴办的企业全部是个人独资性质的，分别向各企业的实际经营管理所在地主管税务机关申报；兴办的企业中含有合伙性质的，向经常居住地主管税务机关申报；兴办的企业中含有合伙性质，个人投资者经常居住地与其兴办企业的经营管理所在地不一致的，选择并固定向其参与兴办的某一合伙企业的经营管理所在地主管税务机关申报；除以上情形外，纳税人应当向取得所得所在地主管税务机关申报。

纳税人不得随意变更纳税申报地点，因特殊情况变更纳税申报地点的，必须报原主管税务机关备案。

2.代扣代缴纳税

代扣代缴是指按照税法规定负有扣缴税款义务的单位或者个人，在向个人支付应纳税所得时，应计算应纳税额，从其所得中扣除并缴入国库，同时向税务机关报送《扣缴个人所得税报告表》的一种纳税方式。这种方法有利于控制税源、防止漏税和逃税。

（1）扣缴义务人

凡支付个人应纳税所得的企业（公司）、事业单位、机关、社会团体、军队、驻华机构、个体户等单位或者个人，均为个人所得税的扣缴义务人。

（2）代扣代缴的范围

扣缴义务人向个人支付下列所得，应代扣代缴个人所得税：①工资、薪金所得；②对企事业单位的承包经营、承租经营所得；③劳务报酬所得；④稿酬所得；⑤特许权使用费所得；⑥利息、股息、红利所得；⑦财产租赁所得；⑧财产转让所得；⑨偶然所得；⑩经国务院财政部门确定征税的其他所得。

扣缴义务人应指定支付应纳税所得的财务会计部门或其他有关部门的人员为办税人员，由办税人员具体办理个人所得税的代扣代缴工作。

（3）代扣代缴期限

扣缴义务人每月所扣的税款，应当在次月15日内缴入国库，并向主管税务机关报送《扣缴个人所得税报告表》（表5-6）、代扣代收税款凭证和包括每一个纳税人姓名、单位、职务、收入、税款等内容的《支付个人收入明细表》以及税务机关要求报送的其他有关资料。

表5-6

扣缴个人所得税报告表

税款所属期：　　　年　　月　　日至　　　年　　月　　日

扣缴义务人名称：　　　　　　　　　　扣缴义务人所属行业：□一般行业 □特定行业月份申报

扣缴义务人编码：□□□□□□□□□□□□□□□□□□□□　　　　　　金额单位：人民币元（列至角分）

序号	姓名	身份证件类型	身份证件号码	所得项目	所得期间	收入额	免税所得	税前扣除项目								减除费用	准予扣除的捐赠额	应纳税所得额	税率%	速算扣除数	应纳税额	减免税额	应扣缴税额	已扣缴税额	应补（退）税额	备注
								基本养老保险费	基本医疗保险费	失业保险费	住房公积金	财产原值	允许扣除的税费	其他	合计											
1	2	3	4	5	6	7	8	9	10	11	12	13	14	15	16	17	18	19	20	21	22	23	24	25	26	27
合计																										

谨声明：此扣缴报告表是根据《中华人民共和国个人所得税法》及其实施条例和国家有关税收法律法规规定填写的，是真实的、完整的、可靠的。

法定代表人（负责人）签字：　　　　年　　月　　日

扣缴义务人公章： 经办人：	代理机构（人）签章： 经办人： 经办人执业证件号码：	主管税务机关受理专用章： 受理人：
填表日期：　　年　　月　　日	代理申报日期：　　年　　月　　日	受理日期：　　年　　月　　日

国家税务总局监制

《个人所得税扣缴明细申报表》填表说明：

一、适用范围

本表适用于扣缴义务人办理全员全额扣缴个人所得税申报（包括向个人支付应税所得，但低于减除费用、不需扣缴税款情形的申报），以及特定行业职工工资、薪金所得个人所得税的月份申报。

二、申报期限

次月十五日内。扣缴义务人应于次月十五日内将所扣税款缴入国库，并向税务机关报送本表。扣缴义务人不能按规定期限报送本表时，应当按照《中华人民共和国税收征收管理法》及其实施细则有关规定办理延期申报。

三、本表各栏填写

（一）表头项目

1.税款所属期：为税款所属期月份第一日至最后一日。

2.扣缴义务人名称：填写实际支付个人所得的单位（个人）的法定名称全称或姓名。

3.扣缴义务人编码：填写办理税务登记或扣缴登记时，由主管税务机关所确定的扣缴义务人税务编码。

4.扣缴义务人所属行业：扣缴义务人按以下两种情形在对应框内打“√”。

（1）一般行业：是指除《中华人民共和国个人所得税法》及其实施条例规定的特定行业以外的其他所有行业。

（2）特定行业：指符合《中华人民共和国个人所得税法》及其实施条例规定的采掘业、远洋运输业、远洋捕捞业以及国务院财政、税务主管部门确定的其他行业。

（二）表内各栏

1.一般行业的填写

（1）第2列“姓名”：填写纳税人姓名。中国境内无住所个人，其姓名应当用中、外文同时填写。

（2）第3列“身份证件类型”：填写能识别纳税人唯一身份的有效证照名称。

①在中国境内有住所的个人，填写身份证、军官证、士兵证等证件名称。

②在中国境内无住所的个人，如果税务机关已赋予18位纳税人识别号的，填写“税务机关赋予”；如果税务机关未赋予的，填写护照、港澳居民来往内地通行证、台湾居民来往大陆通行证等证照名称。

（3）第4列“身份证件号码”：填写能识别纳税人唯一身份的号码。

①在中国境内有住所的纳税人，填写身份证、军官证、士兵证等证件上的号码。

②在中国境内无住所的纳税人，如果税务机关赋予18位纳税人识别号的，填写该号码；没有，则填写护照、港澳居民来往内地通行证、台湾居民来往大陆通行证等证照上的号码。

税务机关赋予境内无住所个人的18位纳税人识别号，作为其唯一身份识别码，由纳税人到主管税务机关办理初次涉税事项，或扣缴义务人办理该纳税人初次扣缴申报时，由主管税务机关赋予。

（4）第5列“所得项目”：按照税法第二条规定的项目填写。同一纳税人有多项所得时，分行填写。

（5）第6列“所得期间”：填写扣缴义务人支付所得的时间。

（6）第7列“收入额”：填写纳税人实际取得的全部收入额。

（7）第8列“免税所得”：是指税法第四条规定可以免税的所得。

（8）第9~16列“税前扣除项目”：是指按照税法及其他法律法规规定，可在税前扣除的项目。

（9）第17列“减除费用”：是指税法第六条规定可以在税前减除的费用。没有的，则不填。

（10）第18列“准予扣除的捐赠额”：是指按照税法及其实施条例和相关税收政策规定，可以在税前扣除的捐赠额。

（11）第19列“应纳税所得额”：根据相关列次计算填报。第19列＝第7列－第8列－第16列－第17列－第18列。

（12）第20列“税率”及第21列“速算扣除数”：按照税法第三条规定填写。部分所得项目没有速算扣除数的，则不填。

（13）第22列“应纳税额”：根据相关列次计算填报。第22列＝第19列×第20列－第21列。

（14）第23列“减免税额”：是指符合税法规定可以减免的税额。其中，纳税人取得“稿酬所得”时，其根据税法第三条规定可按应纳税额减征的30%，填入此栏。

（15）第24列“应扣缴税额”：根据相关列次计算填报。第24列＝第22列－第23列。

（16）第25列“已扣缴税额”：是指扣缴义务人当期实际扣缴的个人所得税税款。

（17）第26列“应补（退）税额”：根据相关列次计算填报。第26列＝第24列－第25列。

（18）第27列“备注”：填写非本单位雇员、非本期收入及其他有关说明事项。

（19）对不是按月发放的工资薪金所得，其适用“工资、薪金所得”个人所得税的填报，则不完全按照上述逻辑关系填写。

2.特定行业月份申报的填写

（1）第2列~第6列的填写：同上“一般行业”的填写。

（2）第7列~第19列、第22列~第26列的数据口径同上“一般行业”对应项目，金额按以下原则填写：

①第7列“收入额”：是指本月实际发放的全部收入额。

②第8列~16列的填写：填写当月实际发生额。

③第17列“减除费用”：是指税法第六条规定可以在税前减除的费用额。没有的，则不填。

④第18列“准予扣除的捐赠额”：准予扣除的捐赠额，按纳税人捐赠月份的实际收入额来计算。

⑤第19列“应纳税所得额”：根据相关列次计算填报。第19列＝第7列－第8列－第16列－第17列－第18列。

⑥第20列“税率”及第21列“速算扣除数”：按照税法第三条规定填写。

⑦第22列“应纳税额”：特定行业个人所得税月份申报时，“应纳税额”为预缴所得税额。根据相关列次计算填报。

⑧第22列＝第19列×第20列－第21列。

项目小结

1.个人所得税作为收益税类的主要税种，是税法的重点税种之一。

2.个人所得税是对自然人征收的，具体包括中国公民、个体工商业户、外籍人员、无国籍人员、华侨、港澳台同胞。

3.个人所得税的应税所得范围要比企业所得税广泛得多，但计税原理与企业所得税一致，即以纳税人应税收入扣除费用后的余额为征税对象。

4.计算个人应纳税所得额，需要按不同应税项目分项计算，以某项应税项目的收入额减去税法规定的该项费用减除标准后的余额为该项应纳税所得额。

5.个人所得税的纳税办法，有自行申报纳税和代扣代缴两种。

复习思考题

1.个人所得税的纳税义务人包括哪些？

2.个人所得税的征收范围是什么？

3.个人所得税有哪些减免规定？

4. 个人所得税的纳税办法有哪些？

技能训练题

1. 中国公民李某2017年1月份取得当月工资收入4 800元和2016年的年终奖金36 000元。

要求：计算李某1月份应纳个人所得税。

2. 王某为某大学会计学院教授，2016年9月在本职工作之余为A单位提供咨询取得收入5 000元，付给中介500元；到B学校讲学4次，每次收入均为2 000元，合同注明讲学收入为税后收入。

要求：计算王某就上述收入在9月份缴纳的个人所得税。

3. 作家马某2016年2月初在杂志上发表一篇小说，取得稿酬3 800元，自2月15日起又将该小说在晚报上连载10天，每天稿酬450元。

要求：计算马某当月需要缴纳的个人所得税。

4. 甲、乙两位演员2016年9月应邀参加某公司庆典活动的演出。根据签订的协议，两位演员各演出4场，出场费分别为：甲演员每场1 200元；乙演员每场8 500元。请计算两位演员在此演出活动中各自应纳多少个人所得税？

5. 自2016年1月1日起，张某承包一家招待所，规定每月取得工资3 500元，每季度取得奖金1 500元，年终从企业所得税后利润中上缴承包费50 000元，其余经营成果归张某所有。2016年该招待所税后利润为95 000元。

要求：计算当年张某共需要缴纳的个人所得税。

实务操作题

中国公民李某2016年全年收入情况如下：

（1）7月份将境内一处门面房出租，租赁期限为1年，月租金为4 000元，当月发生修缮费1 500元（不考虑其他税费）。

（2）8月份出版一本小说，取得稿酬8 000元。在此之前，部分章节6月至7月被某晚报连载，6月份取得稿酬1 000元，7月份取得稿酬1 500元；因该书畅销，9月份出版社增加印数，又取得追加稿酬4 000元；后被电影公司拍成电影，取得报酬10 000元。

（3）10月份从A国某大学取得演讲收入30 000元，该收入在A国已纳个人所得税5 000元；同时从A国取得彩票中奖收入2 000元，该收入在A国已纳个人所得税500元。

（4）月工资收入4 200元；年终单位一次发放全年奖金25 000元。

要求：根据上述资料，按照下列序号计算回答问题，每问需计算出合计数。

（1）计算取得的租赁所得应缴纳的个人所得税。

（2）计算出版与连载收入及电影公司支付的报酬应缴纳的个人所得税。

（3）计算从A国取得的演讲收入和中奖收入在我国应补缴的个人所得税。

（4）计算全年工资和奖金应缴纳的个人所得税。

项目六　土地增值税纳税实务

知识目标

▶ 了解土地增值税的概念、特点。
▶ 理解土地增值税的征收对象、税率（税额）等基本内容。
▶ 掌握土地增值税的计税依据、税收优惠。

技能目标

▶ 熟练掌握土地增值税应纳税额的计算方法和纳税申报。

案例导读

安徽筑成房地产开发有限公司建设某市一商住小区，项目占地面积80亩，2014年8月开始施工，2016年3月31日完工，2016年1月5日取得预售许可证，并开始销售。项目建筑面积为16万平方米，其中，普通标准住宅10万平方米，非普通住宅2.4万平方米，商业用房2万平方米，车库用房6 000平方米，学校用房8 000平方米（已向当地教育局办理无偿移交手续），会所800平方米，小区管理用房1 200平方米。

项目土地以出让方式取得，支付出让金12 000万元；截至2016年5月31日，支付项目结算成本36 000万元；开发期间向银行借款20 000万元，支付利息2 000万元；支付销售费用3 000万元，管理费用2 600万元。截至2016年5月31日，项目已售面积为14万平方米，其中，普通标准住宅10万平方米，非普通住宅2.4万平方米，商业用房1万平方米，车库用房6 000平方米。销售单价：普通标准住宅4 000元/平方米，非普通住宅4 200元/平方米，商业用房9 000元/平方米，车库用房3 800元/平方米。项目已缴纳土地增值税850万元。

2016年6月5日，筑成公司拟以2016年5月31日为清算日进行土地增值税清算。

请问：筑成公司开发本项目清算时实际应补缴的土地增值税是多少？

任务一　认知土地增值税

一、土地增值税概述

（一）土地增值税的概念

土地增值税是对转让国有土地使用权、地上建筑物及其他附着物并取得收入的单位和个人，就其转让房地产取得的增值额征收的一种税。1993年12月13日，国务院颁布《中华人民共和国土地增值税暂行条例》（以下简称《土地增值税暂行条例》），于1994年1月1日起开征土地增值税。1995年1月27日，财政部发布《中华人民共和国土地增值税暂行条例实施细则》（以下简称《土地增值税暂行条例实施细则》），自颁布之日起施行。

土地增值税的特点是：以转让房地产取得的增值额为征税对象，实行超率累进税率，按次征收。

（二）我国开征土地增值税的目的

我国开征土地增值税的目的如下：

（1）进一步改革和完善税制，利用税收的经济杠杆作用，增强国家对房地产开发和房地产调控力度，促进其健康发展。

（2）开征土地增值税，对转让房地产的过高增值收益进行调节分配，一方面维护了国家权益，另一方面可以抑制炒买炒卖房地产的现象。

（3）规范国家参与土地增值收益的分配方式，增加政府的财政收入。

（三）土地增值税的纳税人

土地增值税的纳税人为转让国有土地使用权、地上建筑物及其他附着物并取得收入的单位和个人。

二、土地增值税的征税对象和范围

（一）土地增值税的征税对象

土地增值税的征税对象为转让国有土地使用权、地上建筑物及其他附着物取得的增值额。增值额为纳税人转让取得的收入扣除税法规定的扣除项目后的余额。

（二）土地增值税的征税范围

1.征税范围的界定标准

（1）土地增值税的征税范围只包括转让国有土地使用权及其地上的建筑物和附着物，国家有偿出让国有土地使用权，不属于土地增值税的征税范围。

（2）土地增值税的征税范围包括转让国有土地使用权和房产产权的行为，凡国有土地使用权和房产产权未转让的，如房地产出租，不征收土地增值税。

（3）土地增值税的征税范围只包括有偿转让国有土地使用权及其地上的建筑物和附着物的行为，是否取得收入，是判定是否属于土地增值税征税范围的标准之一。

2.若干具体情况的判定

（1）以出售方式转让国有土地使用权及其地上的建筑物和附着物的，属于土地增值税的征税范围。

（2）以继承、赠与方式转让房地产的，不属于土地增值税的征税范围。

（3）房地产的出租、抵押，不属于土地增值税的征税范围，但抵押期满发生房地产权属转让的，应列入土地增值税的征税范围。

（4）房地产的交换，属于土地增值税的征税范围。但个人之间交换自有居住用房地产的，经税务机关核实，免征土地增值税。

（5）以房地产进行投资、联营，暂免征收土地增值税。对投资、联营企业将上述房地产再转让的，应列入土地增值税的征税范围。

（6）对被兼并企业将房地产转让到兼并企业中的，暂免征收土地增值税。

（7）企业在清产核资时，对房地产进行重新评估并使其升值，但房地产权属未发生转移，土地使用权人也未获得收入，因此不属于土地增值税的征税范围。

三、土地增值税的税率

土地增值税实行4级超率累进税率。在确定适用税率时，首先要确定增值率（增值额占扣除项目金额的比率），根据增值率的高低，从低到高划分为4个级次，分别适用30%、40%、50%、60%的税率。超率累进税率见表6-1。

表6-1 土地增值税超率累进税率表

级数	增值率（增值额占扣除项目金额的比率）	税率	速算扣除系数
1	未超过50%的部分	30%	0
2	超过50%，未超过100%的部分	40%	5%
3	超过100%，未超过200%的部分	50%	15%
4	超过200%的部分	60%	35%

四、土地增值税的税收优惠

土地增值税的税收优惠包括：

（1）纳税人建造普通标准住宅出售，增值额未超过扣除项目金额20%的，免征土地增值税。

（2）因国家建设需要依法征收、收回的房地产，免征土地增值税。

（3）个人因工作调动或改善居住条件而转让原自用住房，经税务机关核准，凡居住满5年或5年以上的，免征土地增值税；居住满3年未满5年的，减半征收土地增值税；居住未满3年的，按规定计征土地增值税。

（4）合作建房，对于一方出地，另一方出资金，双方合作建房，建成后按比例分房自用的，暂免征收土地增值税；但建成后转让的，应征收土地增值税。

（5）房地产开发企业将开发的房产转为自用或者用于出租等商业用途，如果产权没有发生转移，不征收土地增值税。

（6）企业兼并转让房地产，在企业兼并中，对被兼并企业将房地产转让到兼并企业中的，免征土地增值税。

（7）房地产的代建行为，是指房地产开发公司代客户进行房地产的开发，开发完成后向客户收取代建收入的行为。对于房地产开发公司而言，虽然取得了收入，但没有发生房地产权属的转移，其收入属于劳务收入性质，故不在土地增值税征税范围内。

任务二　土地增值税应纳税额的计算和申报缴纳

一、土地增值税的计算依据

根据《土地增值税暂行条例》的规定，土地增值税的计税依据为转让国有土地使用权、地上建筑物及其他附着物取得的增值额。增值额为纳税人转让房地产取得的收入扣除税法规定的扣除项目金额后的余额。

（一）应税收入的确定

纳税人转让房地产取得的应税收入，包括转让房地产的全部价款及有关经济利益，从收入的形式看，分为货币收入、实物收入和其他收入。

（二）扣除项目的确定

税法准予纳税人从转让房地产所取得的应税收入中扣除的项目包括以下各项。

（1）取得土地使用权所支付的金额。取得土地使用权所支付的金额包括两个方面的内容：

①纳税人取得土地使用权所支付的地价款。

②纳税人取得土地使用权按有关规定缴纳的，如登记、过户手续费等有关费用。

（2）房地产开发成本。房地产开发成本是指纳税人房地产开发项目实际发生的成本，包括：

①土地征用及拆迁补偿费，包括土地征用费、耕地占用税、劳动力安置费及有关地上、地下附着物拆迁补偿的净支出、安置动迁用房支出等。

②前期工程费，包括规划、设计、项目可行性研究和水文、地质、勘察、测绘、“三通一平”等支出。

③建筑安装工程费，是指以出包方式支付给承包单位的建筑安装工程费，以自营方式发生的建筑安装工程费。

④基础设施费，包括开发小区内道路、供水、供电、供气、排污、排洪、通讯、照明、环卫、绿化等工程发生的支出。

⑤公共配套设施费，包括不能有偿转让的开发小区内公共配套设施发生的支出。

⑥开发间接费用，是指直接组织、管理开发项目发生的费用，包括工资、职工福利费、折旧费、修理费、办公费、水电费、劳动保护费、周转房摊销等。

（3）房地产开发费用。房地产开发费用是指与房地产开发项目有关的销售费用、管理费用、财务费用。按企业会计制度规定，这三项费用作为期间费用，不按成本计算对象进行分摊，根据《土地增值税暂行条例实施细则》的规定，这三项费用不按纳税人开发房地产项目的实际发生数字扣除，而按《土地增值税暂行条例实施细则》规定的标准进行扣除。

具体规定为：

①财务费用中的利息支出，凡能按转让房地产项目计算分摊并提供金融机构证明的，允许据实扣除，但最高不能超过按商业银行同类同期贷款利率计算的金额，超过贷款期限的那部分利息和加罚的利息也不允许扣除。销售费用和管理费用，按取得土地使用权所支付的金额和房地产开发成本之和的5%以内计算扣除。

②凡不能按转让房地产项目计算分摊利息支出或不能提供金融机构证明的，房地产开发费用按取得土地使用权所支付的金额和房地产开发成本之和的10%以内计算扣除。具体比例由各省、自治区、直辖市人民政府确定。

（4）与转让房地产有关的税金。与转让房地产有关的税金是指在转让房地产时缴纳的增值税、城市维护建设税、印花税等。因转让房地产缴纳的教育费附加，可视同税金予以扣除。但房地产开发企业缴纳的印花税按企业会计制度规定已列入管理费用，不得重复扣除。

（5）财政部规定的其他扣除项目。《土地增值税暂行条例实施细则》规定，为保护正常开发投资者的积极性，从事房地产开发的纳税人可按取得土地使用权所支付的金额和房地产开发成本之和，加计20%进行扣除。此项优惠政策只适用于从事房地产开发的纳税人。

（6）旧房及建筑物的评估价格。纳税人转让已使用的房屋、建筑物时，由政府批准设立的房地产评估机构评定的重置成本价乘以成新度折扣率后的价格作为扣除项目金额。

（三）增值额的确定

增值额为土地增值税的本质所在，由于计算土地增值税是以增值额与扣除项目金额的比率按相应的适用税率累进计算征收的，因此，准确核算增值额是准确计算应纳税额的前提。要准确核算增值额，必须准确核算房地产转让收入额和扣除项目金额。在房地产交易活动中，有些纳税人不能准确提供转让房地产收入或扣除项目金额，致使增值额难以准确确定，从而影响了应纳税额的计算和缴纳。

纳税人有下列情形之一的，按照房地产评估价格计算征税：

（1）隐瞒、虚报房地产成交价格的，由评估机构参照同类房地产的市场交易价格进行评估，税务机关根据评估价格确定转让房地产收入。

（2）提供扣除项目不实的，由评估机构按重置成本乘以成新率计算的房屋成本价和取得土地使用权时的基准地价进行评估。税务机关根据评估价格确定扣除项目金额。

（3）转让房地产成交价格低于房地产评估价格，又无正当理由的，由税务机关参照房地产评估价格确定转让房地产收入。

二、土地增值税应纳税额的计算

（一）土地增值税应纳税额的计算公式

应纳税额=∑（每级距土地增值额×适用税率）

由于分步计算比较烦琐，实际工作中一般采用速算扣除法计算，计算公式如下：

（1）增值额未超过扣除项目的50%。

应纳税额=增值额×30%

（2）增值额超过扣除项目的50%，未超过100%。

应纳税额=增值额×40%-扣除项目金额×5%

（3）增值额超过扣除项目的100%，未超过200%。

应纳税额=增值额×50%-扣除项目金额×15%

（4）增值额超过扣除项目的200%。

应纳税额=增值额×60%-扣除项目金额×35%

（二）土地增值税计算举例

【例6-1】某纳税人转让房地产所取得的收入为400万元，其扣除项目金额为100万元，计算其应纳土地增值税的税额。

【解析】其应纳土地增值税税额的计算如下：

第一种方法是按《土地增值税暂行条例》规定的方法计算。

第一步，先计算增值额。

增值额=400-100=300（万元）

第二步，计算增值额与扣除项目金额之比。

增值额与扣除项目金额之比=300÷100×100%=300%

由此可见，增值额超过扣除项目金额的200%，分别适用30%、40%、50%和60%四级税率。

第三步，分别计算各级次土地增值税税额。

①增值额未超过扣除项目金额50%的部分，适用30%的税率。

这部分增值额=100×50%=50（万元）

这部分增值额应纳的土地增值税税额=50×30%=15（万元）

②增值额超过扣除项目金额50%，未超过扣除项目金额100%的部分，适用40%的税率。

这部分增值额=100×（100%-50%）=50（万元）

这部分增值额应纳的土地增值税税额=50×40%=20（万元）

③增值额超过扣除项目金额100%，未超过扣除项目金额200%的部分，适用50%的税率。

这部分增值额=100×（200%-100%）=100（万元）

这部分增值额应纳的土地增值税税额=100×50%=50（万元）

④增值额超过扣除项目金额200%的部分，适用60%的税率。

这部分增值额=300-（100×200%）=100（万元）

这部分增值额应纳的土地增值税税额=100×60%=60（万元）

第四步，将各级的税额相加，得出总税额。

土地增值税税额=15+20+50+60=145（万元）

第二种方法是按《土地增值税暂行条例实施细则》规定的速算扣除法计算。

第一步，先计算增值额。

增值额=400-100=300（万元）

第二步，计算增值额与扣除项目金额之比。

增值额与扣除项目金额之比=300÷100×100%=300%

由此可见，增值额超过扣除项目金额200%，其适用的简便计算公式如下：

土地增值税税额=增值额×60%-扣除项目金额×35%

第三步，计算土地增值税税额。

土地增值税税额=300×60%-100×35%=145（万元）

不难看出，两种计算方法所得出的结果是一样的。

【例6-2】某一般纳税人企业2016年12月出售一座办公楼，取得销售收入2 500万元，该企业2014年1月取得土地使用权支付的金额为200万元，房地产开发成本1 000万元，房地产开发费用300万元，其中利息支出80万元（能按转让房地产项目计算分摊并提供金融机构证明），比按同期商业银行贷款利率计算的利息多10万元。2014年12月建成。该企业应纳的各种税金的税率（征收率）为：增值税5%（根据《营业税改征增值税试点有关事项的规定》，一般纳税人销售其2016年4月30日前自建的不动产，可以选择适用简易计税方法，以取得的全部价款和价外费用为销售额，按照5%的征收率计算应纳税额），城市维护建设税7%，教育费附加3%，印花税0.5‰，当地政府规定的房地产开发费用的计算扣除比例为5%。计算该单位应纳土地增值税税额。

【解析】该单位应纳土地增值税税额的计算如下：

（1）扣除项目金额的计算。

①取得土地使用权支付的金额=200万元

②房地产开发成本=1 000万元

③房地产开发费用=（80−10）+（1 000+200）×5%=130（万元）

④应纳税额=2 500×5%×（1+7%+3%）+2 500×0.5‰=138.75（万元）

扣除项目金额=200+1 000+130+138.75=1 468.75（万元）

（2）增值额=2 500−1 468.75=1 031.25（万元）

（3）增值率=1 031.25÷1 468.75×100%=70.21%

（4）应纳税额=1 031.25×40%−1 468.75×5%=339.0625（万元）

【例6-3】某企业转让一块已开发的土地使用权，取得转让收入1 550万元，该企业取得土地使用权支付的金额为500万元，土地开发成本为100万元，开发费用为80万元（假设全部准予扣除），转让房地产支付的税金为82.5万元。计算应纳土地增值税税额。

【解析】应纳土地增值税税额的计算如下：

（1）扣除项目金额=500+100+80+82.5=762.5（万元）

（2）增值额=1 550−762.5=787.5（万元）

（3）增值率=787.5÷762.5×100%=103.28%

（4）应纳税额的计算。

第一种方法：

①增值额未超过扣除项目50%的部分，适用30%的税率。

应纳税额=762.5×50%×30%=114.375（万元）

②增值额超过扣除项目的50%，未超过100%的部分，适用40%的税率。

应纳税额=762.5×（100%−50%）×40%=152.5（万元）

③增值额超过扣除项目的100%，未超过200%，适用50%的税率。

应纳税额=（787.5−762.5）×50%=12.5（万元）

$$\begin{aligned}应纳税额 &= \sum(\text{每级距土地增值额} \times \text{适用税率}) \\ &= 114.375 + 152.5 + 12.5 \\ &= 279.375（万元）\end{aligned}$$

第二种方法：

应纳税额=增值额×50%-扣除项目金额×15%

=787.5×50%-762.5×15%

=279.375（万元）

【例6-4】李先生于2014年以50万元购买了一套房产，2016年12月以70万元出售。假设分别出现以下两种情况：

（1）李先生不能提供购房发票证明；

（2）李先生能够提供购房发票，发票所载金额为50万元。

请分别两种情况计算李先生应交土地增值税。

【解析】

（1）李先生不能提供购房发票证明，又不能提供房屋及建筑物价格评估报告的，其以核定方式来缴纳，则需要缴纳的土地增值税为7 000元（700 000×1%）。

（2）如果李先生能够提供购房发票，发票所载金额为50万元，那么可扣除：

原值=500 000元

加计金额=500 000×5%×2

=50 000（元）

税金：

契税=500 000×1.5%

=7 500（元）

转让时缴纳的增值税及附加=700 000×5.5%

=38 500（元）

个人所得税按核定方式应纳额=700 000×1%

=7 000（元）

印花税=350元

那么该套房屋的增值额为：

700 000-500 000-50 000-7 500-38 500-7 000-350=96 650（元）

96 650元未超过扣除项目金额的50%，按照30%的税率计算。那么：

应纳土地增值税=96 650×30%

=28 995（元）

三、土地增值税的纳税申报

（一）纳税地点

土地增值税的纳税人应向房地产所在地主管税务机关办理纳税申报。纳税人转让的房地产坐落在两个或两个以上地区的，应按房地产所在地分别申报纳税。

（二）土地增值税纳税申报表的填写

土地增值税的纳税人应在房地产转让合同签订后的7日内，到房地产所在地主管税务机关办理纳税申报，并向税务机关提交房屋及建筑物产权、土地使用权证书，土地转让、房产买卖合同，房地产评估报告及其他与转让房地产有关的资料，如实填写《土地增值税纳税申报表》（见表6-2、表6-3）。

表6-2　　　　**土地增值税纳税申报表（一）**

（从事房地产开发的纳税人预征适用）

税款所属时间：　　年　　月　　日至　　年　　月　　日　　　　填表日期：　　年　　月　　日

项目名称：　　　　　　　　项目编号：　　　　　　金额单位：元至角分；面积单位：平方米

纳税人识别号 | | | | | | | | | | | | | | | | | | | |

房产类型	房产类型子目	收入				预征率（%）	应纳税额	税款缴纳	
		应税收入	货币收入	实物收入及其他收入	视同销售收入			本期已缴税额	本期应缴税额计算
	1	2=3+4+5	3	4	5	6	7=2×6	8	9=7-8
普通住宅									
非普通住宅									
其他类型房地产									
合　计	—					—			
以下由纳税人填写：									
纳税人声明	此纳税申报表是根据《中华人民共和国土地增值税暂行条例》及其实施细则和国家有关税收规定填报的，是真实的、可靠的、完整的。								
纳税人签章		代理人签章			代理人身份证号				
以下由税务机关填写：									
受理人		受理日期	年　月　日		受理税务机关签章				

本表一式两份，一份纳税人留存，一份税务机关留存。

填表说明：

1.本表适用于从事房地产开发并转让的土地增值税纳税人，在每次转让时填报，也可按月或按各省、自治区、直辖市和计划单列市地方税务局规定的期限汇总填报。

2.凡从事新建房及配套设施开发的纳税人，均应在规定的期限内，据实向主管税务机关填报本表所列内容。

3.本表栏目的内容如果没有，可以空置不填。

4.纳税人在填报土地增值税预征申报表时，应同时向主管税务机关提交《土地增值税项目登记表》等有关资料。

5.项目编号是在进行房地产项目登记时，税务机关按照一定的规则赋予的编号，此编号会跟随项目的预征清算全过程。

6.表第1列“房产类型子目”是主管税务机关规定的预征率类型，每一个子目唯一对应一个房产类型。

7.表第3栏“货币收入”，按纳税人转让房地产开发项目所取得的货币形态的收入额（不含增值税）填写。

8.表第4栏“实物收入及其他收入”，按纳税人转让房地产开发项目所取得的实物形态的收入和无形资产等其他形式的收入额（不含增值税）填写。

9.表第5栏“视同销售收入”，纳税人将开发产品用于职工福利、奖励、对外投资、分配给股东或投资人、抵偿债务、换取其他单位和个人的非货币性资产等，发生所有权转移时应视同销售房地产，其收入不含增值税。

10.本表一式两份，送主管税务机关审核盖章后，一份由地方税务机关留存，一份退纳税人。

表6-3

土地增值税纳税申报表（三）

（非从事房地产开发的纳税人适用）

税款所属时间：　年　月　日至　年　月　日　　填表日期：　年　月　日

金额单位：元至角分　　面积单位：平方米

<table>
<tr><td>纳税人识别号</td><td colspan="7"></td></tr>
<tr><td>纳税人名称</td><td colspan="2"></td><td>项目名称</td><td colspan="2"></td><td>项目地址</td><td></td></tr>
<tr><td>所属行业</td><td></td><td>登记注册类型</td><td></td><td>纳税人地址</td><td></td><td>邮政编码</td><td></td></tr>
<tr><td>开户银行</td><td></td><td>银行账号</td><td></td><td>主管部门</td><td></td><td>电　话</td><td></td></tr>
<tr><td colspan="4">项　目</td><td>行次</td><td colspan="3">金　额</td></tr>
<tr><td colspan="4">一、转让房地产收入总额　1 = 2 + 3+4</td><td>1</td><td colspan="3"></td></tr>
<tr><td rowspan="3">其中</td><td colspan="3">货币收入</td><td>2</td><td colspan="3"></td></tr>
<tr><td colspan="3">实物收入</td><td>3</td><td colspan="3"></td></tr>
<tr><td colspan="3">其他收入</td><td>4</td><td colspan="3"></td></tr>
<tr><td colspan="4">二、扣除项目金额合计
（1）5=6+7+10+15
（2）5=11+12+14+15</td><td>5</td><td colspan="3"></td></tr>
<tr><td rowspan="5">（1）提供评估价格</td><td colspan="3">1.取得土地使用权所支付的金额</td><td>6</td><td colspan="3"></td></tr>
<tr><td colspan="3">2.旧房及建筑物的评估价格 7 = 8×9</td><td>7</td><td colspan="3"></td></tr>
<tr><td rowspan="2">其中</td><td colspan="2">旧房及建筑物的重置成本价</td><td>8</td><td colspan="3"></td></tr>
<tr><td colspan="2">成新度折扣率</td><td>9</td><td colspan="3"></td></tr>
<tr><td colspan="3">3.评估费用</td><td>10</td><td colspan="3"></td></tr>
<tr><td rowspan="4">（2）提供购房发票</td><td colspan="3">1.购房发票金额</td><td>11</td><td colspan="3"></td></tr>
<tr><td colspan="3">2.发票加计扣除金额 12=11×5%×13</td><td>12</td><td colspan="3"></td></tr>
<tr><td colspan="3">其中：房产实际持有年数</td><td>13</td><td colspan="3"></td></tr>
<tr><td colspan="3">3.购房契税</td><td>14</td><td colspan="3"></td></tr>
<tr><td colspan="4">4.与转让房地产有关的税金等 15 = 16 + 17 + 18 + 19</td><td>15</td><td colspan="3"></td></tr>
<tr><td rowspan="4">其中</td><td colspan="3">增值税</td><td>16</td><td colspan="3"></td></tr>
<tr><td colspan="3">城市维护建设税</td><td>17</td><td colspan="3"></td></tr>
<tr><td colspan="3">印花税</td><td>18</td><td colspan="3"></td></tr>
<tr><td colspan="3">教育费附加</td><td>19</td><td colspan="3"></td></tr>
<tr><td colspan="4">三、增值额 20 = 1 − 5</td><td>20</td><td colspan="3"></td></tr>
<tr><td colspan="4">四、增值额与扣除项目金额之比（%）21 = 20÷5</td><td>21</td><td colspan="3"></td></tr>
<tr><td colspan="4">五、适用税率（%）</td><td>22</td><td colspan="3"></td></tr>
<tr><td colspan="4">六、速算扣除系数（%）</td><td>23</td><td colspan="3"></td></tr>
<tr><td colspan="4">七、应缴土地增值税税额 24 = 20×22 − 5×23</td><td>24</td><td colspan="3"></td></tr>
<tr><td colspan="4">八、减免税额（减免性质代码：＿＿＿＿）</td><td>25</td><td colspan="3"></td></tr>
<tr><td colspan="4">九、已缴土地增值税税额</td><td>26</td><td colspan="3"></td></tr>
<tr><td colspan="4">十、应补（退）土地增值税税额 27=24−25−26</td><td>27</td><td colspan="3"></td></tr>
<tr><td colspan="8">以下由纳税人填写：</td></tr>
<tr><td>纳税人声明</td><td colspan="7">此纳税申报表是根据《中华人民共和国土地增值税暂行条例》及其实施细则和国家有关税收规定填报的，是真实的、可靠的、完整的。</td></tr>
<tr><td>纳税人签章</td><td colspan="2"></td><td>代理人签章</td><td></td><td>代理人身份证号</td><td colspan="2"></td></tr>
<tr><td colspan="8">以下由税务机关填写：</td></tr>
<tr><td>受理人</td><td colspan="2"></td><td>受理日期</td><td>年　月　日</td><td>受理税务机关签章</td><td colspan="2"></td></tr>
</table>

本表一式两份，一份纳税人留存，一份税务机关留存。

填表说明：

一、适用范围

土地增值税纳税申报表（三）适用于非从事房地产开发的纳税人。该纳税人应在签订房地产转让合同后的七日内，向房地产所在地主管税务机关填报土地增值税纳税申报表（三）。

土地增值税纳税申报表（三）还适用于以下从事房地产开发的纳税人：将开发产品转为自用、出租等用途且已达到主管税务机关旧房界定标准后，又将该旧房对外出售的。

二、土地增值税纳税申报表（三）主要项目填表说明

（一）表头项目

1.纳税人识别号：填写税务机关为纳税人确定的识别号。

2.项目名称：填写纳税人转让的房地产项目全称。

3.登记注册类型：单位，根据税务登记证或组织机构代码证中登记的注册类型填写；纳税人是企业的，根据国家统计局《关于划分企业登记注册类型的规定》填写。该项可由系统根据纳税人识别号自动带出，无须纳税人填写。

4.所属行业：根据《国民经济行业分类》（GB/T 4754-2011）填写。该项可由系统根据纳税人识别号自动带出，无须纳税人填写。

5.主管部门：按纳税人隶属的管理部门或总机构填写。外商投资企业不填。

（二）表中项目

土地增值税纳税申报表（三）的各主要项目内容，应根据纳税人转让的房地产项目作为填报对象。纳税人如果同时转让两个或两个以上房地产的，应分别填报。

1.表第1栏“转让房地产收入总额”，按纳税人转让房地产所取得的全部收入额（不含增值税）填写。

2.表第2栏“货币收入”，按纳税人转让房地产所取得的货币形态的收入额（不含增值税）填写。

3.表第3、4栏“实物收入”、“其他收入”，按纳税人转让房地产所取得的实物形态的收入和无形资产等其他形式的收入额（不含增值税）填写。

4.表第6栏“取得土地使用权所支付的金额”，按纳税人为取得该房地产开发项目所需要的土地使用权而实际支付（补交）的土地出让金（地价款）及按国家统一规定交纳的有关费用的数额填写。

5.表第7栏“旧房及建筑物的评估价格”，是指根据《中华人民共和国土地增值税暂行条例》（国务院令第138号,以下简称《条例》）和《中华人民共和国土地增值税暂行条例实施细则》（财法字〔1995〕6号,以下简称《细则》）等有关规定，按重置成本法评估旧房及建筑物并经当地税务机关确认的评估价格的数额。本栏由第8栏与第9栏相乘得出。如果本栏数额能够直接根据评估报告填报，则本表第8、9栏可以不必再填报。

6.表第8栏“旧房及建筑物的重置成本价”，是指按照《条例》和《细则》规定，由政府批准设立的房地产评估机构评定的重置成本价 。

7.表第9栏“成新度折扣率”，是指按照《条例》和《细则》规定，由政府批准设立的房地产评估机构评定的旧房及建筑物的新旧程度折扣率。

8.表第10栏“评估费用”，是指纳税人转让旧房及建筑物时因计算纳税的需要而对房地产进行评估，其支付的评估费用允许在计算增值额时予以扣除。

9.表第11栏“购房发票金额”，区分以下情形填写：提供营业税销售不动产发票的，按发票所载金额填写；提供增值税专用发票的，按发票所载金额与不允许抵扣进项税额合计金额数填写；提供增值税普通发票的，按照发票所载价税合计金额数填写。

10.表第12栏“发票加计扣除金额”是指购房发票金额乘以房产实际持有年数乘以5%的积数。

11.表第13栏“房产实际持有年数”是指，按购房发票所载日期起至售房发票开具之日止，每满12个月计一年；未满12个月但超过6个月的，可以视同为一年。

12.表第14栏“购房契税”是指购房时支付的契税。

13.表第15栏“与转让房地产有关的税金等”为表第16栏至表第19栏的合计数。

14.表第16栏至表第19栏，按纳税人转让房地产时实际缴纳的有关税金的数额填写。开具营业税发票的，按转让房地产时缴纳的营业税数额填写；开具增值税发票的，第16栏营业税为0。

15.表第22栏“适用税率”，应根据《条例》规定的四级超率累进税率，按所适用的最高一级税率填写。

16.表第23栏“速算扣除系数”，应根据《细则》第十条的规定找出相关速算扣除系数填写。

项目小结

1.土地增值税是对转让国有土地使用权、地上建筑物及其他附着物并取得收入的单位和个人，就其转让房地产取得的增值额征收的一种税。

2.增值额为纳税人转让房地产取得的收入扣除税法规定的扣除项目金额后的余额。土地增值税以转让房地产取得的增值额为征税对象。

3.土地增值税实行4级超率累进税率，最低税率为30%，最高税率为60%，根据增值率的高低分段确定适用税率，按次征收。

复习思考题

1.土地增值税的征税对象和范围分别包括哪些？

2.土地增值税税率有哪些？

3.土地增值税的计税依据是什么？

4.土地增值税的税收优惠有哪些？

技能训练题

某县房地产开发企业于2015年12月签订土地转让合同，以转让方式取得20 000平方米土地，其取得土地使用权购置原价1 000万元，取得土地使用证后，该房地产公司在2016年对此地块进行三通一平建设，支付相关费用250万元，并在当年发生如下业务：

（1）签订合同，将三通一平后此地块的1/5转让给另一家企业，转让收入600万元。

（2）将其余地块用于建造一处住宅小区，小区建造中发生其他开发成本3 000万元，开发费用1 000万元（不能提供银行证明）；该小区建筑面积42 000平方米，其中2 000平方米为无偿提供给业主的配套车库，不对外销售，40 000平方米为可售面积。

（3）将此小区建造完工配套用车库无偿投入规定用途的使用，将小区32 000平方米（可售面积的80%）的房屋销售，按照销售合同取得销售收入8 000万元；将6 000平方米（可售面积的15%）的房屋作价1 500万元对外进行投资；将剩余2 000平方米（可售面积5%）房屋转为自有固定资产管理。

（4）签订合同，将自有房屋出租，租期自2016年11月1日至2018年10月31日，月租金5万元，10月底交付，2016年取得租金收入10万元。

假定该企业所在地房地产开发费用扣除采用最高标准；可售占地面积与占地总面积的比例和可售建筑面积与建筑总面积的比例一致。

要求：(1) 计算该企业应纳的增值税、城市维护建设税、教育费附加合计数。

(2) 计算该企业转让土地使用权应纳的土地增值税。

(3) 计算该企业转让房地产应纳的土地增值税。

项目七　关税纳税实务

知识目标

▶ 了解关税的概念、特点。

▶ 理解关税的征收对象、税率（税额）等基本内容。

▶ 掌握关税的计税依据、税收优惠。

技能目标

▶ 熟练掌握关税应纳税额的计算方法和纳税申报。

案例导读

2009年4月20日，应美国钢铁工人联合会的申请，美国国际贸易委员会（ITC）对中国乘用车和轻型卡车轮胎发起特保调查。

2009年4月29日，美国国际贸易委员会正式启动对中国轮胎产品的特保调查。

2009年6月29日，美国国际贸易委员会建议在现行进口关税（3.4%~4.0%）的基础上，对中国输美乘用车与轻型卡车轮胎连续3年分别加征55%、45%和35%的特别从价关税。

2009年8月3日，美国业界反对特保案，中国产业代表团赴美沟通。2009年8月7日，美国贸易代表办公室将召集涉案各方召开听证会，此后作出裁决。

2009年9月2日，美国贸易代表办公室向其总统奥巴马交出裁制意见。2009年9月3日，轮胎特保案建议被呈交至奥巴马。

2009年9月11日，奥巴马宣布对中国轮胎实施3年惩罚性关税，即在未来3年内，分别对中国输美轮胎征收35%、30%和25%的从价特别关税。根据美国的法律程序，该案特保措施将于2009年9月26日之前生效。

2009年9月14日，中国商务部表示：中方就美方对中国输美轮胎产品采取的特殊保障措施，要求与美方进行WTO争端解决项下的磋商。中国就美国轮胎特保措施正式启动WTO争端解决程序。

2009年9月15日，中国商务部表示：一方面反对贸易救济措施的滥用；另一方面希望在世界贸易规则及法律框架之内，与美方进行进一步的磋商和沟通，共同促进双边经贸关系的稳定发展。

请问：通过这个案例，你从哪个方面认识到了关税的作用？

任务一 认知关税

一、关税的含义与内容

关税是对进出关境的货物和物品征收的一种税。

国境是一个主权国家全面行使主权的境域，包括领土、领海、领空。关境又称税境或海关境域，是一个国家的关税法令完全实施的境域。在通常情况下，一个国家的关境与其国境是一致的。但在国境内设有免税的自由港或自由贸易区时，关境就小于国境；如果几个国家结成关税同盟，在成员国之间，货物进出国境不征收关税，只对来自和运往非同盟成员国的货物进出共同关境时征收关税，这时就各成员国来说，关境大于国境。

关税能起到维护国家主权和经济利益、保护和促进工农业生产的发展、积累财政资金、调节国民经济和对外贸易等作用。

二、关税的征税对象和纳税人

（一）关税的征税对象

关税的征税对象是准许进出境的货物和物品。

货物是指贸易性商品。物品是指入境旅客随身携带的行李物品、个人邮递进口物品、各种运输工具上的服务人员携带进口的自用物品、馈赠物品及以其他方式进入国境的个人物品等。为方便旅客进入国境，简化关税征收手续，我国对物品进口实行关税与其他海关代征税合并征收的简易征收方法。

凡准许进出口的货物，除国家另有规定的以外，都要按照《海关进出口税则》征收进口税或出口税。对从境外进口国产货物也要征收进口关税。按照“奖出限入”的原则，对出口货物一般免征出口关税，《海关进出口税则》中列名出口征收关税的仅有鳗鱼苗等少数商品。

（二）关税的纳税人

进口货物的收货人、出口货物的发货人、进口物品的所有人是进出口关税的纳税人。进出口货物的收、发货人是依法取得对外贸易经营权，并进口或者出口货物的法人或者其他社会团体。进出境物品的所有人包括该物品的所有人和推定为所有人的人。

三、关税的税目、税率

（一）关税税则、税目

关税税则又称海关税则。它是一国对进出口商品计征关税的规章和对进出口的应税与免税商品加以系统分类的一览表，海关凭以征收关税，关税税则是关税政策的具体体现。

海关税则一般包括两个部分：一部分是海关课征关税的规章条例及说明；另一部分是关税税目税率表。关税税目税率表主要包括：税则号列（简称税号）、货品分类目录、税率三部分。

（二）关税税率

1.关税税率的设置

（1）进口关税设置最惠国税率、协定税率、特惠税率、普通税率、关税配额税率等税率。对进口货物在一定期限可以实行暂定税率。

（2）出口关税设置出口税率。对出口货物在一定期限内可以实行暂定税率。

2.关税税率的分类适用

（1）最惠国税率。最惠国税率适用原产于与我国共同适用最惠国待遇条款的WTO成员国或地区的进口货物，或原产于与我国签订有相互给予最惠国待遇条款的双边贸易协定的国家或地区进口的货物，以及原产于我国境内的进口货物。

（2）协定税率。协定税率适用原产于我国参加的含有关税优惠条款的区域性贸易协定有关缔约方的进口货物，目前对原产于韩国、斯里兰卡和孟加拉国3个曼谷协定成员的739个税目进口商品实行协定税率（即曼谷协定税率）。

（3）特惠税率。特惠税率适用原产于与我国签订有特殊优惠关税协定的国家或地区的进口货物，目前对原产于孟加拉国的18个税目进口商品实行特惠税率（即曼谷协定特惠税率）。

（4）普通税率。普通税率适用于原产于上述国家或地区以外的其他国家或地区的进口货物。按照普通税率征税的进口货物，经国务院关税税则委员会特别批准，可以适用最惠国税率。

（5）暂定税率与关税配额税率。根据经济发展需要，国家对部分进口原材料、零部件、农药原药和中间体、乐器及生产设备实行暂定税率。暂定税率优先适用于优惠税率或最惠国税率，按普通税率征税的进口货物不适用暂定税率。同时，对部分进口农产品和化肥产品实行关税配额，即一定数量内的上述进口商品适用税率较低的配额内税率，超出该数量的进口商品适用税率较高的配额外税率。

《2016年关税实施方案》已经报国务院批准，自2016年1月1日起实施。部分进口商品暂定税率表（2016年）见表7-1。国务院关税税则委员会发布通知称，《2017年关税调整方案》规定，自2017年7月1日起实施第二次降税；自2017年1月1日起对822项进口商品实施暂定税率，自2017年7月1日起，将实施进口商品暂定税率的商品范围调减至805项；对铬铁等213项出口商品征收出口关税，其中有50项暂定税率为零。

出口货物关税没有按贸易对象进行税率上的区分，一般是按应税出口货物分别规定不同的比例税率。对出口货物在一定期限内可以实行暂定税率，适用出口税率的出口货物有暂定税率的，应当适用暂定税率。部分出口商品税率表见表7-2。

3.特别关税

特别关税包括报复性关税、反倾销税与反补贴税和保障性关税。报复性关税是指为报复他国对本国出口货物的关税歧视，而对相关国家的进口货物征收的一种进口附加税。任何国家或者地区对其进口的原产于我国的货物征收歧视性关税或者给予其他歧视性待遇的，我国对原产于该国家或者地区的进口货物征收报复性关税。反倾销税与反补贴税是指进口国海关对外国的倾销商品，在征收关税的同时附加征收的一种特别关税，其目的在于

表7-1　　部分进口商品暂定税率表（2016年）

序号	ex[①]	税则号列	商品名称	最惠国税率（%）	2016年暂定税率（%）
1		01061211	改良种用鲸、海豚和鼠海豚；改良种用海牛及儒艮	10	0
2		03033110	冻格陵兰庸鲽鱼	10	5
3		03033200	冻鲽鱼，但鱼肝及鱼卵除外	12	2
4		03035100	冻鲱鱼，但鱼肝及鱼卵除外	10	2
5		03036300	冻鳕鱼，但鱼肝及鱼卵除外	10	2
6		03038910	冻带鱼	10	5
7		03062190	未冻的其他岩礁虾和其他龙虾	15	10
8		03062290	未冻的其他螯龙虾	15	10
9	ex	03079190	活、鲜或冷的象拔蚌	14	10
10		04041000	乳清及改性乳清	6	2
11		05051000	填充用羽毛；羽绒	10	2
12		05119111	受精鱼卵	12	0
13		08013100	鲜或干的未去壳腰果	20	10
14		08021100	鲜或干的未去壳扁桃仁	24	10
15		08024190	鲜或干的未去壳栗子（板栗除外）	25	20
16		08024290	鲜或干的去壳栗子（板栗除外）	25	20
17		08025100	鲜或干的未去壳阿月浑子果（开心果）	10	5
18		08025200	鲜或干的去壳阿月浑子果（开心果）	10	5
19		08026190	未去壳非种用马卡达姆坚果（夏威夷果）	24	19
20		08026200	去壳马卡达姆坚果（夏威夷果）	24	19
21		08029020	鲜或干的白果	25	20
22	ex	08029090	碧根果	24	10
23		08044000	鲜或干鳄梨	25	10
24		12119036	甘草	6	0
25		12122190	其他适合供人食用的海草及藻类	15	2
26		12122910	马履藻	15	2
27		12122990	其他海草及藻类	15	2

表7-2 **部分出口商品税率表（2016年）**

序号	ex[①]	税则号列	商品名称（简称）	最惠国税率（%）	2016年暂定税率（%）
1		03019210	鳗鱼苗	20	
2		05061000	经酸处理的骨胶原及骨	40	
3		05069011	含牛羊成分的骨粉及骨废料	40	
4		05069019	其他骨粉及骨废料	40	
5	ex	05069090	其他骨及角柱（已脱胶骨、角柱除外）	40	
6	ex	05069090	已脱胶骨、角柱	40	0
7		25041010	鳞片状天然石墨		20
8		25041099	其他粉末状天然石墨		20
9		25049000	其他天然石墨		20
10		25085000	红柱石，蓝晶石及硅线石，不论是否煅烧		10
11		25086000	富铝红柱石		10
12		25101010	未碾磨硝灰石		20
13		25101090	未碾磨石硝酸钙、天然磷酸铝钙及磷酸盐白垩，磷灰石除外		20
14		25102010	已碾磨磷灰石		20
15		25102090	已碾磨天然磷酸钙、天然磷酸铝钙及磷酸盐白垩，磷灰石除外		20
16		25112000	天然碳酸钡（毒重石），不论是否煅烧		10
17		25191000	天然碳酸镁（菱镁矿）		5
18		25199010	熔凝镁氧矿		10
19		25199020	烧结鲜氧矿（重烧镁）		10
20		25199030	碱烧镁（轻烧镁）		5
21		25199099	非纯氧化镁		5
22		25261020	未破碎及未研粉的滑石，不论是否粗加修整或切割成矩形板块		10
23	ex	25262020	已破碎或已研粉的天然滑石（体积百分比90%及以上的产品粒度小于等于18微米的滑石粉除外）		10
24		25301010	未膨胀的绿泥石		10
25	ex	25309099	其他氧化镁含量在70%（含70%）以上的矿产品		5
26		26011110	平均粒径小于0.8毫米的未煅烧铁矿砂及其精矿；但焙烧黄铁矿除外		10

抵消他国补贴。保障性关税是指当某类商品进口量剧增，给我国相关产业带来巨大威胁或损害时，按照WTO的有关规则，可以启动一般保障措施，即在与有实质利益的国家或地区进行磋商后，在一定时期内提高该项商品的进口关税或采取数量限制措施，以保护国内相关产业不受损害。

4.关税的税率形式

我国对进口商品基本上都实行从价税，即以进口货物的完税价格作为计税依据，以应征税额占货物完税价格的百分比作为税率。从1997年7月1日起，我国对部分产品实行从量税、复合税和滑准税。

从量税是以进口商品的重量、长度、容量、面积等计量单位为计税依据的方法。采用从量税，每一种进口商品的单位应税额固定，不受该商品进口价格的影响，因此，这种计税方法的特点是税额计算简便，通关手续快捷，能起到抑制质次价廉商品或故意低瞒价格商品的进口。

复合税是对某种进口商品同时使用从价税和从量税的一种计征关税的方法，如现行税则中“广播级录像机”的最惠国税率：当每台价格不高于2 000美元时，执行30%的单一从价税；当每台价格高于2 000美元时，每台征收4 374元的从量税，再加上3%的从价税。复合税既可发挥从量税抑制低价商品进口的特点，又可发挥从价税税负合理、稳定的特点。目前，我国对录像机、放像机、摄像机、数字照相机和摄录一体机实行复合税。

滑准税是一种关税税率随进口商品价格由高到低而由低至高设置计征关税的方法。进口商品的价格越高，其进口关税税率越低；进口商品的价格越低，其进口关税税率越高。其主要特点是可保持滑准税商品的国内市场价格的相对稳定，尽可能减少国际市场价格波动的影响。

任务二　关税应纳税额的计算和申报缴纳

一、进口货物的完税价格和成交价格

（一）进口货物的完税价格

进口货物的完税价格由海关以进口货物的成交价格以及该货物运抵中华人民共和国境内输入地点起卸前的运输及其相关费用、保险费为基础审查确定。

（二）进口货物的成交价格

进口货物的成交价格是指卖方向中华人民共和国境内销售该货物时，买方为进口该货物向卖方实付、应付的，并按照下列要求调整后的价款总额，包括直接支付的价款和间接支付的价款。

（1）进口货物的成交价格应当符合下列条件：

①对买方处置或者使用该货物不予限制，但法律及行政法规规定实施的限制、对货物转售地域的限制和对货物价格无实质性影响的限制除外。

②该货物的成交价格没有因搭售或者其他因素的影响而无法确定。

③卖方不得从买方直接或者间接获得因该货物进口后转售、处置或者使用而产生的任何收益，或者虽有收益但能够按照《进出口关税条例》第十九条、第二十条的规定进行调整。

④买卖双方没有特殊关系，或者虽有特殊关系但未对成交价格产生影响。

（2）进口货物的下列费用应当计入完税价格：

①由买方负担的购货佣金以外的佣金和经纪费。

②由买方负担的在审查确定完税价格时与该货物视为一体的容器的费用。

③由买方负担的包装材料费用和包装劳务费用。

④与该货物的生产和向中华人民共和国境内销售有关的，由买方以免费或者以低于成本的方式提供并可以按适当比例分摊的料件、工具、模具、消耗材料及类似货物的价款，以及在境外开发、设计等相关服务的费用。

⑤作为该货物向中华人民共和国境内销售的条件，买方必须支付的、与该货物有关的特许权使用费。

⑥卖方直接或者间接从买方获得的该货物进口后转售、处置或者使用的收益。

（3）进口时在货物的价款中列明的下列税收、费用，不计入该货物的完税价格：

①厂房、机械、设备等货物进口后进行建设、安装、装配、维修和技术服务的费用。

②进口货物运抵境内输入地点起卸后的运输及其相关费用、保险费。

③进口关税及国内税收。

（4）进口货物的成交价格不符合上述规定条件的，或者成交价格不能确定的，海关经了解有关情况，并与纳税义务人进行价格磋商后，依次以下列价格估定该货物的完税价格：

①与该货物同时或者大约同时向中华人民共和国境内销售的相同货物的成交价格。

②与该货物同时或者大约同时向中华人民共和国境内销售的类似货物的成交价格。

③与该货物进口的同时或者大约同时，将该进口货物、相同或者类似进口货物在第一级销售环节销售给无特殊关系买方最大销售总量的单位价格，但应当扣除同等级或者同种类货物在中华人民共和国境内第一级销售环节销售时通常的利润和一般费用以及通常支付的佣金，进口货物运抵境内输入地点起卸后的运输及其相关费用、保险费，进口关税及国内税收等项目。

④按照下列各项总和计算的价格：生产该货物所使用的料件成本和加工费用，向中华人民共和国境内销售同等级或者同种类货物通常的利润和一般费用，该货物运抵境内输入地点起卸前的运输及其相关费用、保险费。

⑤以合理方法估定的价格。纳税义务人向海关提供有关资料后，可以提出申请，颠倒上述第③项和第④项的适用次序。

二、出口货物的完税价格和成交价格

（一）出口货物的完税价格

出口货物的完税价格由海关以该货物的成交价格以及该货物运至中华人民共和国境内输出地点装载前的运输及其相关费用、保险费为基础审查确定。

（二）出口货物的成交价格

出口货物的成交价格是指该货物出口时，卖方为出口该货物应当向买方直接收取和间接收取的价款总额。出口关税不计入完税价格。

出口货物的成交价格不能确定的，海关经了解有关情况，并与纳税义务人进行价格磋商后，依次以下列价格估定该货物的完税价格：

（1）与该货物同时或者大约同时向同一国家或者地区出口的相同货物的成交价格。

（2）与该货物同时或者大约同时向同一国家或者地区出口的类似货物的成交价格。

（3）按照下列各项总和计算的价格：境内生产相同或者类似货物的料件成本、加工费用，通常的利润和一般费用，境内发生的运输及其相关费用、保险费。

（4）以合理方法估定的价格。

三、关税应纳税额的计算

1.从价税应纳税额的计算

应纳税额=应税进（出）口货物数量×单位完税价格×税率

【例7-1】某单位进口原产于某WTO成员的排气量为2.2L的小轿车20辆，该批货物在出口国的离岸价格为310 000元，运抵我国关境内输入地点起卸前的包装费、运输费、保险费和其他费用共50 000元；支付货物在我国输入地点起卸后的运输费用为20 000元。进口关税税率为28%。计算该单位应纳关税税额。

【解析】该单位应纳关税税额的计算如下：

应纳税额=（310 000+50 000）×28%=100 800（元）

2.从量税应纳税额的计算

应纳税额=应税进（出）口货物数量×单位货物税额

3.复合税应纳税额的计算

应纳税额=应税进（出）口货物数量×单位货物税额+应税进（出）口货物数量×单位完税价格×税率

4.滑准税应纳税额的计算

应纳税额=应税进（出）口货物数量×单位完税价格×滑准税税率

四、关税的申报与缴纳

进口货物的纳税义务人应当自运输工具申报进境之日起14日内，出口货物的纳税义务人除海关特准的外，应当在货物运抵海关监管区后、装货的24小时以前，向货物的进出境地海关申报纳税。

纳税义务人应当自海关填发税款缴款书之日起15日内向指定银行缴纳税款。逾期缴纳税款的，由海关自缴款期限届满之日起至缴清税款之日止，按日加收滞纳税款万分之五的滞纳金。纳税义务人应当自海关填发滞纳金缴款书之日起15日内向指定银行缴纳滞纳金。

缴款期限届满日遇星期六、星期日等休息日或者法定节假日的，应当顺延至休息日或者法定节假日之后的第一个工作日。国务院临时调整休息日与工作日的，海关应当按照调整后的情况计算缴款期限。

五、关税减免税

（一）法定减免税

法定减免税是税法中明确列出的减税或免税。符合税法规定可予减免税的进出口货物，纳税义务人不需要提出申请，海关可按规定直接予以减免税。海关对法定减免税货物一般不进行后续管理。

我国《海关法》和《进出口关税条例》明确规定，下列货物、物品予以减免关税：

（1）关税税额在人民币50元以下的一票货物，可免征关税。

（2）无商业价值的广告品和货样，可免征关税。

（3）外国政府、国际组织无偿赠送的物资，可免征关税。

（4）进出境运输工具装载的途中必需的燃料、物料和饮食用品，可予免税。

（5）经海关核准暂时进境或者暂时出境，并在6个月内复运出境或者复运进境的货样、展览品、施工机械、工程车辆、工程船舶、供安装设备时使用的仪器和工具、电视或者电影摄制器械、盛装货物的容器以及剧团服装道具，在货物收发货人向海关缴纳相当于税款的保证金或者提供担保后，可予暂时免税。

（6）为境外厂商加工、装配成品和为制造外销产品而进口的原材料、辅料、零件、部件、配套件和包装物料，海关按照实际加工出口的成品数量免征进口关税；或者对进口料、件先征进口关税，再按照实际加工出口的成品数量予以退税。

（7）因故退还的中国出口货物，经海关审查属实，可予免征进口关税，但已征收的出口关税不予退还。因故退还的境外进口货物，经海关审查属实，可予免征出口关税，但已征收的进口关税不予退还。

（8）进口货物如有以下情形，经海关查明属实，可酌情减免进口关税：在境外运输途中或者在起卸时，遭受损坏或者损失的；起卸后海关放行前，因不可抗力遭受损坏或者损失的；海关查验时已经破漏、损坏或者腐烂，经证明不是保管不慎造成的。

（9）无代价抵偿货物，即进口货物在征税放行后，发现货物残损、短少或品质不良，而由国外承运人、发货人或保险公司免费补偿或更换的同类货物，可以免税；但有残损或质量问题的原进口货物如未退运国外，其进口的无代价抵偿货物应照章征税。

（10）我国缔结或者参加的国际条约规定减征、免征关税的货物、物品，按照规定予以减免关税。

（11）法律规定减征、免征的其他货物。

（二）特定减免税

特定减免税也称政策性减免税。在法定减免税之外，国家按照国际通行规则和我国实际情况，制定发布的有关进出口货物减免关税的政策，称为特定减免税或政策性减免税。特定减免税货物一般有地区、企业和用途的限制，海关需要进行后续管理，也需要进行减免税统计。我国目前的特定减免主要有对下列项目限定范围和用途的减免：科教用品、残疾人专用品、扶贫及慈善性捐赠物资、加工贸易产品、边境贸易物资、保税区进出口货物、出口加工区进出口货物、进口设备以及特定行业或用途的减免税。

（三）临时减免税

临时减免税是指以上法定和特定减免税以外的其他减免税，即由国务院根据《海关法》对某个单位、某类商品、某个项目或某批进出口货物的特殊情况，给予特别照顾的一案一批专文下达的减免税。一般有单位、品种、期限、金额或数量等限制，不能比照执行。为遵循统一、规范、公平、公开的原则，有利于统一税法、公平税赋、平等竞争，国家严格控制减免税，一般不办理个案临时性减免税，对特定减免税也在逐步规范、清理，对不符合国际惯例的税收优惠政策将逐步予以废止。

任务三 行邮税

一、行邮税的概念

行邮税是行李和邮递物品进口税的简称，又称进境物品进口税，是海关对入境旅客行李物品和个人邮递物品征收的进口税。由于其中包含了进口环节的增值税和消费税，故也为对个人非贸易性入境物品征收的进口关税和进口工商税收的总称。课税对象包括入境旅客、运输工具，服务人员携带的应税行李物品、个人邮递物品、馈赠物品以及以其他方式入境的个人物品等。

《中华人民共和国进出口关税条例》第五十六条规定：“进境物品的关税以及进口环节海关代征税合并为进口税，由海关依法征收。行邮税由海关总署负责征收管理，所得收入归中央政府所有。

二、行邮税的纳税人、税目和税率

（一）行邮税的纳税人

行邮税的纳税人为进境物品的所有人。进境物品的所有人是指携带物品进境的入境人员、进境邮递物品的收件人以及以其他方式进口物品的收件人。

（二）行邮税的税目和税率

根据《国务院关税税则委员会关于调整进境物品进口税有关问题的通知》（税委会〔2016〕2号），海关总署决定对《中华人民共和国进境物品归类表》及《中华人民共和国进境物品完税价格表》的归类和税率进行相应调整，归类原则和完税价格确定原则不变，同时，财政部发布了《关于调整进境物品进口税有关问题的通知》，两项通知均自2016年4月8日起执行。目前这一税率表共设有3档税率，即15%、30%、60%，详见《中华人民共和国进境物品进口税率表》（见表7-3）。

表7-3 中华人民共和国进境物品进口税率表

税号	物品名称	税率（%）
1	书报、刊物、教育用影视资料；计算机、视频摄录一体机、数字照相机等信息技术产品；食品、饮料；金银；家具；玩具，游戏品、节日或其他娱乐用品	15
2	运动用品（不含高尔夫球及球具）、钓鱼用品；纺织品及其制成品；电视摄像机及其他电器用具；自行车；税目1、3中未包含的其他商品	30
3	烟、酒；贵重首饰及珠宝玉石；高尔夫球及球具；高档手表；化妆品	60

注：1.税号3所列商品的具体范围与消费税征收范围一致。

2.此税率包含的关税以及进口环节海关代征税合并为进口税。

三、行邮税应纳税额的计算

行邮税实行从价计征。纳税人应当按照海关填发税款缴纳证当日应税物品的完税价格和税率，在海关放行物品之前计算缴纳行邮税。行邮税应纳税额计算公式如下：

应纳税额=完税价格×进口税税率

其中，完税价格由海关参照应税物品的境外正常零售价格确定。其依据为海关总署制定的《入境旅客行李物品和个人邮递物品进口税税则归类表》和《入境旅客行李物品和个人邮递物品完税价格表》。例如，茶叶、咖啡每千克200元，按摩床、椅每件6 000元，微波炉每台800元，家用洗碗机每台1 500元，三角钢琴每架50 000元，皮鞋每双300元，手持移动电话每部2 000元，棉花每千克40元，衬衫、T恤衫每件300元，数码摄像机每台5 000元，香烟每支0.40元，酒精含量12度以上的酒每瓶（不超过750ml）500元等。

【例7-2】某出国人员回国时带入境内1台应税数码摄像机，完税价格折合人民币5 000元，适用税率为30%。计算该出国人员应纳行邮税税额。

【解析】该出国人员应纳行邮税税额的计算如下：

应纳税额=5 000×30%=1 500（元）

四、行邮税的主要免税规定

入境旅客行李物品和个人邮递物品进口税的主要免税规定如下：

（1）进境居民旅客携带在境外获取的个人自用进境物品，总值不超过5 000元的；非居民旅客携带拟留在中国境内的个人自用进境物品，总值不超过2 000元的，可以免税。但是，烟草制品、酒精制品和国家规定应当征税的电视机、摄像机、录像机、放像机、音响设备、空调器、电冰箱（柜）、洗衣机、照相机、复印机、程控电话交换机、微型计算机及外设、电话机、无线寻呼系统、传真机、电子计算器、打印机及文字处理机、家具、灯具和餐料等物品另按有关规定办理。进境居民旅客携带超出5 000元的个人自用进境物品，经海关审核确属自用的；进境非居民旅客携带拟留在中国境内的个人自用进境物品，超出2 000元的，海关仅对超出部分征税，不可分割的单件物品全额征税。

（2）中国常驻境外的外交机构人员、留学人员、访问学者、赴外劳务人员、援外人员和远洋海员，华侨和中国香港、澳门、台湾同胞，外国驻华使馆、领事馆、有关国际机构的人员，可以享受一定的免税待遇。例如，中国常驻境外的外交机构人员、留学人员、访问学者、劳务人员和援外人员连续在外每满180天，远洋海员每满120天，可以免税携带进境1件规定范围以内的生活用品，包括电视机、洗衣机、电冰箱、照相机、录像机、收录音机和组合音响等。

（3）不超过海关规定的自用合理数量的避孕用具和药品，可以免税。

（4）外国在华常驻人员在华居住超过1年者（指工作或者留学签证有效期超过1年者），在签证有效期以内初次来华携带进境的个人自用的家用摄像机、照相机、便携式收录机、激光唱机和计算机，报经所在地主管海关审核，在每个品种1台的数量限制以内，可以免税。其中，外国专家携运进境的图书资料、科研仪器、工具、样品和试剂等教学、科研物品，在自用合理数量范围以内的，可以免税。上述外国在华常驻人员包括：外国企业和其他经济贸易、文化等组织在华常驻机构的常驻人员，外国民间经济贸易、文化团体在华常驻机构的常驻人员，外国在华常驻新闻机构的常驻记者，在华的中外合资经营企业、中外合作经营企业和外资企业的外方常驻人员，长期来华工作的外国专家和华侨专家，长期来华学习的外国留学生和华侨留学生。

（5）此外，应征进口税税额在人民币50元以下的，可以免征。

项目小结

1.关税是对进出国境或关境的货物或物品征收的一种税。进出口关税以国家准许进口和出口的货物为征税对象。纳税人为进口货物的收货人、出口货物的发货人、进口物品的所有人。

2.进出口货物的完税价格，由海关以该货物的成交价格为基础审查确定；应纳税额分从价税、从量税、复合税和滑准税四种情况根据不同方法计算；关税减免税分为法定减免税、特定减免税和临时减免税。

3.行邮税是海关对入境旅客行李物品、个人邮递物品以及其他个人进口自用物品征收的进口税，它采用从价计征的方法，税率分为三个档次。

复习思考题

1.关税与关境、国境的关系是什么？

2.进出口货物关税的征税对象与纳税人有哪些？

3.简述关税税则及税目。

4.进出口货物关税的税率形式有哪些？

5.什么是进出口货物的完税价格？

技能训练题

某市进出口企业（一般纳税人）发生如下业务：进口设备一批，合同规定货款50 000美元，进口海运费1 000美元，报关费及港口至企业内陆运费200美元，买方另支付进口货物保险费100美元，向采购中介支付中介费500美元。进口后将此批设备以600 000元含税销售。（机器关税税率为7%，当期汇率1∶6.14）

要求：（1）计算其应纳关税和其他税金。

（2）计算内销环节各项税金及附加。

项目八　其他税种纳税实务

知识目标

▶ 了解城市维护建设税、教育费附加、印花税、房产税等税种的概念、特点。

▶ 理解本项目中各税种的征收对象、税率（税额）等基本内容。

▶ 掌握本项目中各税种的计税依据、税收优惠。

技能目标

▶ 熟练掌握本项目中各税种应纳税额的计算方法和纳税申报。

案例导读

北京市某房地产开发公司，注册资本3 000万元，在职人员30人，经营范围为开发销售公寓、办公用房和商业用房。2010年度取得销售商品房收入5 500万元，利润105万元。

2011年1月，该公司与某建筑工程公司签订甲工程施工合同，金额为6 500万元，合同签订后，印花税即已缴纳。该工程于2012年11月初竣工。因工程建筑图纸出现重大修改，原商业用房由五层改为三层，实际工程决算金额为4 800万元。

公司2012年12月签订乙工程建筑施工合同，合同金额为8 000万元，以甲工程多缴印花税为由，冲减合同金额1 700万元，然后计算缴纳印花税。乙工程还有建筑设计合同金额200万元，电力安装工程合同金额400万元，消防安装合同300万元，建设技术咨询合同20万元，均尚未申报缴纳印花税。

请问：(1) 由于存在甲工程合同金额减少等现象，该公司以冲减后的金额为依据，缴纳印花税。这种做法正确吗？

(2) 怎样才能做到既不额外增加税负，又不偷税漏税呢？

(3) 你能帮助该公司正确计算应纳印花税税额吗？

任务一　城市维护建设税与教育费附加

一、城市维护建设税

（一）城市维护建设税的概念

城市维护建设税属于特定目的税，是国家为加强城市维护建设、扩大城市维护建设资金来源而征收的一种附加税。它的计税依据是实际缴纳的增值税、消费税。也就是说，只要是缴纳这“两税”的纳税人，都要按实际缴纳“两税”的金额计算缴纳城市维护建设税。

1985年2月8日，国务院正式颁布《中华人民共和国城市维护建设税暂行条例》（以下简称《城市维护建设税暂行条例》），自1985年起在全国范围内施行。

（二）城市维护建设税的特点

城市维护建设税与其他税种相比，具有以下特点：

1.税款专款专用，具有受益税的性质

城市维护建设税专款专用，用来保证城市的公共事业和公共设施的维护和建设，是一种具有受益税性质的税种。

2.属于一种附加税

城市维护建设税与其他税种不同，没有独立的征税对象或税基，而是以实际缴纳的增值税、消费税税额之和为计税依据，随“两税”同时附征，本质上属于一种附加税。

3.根据城镇规模设计税率

一般来说，城镇规模越大，所需要的建设与维护资金越多。与此相适应，城市维护建设税规定，纳税人所在地为城市市区的，税率为7%；纳税人所在地为县城、建制镇的，税率为5%；纳税人所在地不在城市市区、县城或建制镇的，税率为1%。这种根据城镇规模不同，差别设置税率的办法，较好地照顾了城市建设的不同需要。

4.征收范围较广

鉴于增值税、消费税在我国现行税制中属于主体税种，而城市维护建设税又是其附加税，因此从原则上讲，只要缴纳增值税、消费税中任一税种的纳税人，都要缴纳城市维护建设税。这也就等于说，除了减免税等特殊情况外，任何从事生产经营活动的企业单位和个人都要缴纳城市维护建设税，这个征税范围当然是比较广的。

（三）城市维护建设税的基本规定

1.征税范围

城市维护建设税的征税范围比较广，具体包括城市、县城、建制镇，以及税法规定征收“两税”的其他地区。城市、县城、建制镇的范围，应以行政区划为标准，不能随意扩大或缩小各自行政区域的管辖范围。

2.纳税人

城市维护建设税的纳税人是在征税范围内从事工商经营，并缴纳增值税、消费税的单位和个人。

3.税率

城市维护建设税实行地区差别比例税率。按照纳税人所在地的不同，税率分别规定为7%、5%、1%三个档次。不同地区的纳税人，适用不同档次的税率。具体适用范围是：

纳税人所在地在城市市区的，税率为7%；

纳税人所在地在县城、建制镇的，税率为5%；

纳税人所在地不在城市市区、县城、建制镇的，税率为1%。

纳税单位和个人缴纳城市维护建设税的适用税率，一律按其纳税所在地的规定税率执行。县政府设在城市市区，其在市区办的企业，按照市区的规定税率计算纳税。纳税人所在地为工矿区的，应根据行政区划分别按照7%、5%、1%的税率缴纳城市维护建设税。

城市维护建设税的适用税率，一般规定按纳税人所在地的适用税率执行。但对下列两种情况，可按纳税人缴纳“两税”所在地的规定税率就地缴纳城市维护建设税：

（1）由受托方代收、代扣“两税”的单位和个人。

（2）流动经营等无固定纳税地点的单位和个人。

4.计税依据

城市维护建设税的计税依据是纳税人实际缴纳的增值税、消费税税额。

城市维护建设税以“两税”为计税依据，指的是“两税”实际缴纳税额，不包括加收的滞纳金和罚款。

5.减税、免税

城市维护建设税是以增值税、消费税为计税依据，并与“两税”同时征收的。这样，税法规定对纳税人减免“两税”时，相应也减免了城市维护建设税。因此，城市维护建设税原则上不单独规定减免税。但是，针对逐渐遇到的一些特殊情况，财政部和国家税务总局还是陆续做出了一些特殊税收优惠规定：

（1）海关对进口产品代征增值税、消费税的，不征收城市维护建设税。

（2）对出口产品退还增值税、消费税的，不退还已缴纳的城市维护建设税；生产企业出口货物实行免抵退税办法后，经国家税务局正式审核批准的当期免抵的增值税税额应纳入城市维护建设税和教育费附加的计征范围，分别按规定的税（费）率征收城市维护建设税和教育费附加。

（3）对下岗失业人员从事个体经营（除建筑业、娱乐业以及广告业、桑拿、按摩、网吧、氧吧外）的，自领取税务登记证之日起，3年内免征城市维护建设税、教育费附加。

（4）自2004年1月1日起，对为安置自谋职业的城镇退役士兵就业而新办的服务型企业（除广告业、桑拿、按摩、网吧、氧吧外），当年新安置自谋职业的城镇退役士兵达到职工总数30%以上，并与其签订1年以上期限劳动合同的，经县级以上民政部门认定、税务机关审核，3年内免征城市维护建设税。对为安置自谋职业的城镇退役士兵就业而新办的商业零售企业，当年新安置自谋职业的城镇退役士兵达到职工总数30%以上，并与其签订1年以上期限劳动合同的，经县级以上民政部门认定、税务机关审核，3年内免征城市维护建设税。对自谋职业的城镇退役士兵，在国办发〔2004〕10号文下发后从事个体经营（除建筑业、娱乐业以及广告业、桑拿、按摩、网吧、氧吧外）的，自领取税务登记证之日起，3年内免征城市维护建设税。

此外，对增值税、消费税实行先征后返、先征后退、即征即退办法的，除另有规定外，对随“两税”附征的城市维护建设税和教育费附加，一律不予退（返）还。

（四）应纳税额的计算

城市维护建设税应纳税额按以下公式计算：

应纳税额=（实际缴纳的增值税税额+实际缴纳的消费税税额）×适用税率

【例8-1】地处市区的某企业，2016年6月应缴纳增值税231万元，其中因符合有关政策规定而被退库13万元；缴纳消费税87万元。请计算该企业实际应纳城市维护建设税税额。

【解析】该企业实际应纳城市维护建设税税额的计算如下：

应纳税额=（231-13+87）×7%=21.35（万元）

（五）征收管理

1.纳税环节

城市维护建设税的纳税环节，实际就是纳税人缴纳“两税”的环节。纳税人只要发生“两税”的纳税义务，就要在同样的环节，分别计算缴纳城市维护建设税。

2.纳税地点

纳税人缴纳“两税”的地点，就是该纳税人缴纳城市维护建设税的地点。但是，属于下列情况的，纳税地点为：

（1）代扣代缴、代收代缴“两税”的单位和个人，同时也是城市维护建设税的代扣代缴、代收代缴义务人，其城市维护建设税的纳税地点在代扣代收地。

（2）跨省开采的油田，下属生产单位与核算单位不在一个省内的，其生产的原油，在油井所在地缴纳增值税，其增值税应纳税额由核算单位按照各油井的产量和规定税率，计算汇拨各油井缴纳。所以，各油井应纳的城市维护建设税应由核算单位计算，随同增值税一并汇拨油井所在地，由油井在缴纳增值税的同时，一并缴纳城市维护建设税。

（3）对管道局输油部分的收入，由取得收入的各管道局于所在地缴纳增值税，所以其应纳城市维护建设税，也应由取得收入的各管道局于所在地缴纳增值税时一并缴纳。

（4）对流动经营等无固定纳税地点的单位和个人，应随同“两税”在经营地按适用税率缴纳。

3.纳税期限

由于城市维护建设税是由纳税人在缴纳“两税”时同时缴纳的，所以其纳税期限分别与“两税”的纳税期限一致。

4.纳税申报

纳税者需要填写《城市维护建设税纳税申报表》，见表8-1。

表 8-1　　　　　　　　　　　　　**城市维护建设税纳税申报表**

填报日期：　　年　月　日

纳税人识别号：□□□□□□□□□□□□□□□□□□□□　　　　金额单位：元（列至角分）

<table>
<tr><td>纳税人名称</td><td colspan="3"></td><td colspan="2">税款所属时期</td><td colspan="2"></td></tr>
<tr><td>计税依据</td><td>计税金额</td><td>税率</td><td>应纳税额</td><td colspan="2">已纳税额</td><td colspan="2">应补（退）税额</td></tr>
<tr><td>1</td><td>2</td><td>3</td><td>4=2×3</td><td colspan="2">5</td><td colspan="2">6=4−5</td></tr>
<tr><td>增值税</td><td></td><td></td><td></td><td colspan="2"></td><td colspan="2"></td></tr>
<tr><td>消费税</td><td></td><td></td><td></td><td colspan="2"></td><td colspan="2"></td></tr>
<tr><td>合　计</td><td></td><td></td><td></td><td colspan="2"></td><td colspan="2"></td></tr>
<tr><td colspan="2">如纳税人填报，由纳税人填写以下各栏</td><td colspan="3">如委托代理人填报，由代理人填写以下各栏</td><td colspan="3">备注</td></tr>
<tr><td colspan="2" rowspan="3">会计主管
（签章）</td><td rowspan="3">纳税人
（签章）</td><td colspan="3">税务代理机构名称</td><td colspan="2" rowspan="3">税务代理
机构（公章）</td></tr>
<tr><td colspan="3">税务代理机构地址</td></tr>
<tr><td colspan="3">代理人（签章）</td></tr>
<tr><td rowspan="4">申
报
声
明</td><td colspan="2" rowspan="4">此纳税申报表是根据国家税收法律的规定填报的，我确信它是真实的、可靠的、完整的。
声明人：
法定代表人（负责人）：
（公章）</td><td colspan="5">以下由税务机关填写</td></tr>
<tr><td>受理日期</td><td colspan="2"></td><td>受理人</td><td></td></tr>
<tr><td>审核日期</td><td colspan="2"></td><td>审核人</td><td></td></tr>
<tr><td>审核记录</td><td colspan="4"></td></tr>
</table>

二、教育费附加

（一）教育费附加的概念

教育费附加是以单位和个人缴纳的增值税、消费税税额为计算依据征收的一种附加费。为了调动各种社会力量办教育的积极性，开辟多种渠道筹措教育经费，国务院于1986年4月28日颁布了《征收教育费附加的暂行规定》，同年7月1日开始在全国范围内征收教育费附加。教育费附加名义上是一种专项资金，但实质上具有税的形式特征。

（二）教育费附加的征收范围及计税依据

教育费附加对缴纳增值税、消费税的单位和个人征收，以其实际缴纳的增值税、消费税税额为计税依据，分别与增值税、消费税同时缴纳。自2010年12月1日起，对外商投资企业、外国企业及外籍个人开始征收教育费附加。

（三）教育费附加的计征比率

教育费附加的计征比率为3%。

（四）教育费附加的计算

应纳教育费附加=（实际缴纳的增值税税额+实际缴纳的消费税税额）×征收比率

【例8-2】某市区一企业2016年6月实际缴纳增值税30万元，消费税25万元，当年该商店新招用下岗失业人员达到职工总数30%以上（含30%），并与其签订1年以上期限劳动合同的，经劳动保障部门认定、税务机关审核，允许其3年内免征教育费附加。计算该企业应缴纳的教育费附加。

【解析】该企业应缴纳的教育费附加的计算如下：

应纳教育费附加=（30+25）×3%=1.65（万元）

（五）教育费附加的减免规定

教育费附加的减免规定包括：

（1）对海关进口的产品征收的增值税、消费税，不征收教育费附加。

（2）对由于减免增值税、消费税而发生退税的，可以同时退还已征收的教育费附加；但对出口产品退还增值税、消费税的，不退还已征的教育费附加。

（3）对下岗失业人员从事个体经营（国家限制的行业除外）的，自领取税务登记证之日起，3年内免征教育费附加。

（4）自2004年1月1日起，对为安置自谋职业的城镇退役士兵就业而新办的服务型企业（除广告业、桑拿、按摩、网吧、氧吧外）当年新安置自谋职业的城镇退役士兵达到职工总数30%以上，并与其签订1年以上期限劳动合同的，经县级以上民政部门认定、税务机关审核，3年内免征教育费附加。

对为安置自谋职业的城镇退役士兵就业而新办的商业零售企业当年新安置自谋职业的城镇退役士兵达到职工总数30%以上，并与其签订1年以上期限劳动合同的，经县级以上民政部门认定、税务机关审核，3年内免征教育费附加。

对自谋职业的城镇退役士兵，在国办发〔2004〕10号文下发后从事个体经营（除建筑业、娱乐业以及广告业、桑拿、按摩、网吧、氧吧外）的，自领取税务登记证之日起，3年内免征教育费附加。

（六）地方教育费附加

地方教育费附加是指根据国家有关规定，为实施“科教兴省”战略，增加地方教育的资金投入，促进各省、自治区、直辖市教育事业发展，开征的一项地方政府性基金。该收入主要用于各地方的教育经费的投入补充。

2011年7月1日发布的《国务院关于进一步加大财政教育投入的意见》要求，全面开征地方教育费附加。其开征依据是《中华人民共和国教育法》中规定：省、自治区、直辖市人民政府根据国务院的有关规定，可以决定开征用于教育的地方附加费，专款专用。

按照地方教育费附加使用管理规定，在各省、直辖市的行政区域内，凡缴纳增值税、消费税的单位和个人，都应按规定缴纳地方教育费附加。

地方教育费附加=（增值税+消费税）×2%

海关进口产品征收的增值税、消费税不征收教育费附加。

任务二　印花税

一、印花税概述

（一）印花税的概念

印花税是对经济活动和经济交往中书立、领受、使用的应税经济凭证所征收的一种税。因纳税人主要是通过在应税凭证上粘贴印花税票来完成纳税义务，故名印花税。

印花税是世界各国普遍征收的一个税种，它的历史悠久，最早始于1624年的荷兰。1988年8月，国务院公布了《中华人民共和国印花税暂行条例》（以下简称《印花税暂行条例》），并于同年10月1日起施行。

（二）印花税的特点

印花税不论是在性质上，还是在征税方法上，都具有不同于其他税种的特点：

1.兼有凭证税和行为税的性质

一方面，印花税是对单位和个人书立、领受的应税凭证征收的一种税，具有凭证税的性质；另一方面，任何一种应税经济凭证反映的都是某种特定的经济行为，因此对凭证征税，实质上是对经济行为课税。

2.征税范围广泛

印花税的征税对象包括经济活动和经济交往中的各种应税凭证，凡书立和领受这些凭证的单位和个人都要缴纳印花税，因此其征税范围是极其广泛的。此外，随着市场经济的发展和经济法制的逐步健全，依法书立经济凭证的现象将会越来越普遍，印花税的征收面也将更加广阔。

3.税率低，税负轻

印花税与其他税种相比较，税率要低得多，税负较轻，具有广集资金、积少成多的财政效应。

4.由纳税人自行完成纳税义务

纳税人通过自行计算、购买、粘贴印花税票的方法完成纳税义务，并在印花税票和凭证的骑缝处自行盖戳注销或画销。这也与其他税种的缴纳方法有较大区别。

二、印花税的征税范围和纳税人

（一）征税范围

我国经济活动中发生的经济凭证种类繁多、数量巨大，因此我国只对《印花税暂行条例》列举的凭证征收印花税，对《印花税暂行条例》没有列举的凭证不征收印花税。应纳税凭证可分为五类，即经济合同，产权转移书据，营业账簿，权利、许可证照，经财政部确定征税的其他凭证。具体征税范围如下：

1.经济合同

以经济业务活动作为内容的合同，通常称为经济合同。我国只对依法订立的经济合同征收印花税。《印花税税目税率表》中列举了10大类合同，包括：①购销合同；②加工承揽合同；③建设工程勘察设计合同；④建筑安装工程承包合同；⑤财产租赁合同；⑥货物运输合同；⑦仓储保管合同；⑧借款合同；⑨财产保险合同；⑩技术合同。

此外，在确定应税经济合同的范围时，需要特别注意以下三个问题：

（1）具有合同性质的凭证应视同合同征税。所谓具有合同性质的凭证，是指具有合同效力的协议、契约、合约、单据、确认书及其他各种名称的凭证。我国除对依法成立的具有规范内容和名称的10类合同书征收印花税外，还规定对具有合同性质的凭证亦应征收印花税。

（2）未按期兑现合同亦应贴花。印花税既是凭证税，又具有行为税的性质。纳税人签订应税合同，就发生了应税经济行为，必须依法贴花，履行完税手续。所以，不论合同是否兑现或能否按期兑现，都应当缴纳印花税。

（3）同时书立合同和开立单据的贴花方法。办理一项业务（如货物运输、仓储保管、财产保险、银行借款等），如果既书立合同，又开立单据，只就合同贴花；凡不书立合同，只开立单据，以单据作为合同适用的，其使用的单据应按规定贴花。

2.产权转移书据

产权转移即财产权利关系的变更行为，表现为产权主体发生变更。产权转移书据是在产权的买卖、交换、继承、赠与、分割等产权主体变更过程中，由产权出让人与受让人所订立的民事法律文书。

我国印花税税目中的产权转移书据包括财产所有权转移书据、版权转移书据、商标专用权转移书据、专利权转移书据、专有技术使用权转移书据5项。

另外，土地使用权出让合同、土地使用权转让合同、商品房销售合同按照产权转移书据征收印花税。

3.营业账簿

印花税税目中的营业账簿归属于财务会计账簿。按照反映的内容不同，营业账簿在税目中分为记载资金的账簿（简称资金账簿）和其他营业账簿两类，以便于分别采用按金额计税和按件计税两种计税方法。

（1）资金账簿是反映生产经营单位“实收资本”和“资本公积”金额增减变化的账簿。

（2）其他营业账簿是反映除资金资产以外的其他生产经营活动内容的账簿，即除资金账簿以外的，归属于财务会计体系的生产经营用账册。

4.权利、许可证照

权利、许可证照是政府授予单位、个人某种法定权利和准予从事特定经济活动的各种证照的统称，包括房屋产权证、工商营业执照、商标注册证、专利证、土地使用证等。

5.经财政部门确定征税的其他凭证

（二）纳税人

凡在我国境内书立、领受、使用属于征税范围内所列凭证的单位和个人，都是印花税的纳税人。按照征税项目划分的纳税人包括：①立合同人；②立账簿人；③立据人；④领受人；⑤使用人；⑥各类电子应税凭证的签订人。

对于同一凭证，如果由两方或者两方以上当事人签订并各执一份的，各方均为纳税人，应当由各方就所持凭证的各自金额贴花。

三、印花税的计税依据、税率和减免税优惠

（一）计税依据

印花税根据不同征税项目，分别实行从价计征和从量计征两种征收方法。

1.从价计征情况下计税依据的确定

实行从价计征的凭证，以凭证所载金额为计税依据。具体规定如下：

（1）各类经济合同，以合同上所记载的金额、收入或费用为计税依据。

（2）产权转移书据以书据中所载的金额为计税依据。

（3）记载资金的营业账簿，以实收资本和资本公积两项合计金额为计税依据。

2.从量计征情况下计税依据的确定

实行从量计征的其他营业账簿和权利、许可证照，以计税数量为计税依据。

（二）税率

现行印花税采用比例税率和定额税率两种税率。

1.比例税率

印花税的比例税率分为四档，即1‰、0.5‰、0.3‰、0.05‰。

按比例税率征收的应税项目包括：各种合同及具有合同性质的凭证、记载资金的账簿和产权转移书据等。

2.定额税率

适用定额税率的是权利、许可证照和营业账簿中的其他账簿，采取按件规定固定税额，单位税额均为每件5元。对其他营业账簿及权利、许可证照，单位税额均为每件5元。

印花税税目税率详见表8-2。

表8-2 印花税税目税率表

税目	范围	税率	纳税人	说明
1.购销合同	包括供应、预购、采购、购销结合及协作、调剂、补偿、易货等合同	按购销金额0.3‰贴花	立合同人	
2.加工承揽合同	包括加工、定做、修缮、修理、印刷、广告、测绘、测试等合同	按加工或承揽收入0.5‰贴花	立合同人	
3.建设工程勘察设计合同	包括勘察、设计合同	按收取费用0.5‰贴花	立合同人	
4.建筑安装工程承包合同	包括建筑、安装工程承包合同	按承包金额0.3‰贴花	立合同人	
5.财产租赁合同	包括租赁房屋、船舶、飞机、机动车辆、机械、器具、设备等合同	按租赁金额1‰贴花；税额不足1元按1元贴花	立合同人	
6.货物运输合同	包括民用航空运输、铁路运输、海上运输、内河运输、公路运输和联运合同	按运输费用0.5‰贴花	立合同人	单据作为合同使用的，按合同贴花
7.仓储保管合同	包括仓储、保管合同	按仓储保管费用1‰贴花	立合同人	仓单或栈单作为合同使用的，按合同贴花
8.借款合同	银行及其他金融组织和借款人（不包括银行同业拆借）所签订的借款合同	按借款金额0.05‰贴花	立合同人	单据作为合同使用的，按合同贴花
9.财产保险合同	包括财产、责任、保证、信用等保险合同	按保险费收入1‰贴花	立合同人	单据作为合同使用的，按合同贴花
10.技术合同	包括技术开发、转让、咨询、服务等合同	按所载金额0.3‰贴花	立合同人	
11.产权转移书据	包括财产所有权和版权、商标专用权、专利权、专有技术使用权等转移书据、土地使用权出让合同、土地使用权转让合同、商品房销售合同	按所载金额0.5‰贴花	立据人	
12.营业账簿	生产、经营用账册	记载资金的账簿，按“实收资本”和“资本公积”合计金额的0.5‰贴花；其他账簿按件贴花5元	立账簿人	
13.权利、许可证照	包括政府部门发给的房屋产权证、工商营业执照、商标注册证、专利证、土地使用证	按件贴花5元	领受人	

根据《财政部 国家税务总局关于融资租赁合同有关印花税政策的通知》（财税〔2015〕144号）的规定，从2015年12月24日起，对开展融资租赁业务签订的融资租赁合同（含融资性售后回租），统一按照其所载明的租金总额依照“借款合同”税目，按万分之零点五的税率计税贴花。

（三）减免税优惠

下列凭证可以免征印花税：

（1）已经缴纳印花税的凭证的副本或抄本，但是视同正本使用者除外。

（2）财产所有人将财产赠给政府、抚养孤老伤残人员的社会福利单位、学校所立的书据。

（3）国家指定的收购部门与村民委员会、农民个人书立的农副产品收购合同。

（4）无息、贴息贷款合同。

（5）外国政府、国际金融组织向中国政府、国家金融机构提供优惠贷款所书立的合同。

（6）企业因改制而签订的产权转移书据。

（7）农民专业合作社与本社成员签订的农业产品和农业生产资料购销合同。

（8）个人出租、承租住房签订的租赁合同，廉租住房、经济适用住房经营管理单位与廉租住房、经济适用住房有关的凭证，廉租住房承租人、经济适用住房购买人与廉租住房、经济适用住房有关的凭证。在融资性售后回租业务中，对承租人、出租人因出售租赁资产及购回租赁资产所签订的合同，不征收印花税。

下列项目可以暂免征收印花税：

（1）农林作物、牧业畜类保险合同。

（2）书、报、刊发行单位之间，发行单位与订阅单位、个人之间书立的凭证。

（3）投资者买卖证券投资基金单位。

（4）经国务院和省级人民政府决定或者批准进行政企脱钩、对企业（集团）进行改组和改变管理体制、变更企业隶属关系，国有企业改制、盘活国有企业资产，发生的国有股权无偿划转行为。

（5）个人销售、购买住房。

自2010年9月27日起3年以内，公共租赁住房（以下简称公租房）经营管理单位建造公租房涉及的印花税可以免征。在其他住房项目中配套建设公租房，根据政府部门出具的相关材料，可以按照公租房建筑面积占总建筑面积的比例免征建造、管理公租房涉及的印花税。公租房经营管理单位购买住房作为公租房，可以免征印花税；公租房租赁双方签订租赁协议设计的印花税可以免征。

四、印花税应纳税额的计算与申报缴纳

（一）应纳税额的计算方法

1.按比例税率计算应纳税额的方法

应纳税额=计税金额×适用税率

2.按定额税率计算应纳税额的方法

应纳税额=凭证数量×单位税额

3.计算印花税应纳税额应当注意的问题

（1）同一凭证由两方或者两方以上当事人签订并各执一份的，应当由各方就所执的一份各自全额贴花。

（2）已贴花的凭证，修改后所载金额增加的，其增加部分应当补贴印花税票。

（3）按比例税率计算纳税而应纳税额又不足1角的，免纳印花税；应纳税额在1角以上的，其税额尾数不满5分的不计，满5分的按1角计算贴花。对财产租赁合同的应纳税额超过1角但不足1元的，按1元贴花。

【例8-3】某企业2015年2月开业，领受房产权证、工商营业执照、土地使用证各一件，与其他企业订立转移专用技术使用权书据一件，所载金额为80万元；订立产品购销合同两件，所载金额为150万元；订立借款合同一份，所载金额为40万元。此外，企业的营业账簿中，“实收资本”科目载有资金600万元，其他营业账簿20本。2015年12月，该企业“实收资本”所载资金增加为800万元。计算该企业2015年2月份应纳印花税税额和12月份应补缴印花税税额。

【解析】该企业2015年2月份应纳印花税税额和12月份应补缴印花税税额的计算如下：

（1）企业领受权利、许可证照应纳税额：

应纳税额=3×5=15（元）

（2）企业订立产权转移书据应纳税额：

应纳税额=800 000×0.5‰=400（元）

（3）企业订立购销合同应纳税额：

应纳税额=1 500 000×0.3‰=450（元）

（4）企业订立借款合同应纳税额：

应纳税额=400 000×0.05‰=20（元）

（5）企业营业账簿中“实收资本”科目所载资金应纳税额：

应纳税额=6 000 000×0.5‰=3 000（元）

（6）企业其他营业账册应纳税额：

应纳税额=20×5=100（元）

（7）2月份企业应纳印花税税额：

应纳税额=15+400+450+20+3 000+100=3 985（元）

（8）12月份资金账簿应补缴税额为：

应补缴税额=（8 000 000−6 000 000）×0.5‰=1 000（元）

（二）印花税的缴纳方法

印花税的缴纳方法较其他税种不同，是由纳税人根据税法规定，自行计算应纳税额，自行购买印花税票，自行贴花和划销，自行完成纳税义务。同时，对特殊情形采取特定的纳税贴花方法。

1.一般纳税方法

印花税通常由纳税人根据规定自行计算应纳税额，购买并一次贴足印花税票，完纳税款。纳税人向税务机关或指定的代售单位购买印花税票，就税务机关来说，印花税票一经售出，国家即取得印花税收入。但就纳税人来说，购买了印花税票，不等于履行了纳税义务。因此，纳税人将印花税票粘贴在应税凭证上后，应即行注销，注销标记应与骑缝处相交。所谓骑缝处，是指粘贴的印花税票与凭证之间的交接处。

对国家政策性银行记载资金的账簿，一次贴花数额较大、难以承担的，经当地税务机关核准，可在3年内分次贴足印花。

2.简化纳税方法

为简化贴花手续，对那些应纳税额较大或者贴花次数频繁的纳税人，税法规定了以下三种简化的缴纳方法：

（1）以缴款书或完税证代替贴花的方法。

某些应税凭证，如资金账簿、大宗货物的购销合同、建筑工程承包合同等，如果一份凭证的应纳税额数量较大，超过500元，贴用印花税票不方便的，可向当地税务机关申请填写缴款书或者完税证，将其中一联黏贴在凭证上或者由税务机关在凭证上加注完税标记，代替贴花。

（2）按期汇总缴纳印花税的方法。

同一种类应纳税凭证若需要频繁贴花的，纳税人可向当地税务机关申请按期汇总缴纳印花税。经税务机关核准发给许可证后，按税务机关确定的限期（最长不超过1个月）汇总计算纳税。应纳税凭证在加注税务机关指定的汇缴戳记、编号，并装订成册后，纳税人应将缴款书的一联黏附册后，盖章注销，保存备查。

（3）代扣税款汇总缴纳的方法。

税务机关为了加强源泉控制管理，可以委托某些代理填开应税凭证的单位（如代办运输、联运的单位）对凭证的当事人应纳的印花税予以代扣，并按期汇总缴纳。

3.纳税人贴花的其他具体规定

纳税人贴花时，必须遵照以下规定办理纳税事宜：

（1）在应纳税凭证书立或领受时即行贴花完税，不得延至凭证生效日期贴花。

（2）印花税票应粘贴在应纳税凭证上，并由纳税人在每枚税票的骑缝处盖戳注销或划销，严禁揭下重用。

（三）征收管理

1.纳税环节

印花税应当在书立或领受时贴花，具体是指，在合同签订时、账簿启用时和证照领受时贴花。如果合同是在国外签订，并且不便在国外贴花的，应在将合同带入境时办理贴花纳税手续。

2.纳税地点

印花税一般实行就地纳税。对于全国性商品物资订货会（包括展销会、交易会等）上所签订合同应纳的印花税，由纳税人回其所在地后及时办理贴花完税手续；对地方主办、不涉及省际关系的订货会、展销会上所签合同的印花税，其纳税地点由各省、自治区、直辖市人民政府自行确定。

3.纳税申报

印花税的纳税人应按照《印花税暂行条例》的有关规定及时办理纳税申报，并如实填写《印花税纳税申报（报告）表》（见表8-3）。

表 8-3　　　　　　　　　　**印花税纳税申报（报告）表**

税款所属期限：自　年　月　日至　年　月　日　填表日期：　年　月　日　金额单位：元（列至角分）

纳税人识别号

纳税人信息				
纳税人信息	名称		□单位　□个人	
	登记注册类型		所属行业	
	身份证件类型		身份证件号码	
	联系方式			

应税凭证	计税金额或件数	核定征收		适用税率	本期应纳税额	本期已缴税额	本期减免税额		本期应补（退）税额
		核定依据	核定比例				减免性质代码	减免额	
	1	2	3	4	5 = 1×4+2×3×4	6	7	8	9 = 5−6−8
购销合同				0.3‰					
加工承揽合同				0.5‰					
建设工程勘察设计合同				0.5‰					
建筑安装工程承包合同				0.3‰					
财产租赁合同				1‰					
货物运输合同				0.5‰					
仓储保管合同				1‰					
借款合同				0.05‰					
财产保险合同				1‰					
技术合同				0.3‰					
产权转移书据				0.5‰					
营业账簿（记载资金的账簿）		—		0.5‰					
营业账簿（其他账簿）		—		5					
权利、许可证照		—		5					
合计	—	—		—					

以下由纳税人填写：					
纳税人声明	此纳税申报表是根据《中华人民共和国印花税暂行条例》和国家有关税收规定填报的，是真实的、可靠的、完整的。				
纳税人签章		代理人签章		代理人身份证号	
以下由税务机关填写：					
受理人		受理日期	年　月　日	受理税务机关签章	

本表一式两份，一份纳税人留存，一份税务机关留存。

减免性质代码：减免性质代码按照税务机关最新制发的减免税政策代码表中的最细项减免性质代码填报。

任务三　房产税

一、房产税概述

（一）房产税的概念

房产税是以房屋为征税对象，以房屋的计税余值或租金收入为计税依据，向房屋产权所有人征收的一种财产税。

1986年9月15日，国务院正式发布了《中华人民共和国房产税暂行条例》（以下简称

《房产税暂行条例》），并从当年10月1日开始施行。

（二）现行房产税的特点

（1）房产税属于财产税中的个别财产税，其征税对象只是房屋。

（2）房产税征税范围限于城镇的经营性房屋。房产税在城市、县城、建制镇和工矿区范围内征收，不涉及农村。

（3）拥有房屋的单位和个人，既可以将房屋经营自用，又可以把房屋用于出租、出典。房产税根据纳税人经营形式的不同，对前一类房屋按房产计税余值征收，对后一类房屋按租金收入计税，从而使征税办法符合纳税人的经营特点，便于平衡税收负担和进行征收管理。

二、房产税的征税范围、纳税人和税率

（一）房产税的征税范围

《房产税暂行条例》规定，房产税在城市、县城、建制镇和工矿区征收。

城市是指经国务院批准设立的市。城市的征税范围为市区、郊区和市辖县县城，不包括农村。

县城是指县级人民政府所在地。

建制镇是指经省、自治区、直辖市人民政府批准设立的建制镇。建制镇的征税范围为镇人民政府所在地，不包括所辖的行政村。

工矿区是指工商业比较发达、人口比较集中，符合国务院规定的建制镇标准，但尚未设立建制镇的大中型工矿企业所在地。开征房产税的工矿区必须经省、自治区、直辖市人民政府批准。

（二）房产税的纳税人

房产税以在征税范围内的房屋产权所有人为纳税人。其中：

（1）产权属国家所有的，由经营管理单位纳税；产权属集体和个人所有的，由集体单位和个人纳税。

（2）产权出典的，由承典人纳税。所谓产权出典，是指产权所有人将房屋、生产资料等的产权在一定期限内典当给他人使用，从而取得资金的一种融资业务。

（3）产权所有人、承典人不在房屋所在地的，由房产代管人或者使用人纳税。

（4）产权未确定及租典纠纷未解决的，亦由房产代管人或者使用人纳税。

自2009年1月1日起，外商投资企业、外国企业和外国人经营的房产按照《房产税暂行条例》及有关规定征收房产税。

（三）房产税的税率

房产税采用比例税率。根据房产税的计税依据，税率可分为两种：依据房产计税余值计税的，税率为1.2%；依据房产租金收入计税的，税率为12%。自2008年3月1日起，对个人出租住房，不区分用途，按4%的税率征收房产税。对企事业单位、社会团体以及其他组织按市场价格向个人出租用于居住的住房，减按4%的税率征收房产税。

三、房产税的计税依据和应纳税额的计算

（一）计税依据

房产税采用从价计征的方法。计税办法分为按房产余值计税和按租金收入计税两种。

（1）对经营自用的房屋，以房产的计税余值作为计税依据。

所谓计税余值，是指依照税法规定按房产原值一次减除10%~30%的损耗价值以后的余额。对于扣除比例，一定要按由省、自治区、直辖市人民政府确定的比例执行。

（2）对于出租的房屋，以租金收入作为计税依据。

对于以房产投资联营，投资者参与投资利润分红、共担风险的，以房产的计税余值作为计税依据计征房产税；而对以房产投资、收取固定收入、不承担联营风险的，实际是以联营名义取得房产租金，应根据《房产税暂行条例》的有关规定，由出租方按租金收入计算缴纳房产税。

对于融资租赁房屋，由于租赁费包括购进房屋的价款、手续费、借款利息等，与一般房屋出租的"租金"内涵不同，且租赁期满后，当承租方偿还最后一笔租赁费时，房屋产权一般都转移到承租方，这实际上是一种变相的分期付款购买固定资产的形式，因此在计征房产税时，应以房产余值计算征收。至于租赁期内房产税的纳税人，由当地税务机关根据实际情况确定。

（二）应纳税额的计算

1.地上建筑物房产税应纳税额的计算公式

应纳税额=房产计税余值（或租金收入）×适用税率

房产计税余值=房产原值×（1-原值减除比例）

2.地下建筑物房产税应纳税额的计算公式

工业用途房产，以房屋原价的50%~60%作为应税房产原值。

应纳税额=应税房产原值×（1-原值减除比例）×1.2%

商业和其他用途房产，以房屋原价的70%~80%作为应税房产原值。

应纳税额=应税房产原值×（1-原值减除比例）×1.2%

房屋原价折算为应税房产原值的具体比例由各省、自治区、直辖市和计划单列市财政和地方税务部门在上述幅度内自行确定。

出租的地下建筑物，按照出租地上房屋建筑的有关规定计算征收房产税。

【例8-4】某省一企业2016年度自有房屋10栋，其中8栋用于经营生产，房产原值为1 000万元，不包括冷暖通风设备60万元；2栋房屋租给某公司作经营用房，年租金收入为50万元。计算该企业当年应纳的房产税。（注：该省规定按房产原值一次扣除20%后的余值计税）

【解析】该企业当年应纳房产税的计算如下：

（1）自用房产应纳税额=（1 000+60）×（1-20%）×1.2%=10.176（万元）

（2）租金收入应纳税额=50×12%=6（万元）

（3）全年应纳税额=10.176+6=16.176（万元）

四、房产税减免税优惠

依据《房产税暂行条例》及有关规定，下列房产免征房产税：

（1）国家机关、人民团体、军队自用的房产。

（2）国家财政部门拨付事业经费单位自用的房产。

（3）宗教寺庙、公园、名胜古迹自用的房产。

（4）个人拥有的非营业用的房产。

（5）经财政部批准免税的其他房产。

2015年12月17日《财政部 国家税务总局关于体育场馆房产税和城镇土地使用税政策的通知》（财税〔2015〕130号）规定：经费自理事业单位、体育社会团体、体育基金会、体育类民办非企业单位拥有并运营管理的体育场馆，同时符合下列条件的，其用于体育活动的房产、土地，免征房产税和城镇土地使用税：（1）向社会开放，用于满足公众体育活动需要；（2）体育场馆取得的收入主要用于场馆的维护、管理和事业发展；（3）拥有体育场馆的体育社会团体、体育基金会及体育类民办非企业单位，除当年新设立或登记的以外，前一年度登记管理机关的检查结论为"合格"。如果体育场馆符合上述要求，经向税务部门办理备案手续后即可享受房产税和土地使用税免征优惠政策。

五、房产税的申报和缴纳

（一）纳税义务发生时间

由于房屋的属性以及用途不同，因此房产税的纳税义务发生时间也有一定区别。

将原有房产用于生产经营的，从生产经营之月起，计征房产税。

自建的房屋用于生产经营的，自建成之日的次月起，计征房产税。

委托施工企业建设的房屋，从办理验收手续之日的次月起，计征房产税。对于在办理验收手续前已使用或出租、出借的新建房屋，应从使用或出租、出借的当月起按规定计征房产税。

购置新建商品房，自房屋交付使用之次月起计征房产税。

购置存量房，自办理房屋权属转移、变更登记手续，房地产权属登记机关签发房屋权属证书之次月起计征房产税。

出租、出借房产，自交付出租、出借房产之次月起计征房产税。

房地产开发企业自用、出租、出借本企业建造的商品房，自房屋使用或交付之次月起计征房产税。

（二）纳税期限

房产税实行按年征收，分期缴纳。纳税期限由省、自治区、直辖市人民政府规定。各地一般按季或半年征收。

（三）纳税地点

房产税在房产所在地缴纳。房产不在同一地方的纳税人应按房产的坐落地点分别向房产所在地的税务机关缴纳。

（四）纳税申报

房产税的纳税申报，是房屋产权所有人或纳税人缴纳房产税必须履行的法定手续。纳税义务人应根据税法要求，将现有房屋的坐落地点、结构、面积、原值、出租收入等情况，据实向当地税务机关办理纳税申报并按规定纳税。如果纳税人住址发生变更、产权发生转移，以及出现新建、改建、扩建、拆除房屋等情况，而引起房产原值发生变化或者租金收入变化的，都要按规定及时向税务机关办理变更登记，以便税务机关及时掌握纳税人的房产变动情况。

《房产税纳税申报表》见表8-4。

表 8-4

房产税纳税申报表

税款所属期：自　年　月　日至　年　月　日　　填表日期：　年　月　日　　金额单位：元（列至角分）　面积单位：平方米

纳税人识别号

纳税人信息	名称		纳税人分类	单位□　个人□
	登记注册类型	*	所属行业	*
	身份证件类型	身份证□　护照□　其他□	身份证件号码	
	联系人		联系方式	

一、从价计征房产税

	房产编号	房产原值	其中：出租房产原值	计税比例	税率	所属期起	所属期止	本期应纳税额	本期减免税额	本期已缴税额	本期应补（退）税额
1	*										
2	*										
3	*										
4	*										
5	*										
6	*										
7	*										
8	*										
9	*										
10	*										
合计	*	*	*	*	*	*	*				

二、从租计征房产税

	本期申报租金收入	税率	本期应纳税额	本期减免税额	本期已缴税额	本期应补（退）税额
1						
2						
3						
合计		*				

以下由纳税人填写：					
纳税人声明	此纳税申报表是根据《中华人民共和国房产税暂行条例》和国家有关税收规定填报的，是真实的、可靠的、完整的。				
纳税人签章		代理人签章		代理人身份证号	
以下由税务机关填写：					
受理人		受理日期	年　月　日	受理税务机关签章	

本表一式两份，一份纳税人留存，一份税务机关留存。

填表说明：

（1）本表适用于在中华人民共和国境内申报缴纳房产税的单位和个人。

（2）本表依据《中华人民共和国税收征收管理法》《中华人民共和国房产税暂行条例》制定，为房产税纳税申报表主表。本表包括三个附表，附表一为《房产税减免税明细申报表》、附表二为《从价计征房产税税源明细表》、附表三为《从租计征房产税税源明细表》。首次申报或变更申报时纳税人提交《从价计征房产税税源明细表》和《从租计征房产税税源明细表》后，本表由系统自动生成，无需纳税人手工填写，仅需签章确认。申报房产数量大于10个（不含10）的纳税人，建议采用网络申报方式，并可选用本表的汇总版进行申报。后续申报，纳税人税源明细无变更的，税务机关提供免填单服务，根据纳税人识别号，系统根据当期有效的房产税源明细信息自动生成本表，纳税人签章确认即可完成申报。

（3）纳税人识别号：填写税务机关赋予的纳税人识别号。

（4）纳税人名称：党政机关、企事业单位、社会团体的，应按照国家人事、民政部门批准设立或者工商部门注册登记的全称填写；纳税人是自然人的，应当按照本人有效身份证件上标注的姓名填写。

（5）纳税人分类：分为单位和个人，个人含个体工商户。

（6）登记注册类型*：单位，根据税务登记证或组织机构代码证中登记的注册类型填写；纳税人是企业的，根据国家统计局《关于划分企业登记注册类型的规定》填写。内资企业，国有企业，集体企业，股份合作企业，联营企业，国有联营企业，集体联营企业，国有与集体联营企业，其他联营企业，有限责任公司，国有独资公司，其他有限责任公司，股份有限公司，私营企业，私营独资企业，私营合伙企业，私营有限责任公司，私营股份有限公司，其他企业，港、澳、台商投资企业，合资经营企业（港或澳、台资），合作经营企业（港或澳、台资），港、澳、台商独资经营企业，港、澳、台商投资股份有限公司，其他港、澳、台商投资企业，外商投资企业，中外合资经营企业，中外合作经营企业，外资企业，外商投资股份有限公司，其他外商投资企业，该项可由系统根据纳税人识别号自动带出，无须纳税人填写。

（7）所属行业*：根据《国民经济行业分类》（GB/T 4754-2011）填写。该项可由系统根据纳税人识别号自动带出，无须纳税人填写。

（8）身份证件类型：填写能识别纳税人唯一身份的有效证照名称。纳税人为自然人的，必选。选择类型为：身份证、护照、其他，必选一项，选择“其他”的，请注明证件的具体类型。

（9）身份证件号码：填写纳税人身份证件上的号码。

（10）联系人、联系方式：填写单位法定代表人或纳税人本人姓名、常用联系电话及地址。

（11）房产编号*：纳税人不必填写，由税务机关的管理系统赋予编号，以识别。

（12）房产原值：本项为《从价计征房产税税源明细表》相应数据项的汇总值。

（13）出租房产原值：本项为《从价计征房产税税源明细表》相应数据项的汇总值。

（14）计税比例:系统应当允许各地自行配置。配置好后，系统预设在表单中。

（15）税率：系统预设，无需纳税人填写，并允许各地自行配置。从价配置默认1.2%，从租配置默认12%。

（16）所属期起：税款所属期内税款所属的起始月份。起始月份不同的房产应当分行填写。默认为税款所属期的起始月份。但是，当《从价计征房产税税源明细表》中取得时间晚于税款所属期起始月份的，所属期起为“取得时间”的次月；《从价计征房产税税源明细表》中经核准的困难减免的起始月份晚于税款所属期起始月份的，所属期起为“经核准的困难减免的起始月份”；《从价计征房产税税源明细表》中变更类型选择信息项变更的，变更时间晚于税款所属期起始月份的，所属期起为“变更时间”。

（17）所属期止：税款所属期内税款所属的终止月份。终止月份不同的房产应当分行填写，默认为税款所属期的终止月份。但是，当《从价计征房产税税源明细表》中变更类型选择“纳税义务终止”的，变更时间早于税款所属期终止月份的，所属期止为“变更时间”；《从价计征房产税税源明细表》中“经核准的困难减免的终止月份”早于税款所属期终止月份的，所属期止为“经核准的困难减免的终止月份”。

（18）本期应纳税额：本项为《从价计征房产税税源明细表》和《从租计征房产税税源明细表》相应数据项的汇总值。

（19）本期减免税额：本项为按照税目分别从《从价计征房产税税源明细表》或《从租计征房产税税源明细表》月减免税额与税款所属期实际包含的月份数自动计算生成。

（20）带星号(*)的项目不需要纳税人填写。

（21）逻辑关系：

①从价计征房产税的本期应纳税额=∑（房产原值-出租房产原值）×计税比例×税率÷12×（所属期止月份-所属期起月份+1）；

②从价计征房产税的本期应补（退）税额=本期应纳税额-本期减免税额-本期已缴税额；

③从租计征房产税的本期应纳税额=∑本期应税租金收入×适用税率；

④从租计征房产税的本期应补（退）税额=本期应纳税额-本期减免税额-本期已缴税额；

⑤从价计征本期减免税额=∑《从价计征房产税税源明细表》月减免税额×（所属期止月份-所属期起月份+1）；

⑥从租计征本期减免税额=∑《从租计征房产税税源明细表》月减免税额×（所属期止月份-所属期起月份+1）。

任务四　车船税

一、车船税概述

车船税是对在中华人民共和国境内的车辆、船舶（以下简称车船）的所有人或者管理人征收的一种税。

《中华人民共和国车船税法》（以下简称《车船税法》）由中华人民共和国第十一届全国人民代表大会常务委员会第十九次会议于2011年2月25日通过，现予公布，自2012年1月1日起施行。

二、车船税的征税范围、纳税人、适用税额和应纳税额的计算

（一）征税范围

车船税的征税范围是指在中华人民共和国境内属于《车船税法》所附《车船税税目税额表》规定的车辆、船舶。

（二）纳税人

在中华人民共和国境内，车辆、船舶的所有人或者管理人为车船税的纳税人。

（三）适用税额

车船税的适用税额，依照《车船税法》所附的《车船税税目税额表》执行。

《车船税税目税额表》中的车辆、船舶的税目适用范围由财政部、国家税务总局参照国家相关标准确定。

车辆的具体适用税额由省、自治区、直辖市人民政府依据《车船税税目税额表》规定的税额幅度和国务院的规定确定，并报国务院备案。《车船税税目税额表》见表8-5。

（四）应纳税额的计算

车船税应纳税额的计算分不同情况：

表8-5　　　　　　　　　　　　**车船税税目税额表**

税目		计税单位	年基准税额	备注
乘用车（按发动机汽缸容量（排气量）分档）	1.0升（含）以下的	每辆	60元至360元	核定载客人数9人（含）以下
	1.0升以上至1.6升（含）的		300元至540元	
	1.6升以上至2.0升（含）的		360元至660元	
	2.0升以上至2.5升（含）的		660元至1 200元	
	2.5升以上至3.0升（含）的		1 200元至2 400元	
	3.0升以上至4.0升（含）的		2 400元至3 600元	
	4.0升以上的		3 600元至5 400元	
商用车	客车	每辆	480元至1 440元	核定载客人数9人以上，包括电车
	货车	整备质量每吨	16元至120元	包括半挂牵引车、三轮汽车和低速载货汽车等
挂车		整备质量每吨	按照货车税额的50%计算	
其他车辆	专用作业车	整备质量每吨	16元至120元	不包括拖拉机
	轮式专用机械车		16元至120元	
摩托车		每辆	36元至180元	
船舶	机动船舶	净吨位每吨	3元至6元	拖船、非机动驳船分别按照机动船舶税额的50%计算
	游艇	艇身长度每米	600元至2 000元	
		辅助动力帆船每米	600元	

（1）购置的新车船，购置当年的应纳税额自纳税义务发生的当月起按月计算。计算公式如下：

应纳税额=年应纳税额+12×应纳税月份数

（2）在一个纳税年度内，已完税的车船被盗抢、报废、灭失的，纳税人可以凭有关管理机关出具的证明和完税证明，向纳税所在地的主管税务机关申请退还自被盗抢、报废、灭失月份起至该纳税年度终了期间的税款。

（3）已办理退税的被盗抢车船失而复得的，纳税人应当从公安机关出具相关证明的当月计算缴纳车船税。

（4）在一个纳税年度内，纳税人在非车辆登记地由保险机构代收代缴机动车车船税，且能够提供合法有效完税证明的，纳税人不再向车辆登记地的地方税务机关缴纳车船税。

（5）已缴纳车船税的车船在同一纳税年度内办理转让过户的，不另纳税，也不退税。

【例8-5】某运输公司拥有载货汽车15辆（货车自重全部为10吨）；乘人大客车20辆；小客车10辆。计算该公司应纳车船税税额。（说明：载货汽车按自重每吨年税额80元，乘人大客车每辆年税额500元，小客车每辆年税额400元）

【解析】该公司应纳车船税税额的计算如下：

（1）载货汽车应纳税额=15×10×80=12 000（元）

（2）乘人客车应纳税额=20×500+10×400=14 000（元）

（3）全年应纳税额=12 000+14 000=26 000（元）

【例8-6】某航运公司拥有机动船30艘，其中，净吨位为600吨的12艘，2 000吨的8艘，5 000吨的10艘。600吨的单位税额为3元，2 000吨的单位税额为4元，5 000吨的单位税额为5元。请计算该航运公司年应纳车船税税额。

【解析】该航运公司年应纳车船税税额的计算如下：

应纳税额=12×600×3+8×2 000×4+10×5 000×5

=21 600+64 000+250 000

=335 600（元）

三、车船税减免税优惠

（一）法定减免

以下车船享受法定减免优惠：

（1）捕捞、养殖渔船。

（2）军队、武警专用的车船。

（3）警用车船。

（4）依照法律规定应当予以免税的外国驻华使馆、领事馆和国际组织驻华机构及其有关人员的车船。

（5）对节约能源、使用新能源的车船可以减征或者免征车船税；对受严重自然灾害影响纳税困难以及有其他特殊原因确需减税、免税的，可以减征或者免征车船税。

（6）省、自治区、直辖市人民政府可以根据当地实际情况，对城市、农村公共交通车船、农村居民拥有并主要在农村地区使用的摩托车、三轮汽车和低速载货汽车定期减税、免税。

（二）特定减免

以下车船享受特定减免优惠：

（1）经批准临时入境的外国车船和我国香港特别行政区、澳门特别行政区、台湾地区的车船，不征收车船税。

（2）按照规定缴纳船舶吨税的机动车船，自《车船税法》实施之日起5年内免征车船税。

（3）机场、港口内部行驶或作业的车船，自《车船税法》实施之日起5年内免征车船税。

四、车船税的申报和缴纳

(一) 车船税的纳税期限

车船税的纳税义务发生时间，为车船管理部门核发的车船登记证书或者行驶证书所记载日期的当月。纳税人未按照规定到车船管理部门办理应税车船登记手续的，以车船购置发票所载开具时间的当月作为车船税的纳税义务发生时间。对未办理车船登记手续且无法提供车船购置发票的，由主管地方税务机关核定纳税义务发生时间。

车船税按年申报缴纳。纳税年度自公历1月1日起至12月31日止。具体申报纳税期限由省级人民政府确定。

(二) 车船税的纳税地点

车船税的纳税地点为车船的登记地或者车船税扣缴义务人所在地。依法不需要办理登记的车船，车船税的纳税地点为车船的所有人或者管理人所在地。

(三) 车船税的申报缴纳

车船税的申报缴纳分以下情况进行：

(1) 车船的所有人或者管理人未缴纳车船税的，使用人应当代为缴纳车船税。

(2) 从事机动车交通事故责任强制保险业务的保险机构为机动车车船税的扣缴义务人，应当依法代收代缴车船税。

(3) 机动车车船税的扣缴义务人依法代收代缴车船使用税时纳税人不得拒绝。由扣缴义务人代收代缴机动车车船税的，纳税人应当在购买机动车交通事故责任强制保险的同时缴纳车船税。

(4) 纳税人在购买机动车交通事故责任强制保险时缴纳车船税的，不再向地方税务机关申报纳税。

(5) 扣缴义务人在代收车船税时，应当在机动车交通事故责任强制保险的保险单上注明已收税款的信息，作为纳税人完税的证明。除另有规定外，扣缴义务人不再给纳税人开具代扣代收税款凭证。纳税人如有需要，可以持注明已收税款信息的保险单，到主管地方税务机关开具完税凭证。

任务五　耕地占用税和城镇土地使用税

一、耕地占用税

(一) 概念和特点

耕地占用税是指国家对占用耕地建房或从事其他非农业建设的单位和个人，就其实际占用的耕地面积征收的一种税。现行耕地占用税的基本规范是2007年12月1日国务院令第511号，重新颁布的《中华人民共和国耕地占用税暂行条例》(以下简称《耕地占用税暂行条例》)，自2008年1月1日起实施。

耕地占用税作为一个出于特定目的、对特定的土地资源课征的税种，与其他税种相比，具有比较鲜明的特点，主要表现在：

1.兼具资源税与特定行为税的性质

耕地占用税以占用农用耕地建房或从事其他非农用建设的行为为征税对象，以约束纳税人占用耕地的行为、促进土地资源的合理运用为课征目的，除具有资源占用税的属性外，还具有明显的特定行为税的特点。

2.采用地区差别税率

耕地占用税采用地区差别税率，根据不同地区的具体情况，分别制定差别税额，以适应我国地域辽阔、各地区之间耕地质量差别较大、人均占有耕地面积相差悬殊的具体情况，具有因地制宜的特点。

3.在占用耕地环节一次性课征

耕地占用税在纳税人获准占用耕地的环节征收，除对获准占用耕地后超过两年未使用者须加征耕地占用税外，此后不再征收耕地占用税。因此，耕地占用税具有一次性征收的特点。

4.税收收入专用于耕地开发与改良

耕地占用税收入按规定应用于建立发展农业专项基金，主要用于开展宜耕土地开发和改良现有耕地之用，因此具有“取之于地、用之于地”的补偿性特点。

（二）纳税人

耕地占用税的纳税人是占用耕地建房或从事非农业建设的单位和个人。

（三）征税范围

耕地占用税的征税范围包括纳税人为建房或从事其他非农业建设而占用的国家所有和集体所有的耕地。

（四）应纳税额的计算

1.计税依据

耕地占用税以纳税人占用耕地的面积为计税依据，以平方米为计量单位。

2.税率

耕地占用税在税率设计上采用地区差别定额税率。各省、自治区、直辖市耕地占用税平均税额表见表8-6。

表8-6　**各省、自治区、直辖市耕地占用税平均税额表**

地　区	每平方米平均税额（元）
上海	45
北京	40
天津	35
江苏、浙江、福建、广东	30
辽宁、湖北、湖南	25
河北、安徽、江西、山东、河南、重庆、四川	22.5
广西、海南、贵州、云南、陕西	20
山西、吉林、黑龙江	17.5
内蒙古、西藏、甘肃、青海、宁夏、新疆	12.5

3.应纳税额的计算公式

耕地占用税以纳税人实际占用的耕地面积为计税依据，以每平方米土地为计税单位，按适用的定额税率计税。其计算公式为：

应纳税额=实际占用耕地面积（平方米）×适用定额税率

【例8-7】假设某市一家企业新占用19 800平方米耕地用于工业建设，所占耕地适用的定额税率为20元/平方米。计算该企业应纳耕地占用税税额。

【解析】该企业应纳耕地占用税税额的计算如下：

应纳税额=19 800×20=396 000（元）

（五）税收优惠

以下情形享受耕地占用税减免优惠：

（1）免征耕地占用税：军事设施占用耕地；学校、幼儿园、养老院、医院占用耕地。

（2）减征耕地占用税：铁路线路、公路线路、飞机场跑道、停机坪、港口、航道占用耕地，减按每平方米2元的税额征收耕地占用税；农村居民占用耕地新建住宅，按照当地适用税额减半征收耕地占用税。

（六）征收管理

耕地占用税由地方税务机关负责征收。土地管理部门在通知单位或者个人办理占用耕地手续时，应当同时通知耕地所在地同级地方税务机关。获准占用耕地的单位或者个人应当在收到土地管理部门的通知之日起30日内缴纳耕地占用税。土地管理部门凭耕地占用税完税凭证或者免税凭证和其他有关文件发放建设用地批准书。

二、城镇土地使用税

（一）概念和特点

城镇土地使用税是以城镇土地为征税对象，对拥有土地使用权的单位和个人征收的一种税。《中华人民共和国城镇土地使用税暂行条例》于1988年9月27日中华人民共和国国务院令第17号发布，根据2006年12月31日《国务院关于修改〈中华人民共和国城镇土地使用税暂行条例〉的决定》第一次修订，根据2011年1月8日《国务院关于废止和修改部分行政法规的决定》第二次修订，根据2013年12月7日《国务院关于修改部分行政法规的决定》第三次修订。

城镇土地使用税的特点如下：

（1）征税对象是国有土地。

（2）现行城镇土地使用税对在我国境内使用城镇土地的单位和个人征收。

（3）实行差别幅度税额。

（二）纳税人

在城市、县城、建制镇、工矿区范围内使用土地的单位和个人，为城镇土地使用税的纳税人。

（三）征税范围

城镇土地使用税的征税范围，包括在城市、县城、建制镇和工矿区内的国家所有和集体所有的土地。上述城市、县城、建制镇和工矿区分别按以下标准确认：①城市是指经国务院批准设立的市；②县城是指县人民政府所在地；③建制镇是指经省、自治区、直辖市人民政府批准设立的建制镇；④工矿区是指工商业比较发达、人口比较集中、符合国务院规定的建制镇标准的工矿区，但尚未设立建制镇的大中型工矿企业所在地，工矿区必须经省、自治区、直辖市人民政府批准。

上述城镇土地使用税的征税范围中，城市的土地包括市区和郊区的土地，县城的土地是指县人民政府所在地的土地，建制镇的土地是指镇人民政府所在地的土地。

建立在城市、县城、建制镇和工矿区以外的工矿企业不需要缴纳城镇土地使用税。

自2009年1月1日起，公园、名胜古迹内的索道公司经营用地，应按规定缴纳城镇土地使用税。

自2009年12月1日起，对在城镇土地使用税征税范围内单独建造的地下建筑用地，按规定征收城镇土地使用税。其中，已取得地下土地使用权证的，按土地使用权证确认的土地面积计算应征税款；未取得地下土地使用权证或地下土地使用权证上未标明土地面积的，按地下建筑垂直投影面积计算应征税款。

对上述地下建筑用地暂按应征税款的50%征收城镇土地使用税。

（四）应纳税额的计算

1.计税依据

城镇土地使用税以纳税人实际占用的土地面积为计税依据，土地面积的计量标准为每平方米。税务机关应根据纳税人实际占用的土地面积，按照规定的税额计算应纳税额，向纳税人征收城镇土地使用税。

2.税率

城镇土地使用税采用定额税率，即采用有幅度的差别税额，具体标准见表8-7。

表8-7　**城镇土地使用税税率**

级　别	每平方米税额（元）
大城市	1.5~30
中等城市	1.2~24
小城市	0.9~18
县城、建制镇、工矿区	0.6~12

3.应纳税额的计算公式

全年应纳税额=实际占用应税土地面积（平方米）×适用税额

【例8-8】设在某城市的一家企业使用土地面积为10 000平方米，经税务机关核定，该土地为应税土地，每平方米年税额为4元。请计算其全年应纳城镇土地使用税税额。

【解析】其全年应纳城镇土地使用税税额的计算如下：

全年应纳税额=10 000×4=40 000（元）

【例8-9】某城市甲单位与乙单位共同拥有一块土地的使用权，该土地面积为5 000平方米，甲单位使用40%，乙单位使用60%。经税务机关核定，该土地为应税土地，每平方米年税额为5元。请计算甲单位和乙单位全年应纳城镇土地使用税税额。

【解析】甲单位和乙单位全年应纳城镇土地使用税税额的计算如下：

甲单位全年应纳税额=5 000×40%×5=10 000（元）

乙单位全年应纳税额=5 000×60%×5=15 000（元）

【例8-10】某企业集团实行统一核算，其土地使用证注明集团总部占地面积3 000平方米，一分厂占地面积5 000平方米，二分厂占地面积6 000平方米，销售公司占地面积2 500平方米，企业自办幼儿园占地面积800平方米。经税务机关核定，集团总部每平方米年税额为5元，一分厂每平方米年税额为4元，二分厂每平方米年税额为3元，销售公司每平方米年税额为4元，幼儿园用地暂免征收城镇土地使用税。请计算该企业集团全年应纳城镇土地使用税税额。

【解析】该企业集团全年应纳城镇土地使用税税额的计算如下：

全年应纳税额=3 000×5+5 000×4+6 000×3+2 500×4=63 000（元）

（五）税收优惠

下列土地免缴城镇土地使用税：

（1）国家机关、人民团体、军队自用的土地；

（2）由国家财政部门拨付事业经费的单位自用的土地；

（3）宗教寺庙、公园、名胜古迹自用的土地；

（4）市政街道、广场、绿化地带等公共用地；

（5）直接用于农、林、牧、渔业的生产用地；

（6）经批准开山填海整治的土地和改造的废弃土地，从使用的月份起免缴土地使用税5年至10年；

（7）由财政部另行规定免税的能源、交通、水利设施用地和其他用地。

除以上规定外，纳税人缴纳土地使用税确有困难需要定期减免的，由省、自治区、直辖市税务机关审核后，报国家税务局批准。

（六）征收管理

1.纳税期限

城镇土地使用税实行按年计算、分期缴纳的征收方法，具体纳税期限由省、自治区、直辖市人民政府确定。

2.纳税地点和征收机构

城镇土地使用税在土地所在地缴纳。

纳税人使用的土地不属于同一省、自治区、直辖市管辖的，由纳税人分别向土地所在地的税务机关缴纳城镇土地使用税；在同一省、自治区、直辖市管辖范围内，纳税人跨地区使用的土地，其纳税地点由各省、自治区、直辖市地方税务局确定。

城镇土地使用税由土地所在地的地方税务机关征收，其收入纳入地方财政预算管理。

3.纳税申报

城镇土地使用税的纳税人应按照条例的有关规定及时办理纳税申报，并如实填写《城镇土地使用税纳税申报表》（见表8-8）。

表 8-8

城镇土地使用税纳税申报表

税款所属期：自　　年　　月　　日至　　年　　月　　日　　填表日期：　　年　　月　　日　　金额单位：元（列至角分）　面积单位：平方米

纳税人识别号											
纳税人信息	名称						纳税人分类		单位□　个人□		
	登记注册类型			*			所属行业		*		
	身份证件类型			身份证□ 护照□ 其他□______			身份证件号码				
	联系人						联系方式				
申报纳税信息	土地编号	宗地的地号	土地等级	税额标准	土地总面积	所属期起	所属期止	本期应纳税额	本期减免税额	本期已缴税额	本期应补（退）税额
	*										
	*										
	*										
	*										
	*										
	*										
	*										
	*										
	*										
	*										
	合计			*		*	*				
以下由纳税人填写：											
纳税人声明	此纳税申报表是根据《中华人民共和国城镇土地使用税暂行条例》和国家有关税收规定填报的，是真实的、可靠的、完整的。										
纳税人签章		代理人签章		代理人身份证号							
以下由税务机关填写：											
受理人		受理日期	年　月　日	受理税务机关签章							

本表一式两份，一份纳税人留存，一份税务机关留存。

填表说明：

（1）本表适用于在中华人民共和国境内申报缴纳城镇土地使用税的单位和个人。

（2）本表为城镇土地使用税纳税申报表主表，依据《中华人民共和国税收征收管理法》《中华人民共和国城镇土地使用税暂行条例》制定。本表包括两个附表。附表一为《城镇土地使用税减免税明细申报表》，附表二为《城镇土地使用税税源明细表》。首次申报或变更申报时纳税人提交《城镇土地使用税税源明细表》后，本表由系统自动生成，无需纳税人手工填写，仅需签章确认。申报土地数量大于10个（不含10）的纳税人，建议采用网络申报方式，并可选用本表的汇总版进行确认，完成申报。后续申报，纳税人税源明细无变更的，税务机关提供免填单服务，根据纳税人识别号，系统自动打印本表，纳税人签章确认即可完成申报。

（3）纳税人识别号（必填）：填写税务机关赋予的纳税人识别号。

（4）纳税人名称（必填）：党政机关、企事业单位、社会团体的，应按照国家人事、民政部门批准设立或者工商部门注册登记的全称填写；纳税人是自然人的，应当按照本人有效身份证件上标注的姓名填写。

（5）纳税人分类（必选）：分为单位和个人，个人含个体工商户。

（6）登记注册类型*：单位，根据税务登记证或组织机构代码证中登记的注册类型填写；纳税人是企业的，根据国家统计局《关于划分企业登记注册类型的规定》填写。内资企业，国有企业，集体企业，股份合作企业，联营企业，国有联营企业，集体联营企业，国有与集体联营企业，其他联营企业，有限责任公司，国有独资公司，其他有限责任公司，股份有限公司，私营企业，私营独资企业，私营合伙企业，私营有限责任公司，私营股份有限公司，其他企业，港、澳、台商投资企业，合资经营企业（港或澳、台资），合作经营企业（港或澳、台资），港、澳、台商独资经营企业，港、澳、台商投资股份有限公司，其他港、澳、台商投资企业，外商投资企业，中外合资经营企业，中外合作经营企业，外资企业，外商投资股份有限公司，其他外商投资企业，该项可由系统自动带出，无须纳税人填写。

（7）所属行业*：根据《国民经济行业分类》（GB/T 4754-2011）填写。该项可由系统自动带出，无须纳税人填写。

（8）身份证件类型：填写能识别纳税人唯一身份的有效证照名称。纳税人为自然人的，必选。选择类型为：身份证、护照、其他，必选一项，选择“其他”的，请注明证件的具体类型。

（9）身份证件号码：填写纳税人身份证件上的号码。

（10）联系人、联系方式（必填）：填写单位法定代表人或纳税人本人姓名、常用联系电话及地址。

（11）土地编号*：纳税人不必填写，由税务机关的管理系统赋予编号，以识别。

（12）宗地的地号：土地证件记载的地号。不同地号的土地应当分行填写。无地号的，不同的宗地也应当分行填写。

（13）土地等级（必填）：根据本地区关于土地等级的有关规定，填写纳税人占用土地所属的土地的等级。不同土地等级的土地，应当按照各个土地等级汇总填写。

（14）税额标准：根据土地等级确定，可由税务机关系统自动带出。

（15）土地总面积（必填）：此面积为全部面积，包括减免税面积。本项为《城镇土地使用税税源明细表》“占用土地面积”的汇总值。

（16）所属期起：税款所属期内税款所属的起始月份。起始月份不同的土地应当分行填写。默认为税款所属期的起始月份。但是，当《城镇土地使用税税源明细表》中土地取得时间晚于税款所属期起始月份的，所属期起为“取得时间”的次月；《城镇土地使用税税源明细表》中经核准的困难减免的起始月份晚于税款所属期起始月份的，所属期起为“经核准的困难减免的起始月份”；《城镇土地使用税税源明细表》中变更类型选择信息项变更的，变更时间晚于税款所属期起始月份的，所属期起为“变更时间”。

（17）所属期止：税款所属期内税款所属的终止月份。终止月份不同的土地应当分行填写。默认为税款所属期的终止月份。但是，当《城镇土地使用税税源明细表》中变更类型选择“纳税义务终止”的，变更时间早于税款所属期终止月份的，所属期止为“变更时间”；《城镇土地使用税税源明细表》中“经核准的困难减免的终止月份”早于税款所属期终止月份的，所属期止为“经核准的困难减免的终止月份”。

（18）本期应纳税额：根据《城镇土地使用税税源明细表》有关数据项自动计算生成。本期应纳税额=∑占用土地面积×税额标准÷12×（所属期止月份-所属期起月份+1）。

（19）本期减免税额：本项根据《城镇土地使用税税源明细表》月减免税额与税款所属期实际包含的月份数自动计算生成，本期减免税额=∑《城镇土地使用税税源明细表》月减免税额×（所属期止月份-所属期起月份+1）。

（20）逻辑关系：本期应补（退）税额=本期应纳税额-本期减免税额-本期已缴税额。

（21）带星号(*)的项目不需要纳税人填写。

任务六 资源税

一、资源税概述

（一）概念及特点

资源税是对在我国境内开发和利用自然资源和生产盐的单位和个人，为调节因资源生成和开发条件差异而形成的级差收入，就其销售数量征收的一种税。资源税的基本规范是1993年12月25日国务院颁布的《中华人民共和国资源税暂行条例》（以下简称《资源税暂行条例》），1994年1月8日财政部发布《中华人民共和国资源税暂行条例实施细则》（以下简称《资源税暂行条例实施细则》），并于1994年1月1日起施行。2011年9月30日，国务院发布《关于修改〈中华人民共和国资源税暂行条例〉的决定》，自2011年11月1日起施行修改后的《资源税暂行条例》。

财政部和国家税务总局于2016年5月9日发布了《关于全面推进资源税改革的通知》（财税〔2016〕53号），根据党中央、国务院决策部署，为深化财税体制改革，促进资源节约集约利用，加快生态文明建设，自2016年7月1日起全面推进资源税改革。其改革包括五方面内容：一是扩大资源税征收范围；二是全面推开从价计征方式；三是全面清理涉及矿产资源的收费基金；四是合理确定资源税税率水平；五是合理设置税收优惠政策。

资源税的特点是：

（1）对特定资源征税，资源税的征税对象不是全部自然资源，而是对级差收入大、资源较为普遍、易于控制管理的矿产品和盐的开发征收。

（2）资源税实行从价计征与从量定额征收，对级差收入进行调节。

（3）资源税以开采者取得的未经加工的原矿产品级差收入为征税对象，对经过加工后的产品不再征收，具有一次课征的特点。

（二）纳税人和扣缴义务人

1.纳税人

资源税的纳税人是指在中华人民共和国领域及管辖海域开采《资源税暂行条例》规定

的矿产品或者生产盐的单位和个人。中外合作开采石油、天然气，按照现行规定只征收矿区使用费，暂不征收资源税。

2.扣缴义务人

收购未税矿产品的单位为资源税的扣缴义务人。收购未税矿产品的单位是指独立矿山、联合企业和其他单位。规定资源税的扣缴义务人，主要是针对零星、分散、不定期开采的情况。为了加强资源税的征收管理，避免漏税，由扣缴义务人在收购矿产品时代扣代缴资源税。

二、资源税的内容

（一）征税范围

根据《资源税暂行条例实施细则》的规定，资源税的征税范围包括矿产品和盐两类。

1.矿产品

矿产品包括原油、天然气、煤炭、黑色金属矿原矿、有色金属矿原矿和其他非金属矿原矿等。

（1）原油是指开采的天然原油，不包括人造石油。

（2）天然气是指专门开采或者与原油同时开采的天然气，煤矿开采的天然气暂不征税。

（3）煤炭是指原煤，不包括洗煤、选煤和其他煤炭制品。

（4）黑色金属矿原矿包括铁矿石、锰矿石和铬矿石。

（5）有色金属矿原矿包括铜矿石、铅锌矿石、铝矿石、钨矿石、锡矿石、黄金矿石等。

（6）其他非金属矿原矿是指原油、天然气、煤炭、井矿盐以外的非金属矿原矿，包括宝石、金刚石、玉石、石墨、石英砂、大理石、花岗石、石棉、石灰石、石膏、石棉、硫铁矿、磷铁矿等。

2.盐

盐包括固体盐和液体盐。固体盐包括海盐原盐、湖盐原盐和井矿盐。液体盐（卤水）是指氯化钠含量达到一定浓度的溶液，是生产碱和其他产品的原料。

2016年7月1日开始的资源税改革内容的第一条就是扩大征税范围，开展水资源税改革试点工作。鉴于取用水资源涉及面广、情况复杂，为确保改革平稳有序实施，先在河北省开展水资源税试点，逐步将其他自然资源纳入征收范围。

（二）税目、税率

资源税采用从价计征与从量定额的方法征收，实行“普遍征收，级差调节”的原则。

资源税的税目、税率包括7大类，在7个税目下设有若干个子目，采用地区差别幅度定额税率，不同类别、不同产区的矿产品的单位税额有差别，同一品种、同一产区的矿产品也因等级不同，其单位税额也存在差别。现行资源税的税目、税率主要是根据资源税应税产品和开采资源的行业特点设置的。资源税税目、税率表见表8-9。

表8-9　**资源税税目、税率表**

序号	税目		征税对象	税率幅度
1	原油			6%~10%
2	天然气			6%~10%
3	煤炭			2%~10%
4	金属矿	铁矿	精矿	1%~6%
5		金矿	金锭	1%~4%
6		铜矿	精矿	2%~8%
7		铝土矿	原矿	3%~9%
8		铅锌矿	精矿	2%~6%
9		镍矿	精矿	2%~6%
10		锡矿	精矿	2%~6%
11		未列举名称的其他金属矿产品	原矿或精矿	税率不超过20%
12	非金属矿	石墨	精矿	3%~10%
13		硅藻土	精矿	1%~6%
14		高岭土	原矿	1%~6%
15		萤石	精矿	1%~6%
16		石灰石	原矿	1%~6%
17		硫铁矿	精矿	1%~6%
18		磷矿	原矿	3%~8%
19		氯化钾	精矿	3%~8%
20		硫酸钾	精矿	6%~12%
21		井矿盐	氯化钠初级产品	1%~6%
22		湖盐	氯化钠初级产品	1%~6%
23		提取地下卤水晒制的盐	氯化钠初级产品	3%~15%
24		煤层（成）气	原矿	1%~2%
25		黏土、砂石	原矿	每吨或每立方米0.1元~5元
26		未列举名称的其他非金属矿产品	原矿或精矿	从量税率每吨或每立方米不超过30元；从价税率不超过20%
27	海盐		氯化钠初级产品	1%~5%

（三）计税依据

根据《财政部、国家税务总局关于全面推进资源税改革的通知》（财税〔2016〕53号），资源税的计税依据为应税产品的销售额或销售量，各税目的征税对象包括原矿、精矿（或原矿加工品，下同）、金锭、氯化钠初级产品，具体按照《改革通知》所附《资源税税目税率幅度表》相关规定执行。对未列举名称的其他矿产品，省级人民政府可对本地区主要矿产品按矿种设定税目，对其余矿产品按类别设定税目，并按其销售的主要形态（如原矿、精矿）确定征税对象。销售额是指纳税人销售应税产品向购买方收取的全部价款和价外费用，不包括增值税销项税额和运杂费用。

纳税人需注意以下3种情形：

（1）纳税人用已纳资源税的应税产品进一步加工应税产品销售的，不再缴纳资源税。纳税人以未税产品和已税产品混合销售或者混合加工为应税产品销售的，应当准确核算已税产品的购进金额，在计算加工后的应税产品销售额时，准予扣减已税产品的购进金额；未分别核算的，一并计算缴纳资源税。

（2）纳税人在2016年7月1日前开采原矿或以自采原矿加工精矿，在2016年7月1日后销售的，按本通知规定缴纳资源税；2016年7月1日前签订的销售应税产品的合同，在2016年7月1日后收讫销售款或者取得索取销售款凭据的，按本通知规定缴纳资源税；在2016年7月1日后销售的精矿（或金锭），其所用原矿（或金精矿）如已按从量定额的计征方式缴纳了资源税，并与应税精矿（或金锭）分别核算的，不再缴纳资源税。

（3）对在2016年7月1日前已按原矿销量缴纳过资源税的尾矿、废渣、废水、废石、废气等实行再利用，从中提取的矿产品，不再缴纳资源税。

（四）税收优惠

资源税实行"普遍征收，级差调节"的原则，减免税项目比较少。《资源税暂行条例》规定，以下项目减征或免征资源税：

（1）开采原油过程中用于加热、修井的原油免征资源税。

（2）纳税人开采或生产应税产品过程中，因意外事故或自然灾害等原因遭受重大损失的，由省、自治区、直辖市人民政府酌情决定减税或者免税。

（3）国务院规定的其他减税、免税项目。具体包括：①自2002年4月1日起，对冶金联合企业矿山铁矿石资源税减征60%，按规定税额的40%征收；②对有色金属矿应纳资源税减征30%，按规定税额的70%征收。

纳税人的减税或免税项目，应当单独核算课税数量；未单独核算或者不能准确提供课税数量的，不予减税或者免税。

根据财税〔2016〕53号文件，以下三类矿产资源可享受税收优惠：

第一类：对依法在建筑物下、铁路下、水体下通过充填开采方式采出的矿产资源，资源税减征50%。

第二类：对实际开采年限在15年以上的衰竭期矿山开采的矿产资源，资源税减征30%。

第三类：对鼓励利用的低品位矿、废石、尾矿、废渣、废水、废气等提取的矿产品，由省级人民政府根据实际情况确定是否给予减税或免税。

三、资源税应纳税额的计算和申报缴纳

（一）应纳税额的计算

资源税的应纳税额，分别以应税产品的销售额乘以纳税人具体适用的比例税率或者以应税产品的销售数量乘以纳税人具体适用的定额税率计算，其计算公式如下：

应纳税额=销售额×适用的比例税率

应纳税额=销售数量×适用的定额税率

【例8-11】某油田2017年1月生产原油50万吨，其中20万吨用于销售，单价5 000元/吨，收购联合企业同品种的已税原油30 000吨，收购价3 500元/吨。请计算该油田当月应纳资源税税额。（原油资源税税率6%）

【解析】该油田当月应纳资源税税额计算如下：

应纳资源税税额=5 000×20×6%=6 000（万元）

【例8-12】某油田开采企业2016年3月销售天然气90万立方米，取得不含税增值税收入1 350 000元，另向购买方收取手续费1 695元，延期付款利息2 260元。假设天然气的资源税税率为10%，计算该企业2016年3月销售天然气应缴纳的资源税税额。

【解析】手续费和延期付款利息应该作为价外费用计算纳税，价外费用视为含税收入。

应纳税额=［1 350 000+（1 695+2 260）/（1+13%）］×10%=135 350（元）

（注：2017年7月1日前天然气的增值税率为13%，2017年7月1日后简并为11%。）

【例8-13】某砂场9月份自产砂石5 000吨，销售了4 500吨，该砂场砂石单位税额为3元/吨，请计算其9月份应纳资源税税额。

【解析】该砂场9月份应纳资源税税额计算如下：

应纳税额=销售数量×适用的单位税额

=4 500×3=13 500（元）

（二）纳税义务发生时间

（1）纳税人销售应税产品的，其纳税义务发生时间为：

①采取分期收款结算方式的，其纳税义务发生时间为销售合同规定的收款日期的当天。

②采取预收货款结算方式的，其纳税义务发生时间为发出应税产品的当天。

③采取其他结算方式的，其纳税义务发生时间为收讫销售款或者取得索取销售款凭据的当天。

（2）纳税人自产自用应税产品的，其纳税义务发生时间为移送使用应税产品的当天。

（3）扣缴义务人代扣代缴税款的，其纳税义务发生时间为支付货款的当天。

（三）纳税期限

《资源税暂行条例》规定，资源税纳税人的纳税期限为1日、3日、5日、10日、15日或者1个月，由主管税务机关根据实际情况具体核定。不能按固定期限纳税的，可以按次计算纳税。

纳税人以1个月为1期纳税的，自期满之日起10日内申报纳税，以1日、3日、5日、10日、15日为1期纳税的，自期满之日起5日内预缴税款，于次月1日起10日内申报纳税并结清上月税款。

（四）纳税地点和纳税环节

1.纳税地点

纳税人应当向应税产品的开采或者生产地主管税务机关缴纳税款；扣缴义务人代扣代缴的资源税，应向收购地缴纳。

2.纳税环节

对外销售的应税产品于销售环节缴纳；自产自用的应税产品于移送使用环节缴纳；由扣缴义务人代扣代缴的，在收购环节缴纳；盐的应纳税款，在出场环节由生产者缴纳。

（五）纳税申报

纳税人需要填写《资源税纳税申报表》（见表8-10）。

表8-10

资源税纳税申报表

根据国家税收法律法规及资源税有关规定制定本表。纳税人不论有无销售额，均应按照税务机关核定的纳税期限填写本表，并向当地税务机关申报。

税款所属时间：自　　年　　月　　日至　　年　　月　　日　　　填表日期：　　年　　月　　日　　　金额单位：元至角分

纳税人识别号

纳税人名称	（公章）		法定代表人姓名			注册地址		生产经营地址		
开户银行及账号				登记注册类型				电话号码		
税目	子目	折算率或换算比	计量单位	计税销售量	计税销售额	适用税率	本期应纳税额	本期减免税额	本期已缴税额	本期应补（退）税额
1	2	3	4	5	6	7	8①=6×7；8②=5×7	9	10	11=8-9-10
合计		—	—			—				
授权声明	如果你已委托代理人申报，请填写下列资料： 为代理一切税务事宜，现授权　　（地址） 为本纳税人的代理申报人，任何与本申报表有关的往来文件，都可寄予此人。 授权人签字：						申报人声明	本纳税申报表是根据国家税收法律法规及相关规定填写的，我确定它是真实的、可靠的、完整的。 声明人签字：		

主管税务机关：　　　　接收人：　　　　接收日期：　　年　月　日

本表一式两份，一份纳税人留存，一份税务机关留存。

填表说明：

1.本表为资源税纳税申报表主表，适用于缴纳资源税的纳税人填报（另有规定者除外）。本表包括三个附表，分别为资源税纳税申报表附表（一）、附表（二）、附表（三），由开采或生产原矿类、精矿类税目的纳税人以及发生减免税事项的纳税人填写。除“本期已缴税额”需要填写外，纳税人提交附表后，本表由系统自动生成，无需纳税人手工填写，仅需签章确认（特殊情况下需要手工先填写附表、再填写主表的例外）。

2.“纳税人识别号”：即税务登记证件号码。“纳税人名称”：即税务登记证件所载纳税人的全称。“填写日期”：即纳税人申报当日日期。“税款所属时间”是指纳税人申报的资源税应纳税额的所属时间，应填写具体的起止年、月、日。

3.第1栏“税目”：是指规定的应税产品名称，多个税目的，可增加行次。第2栏“子目”：反映同一税目下适用税率、折算率或换算比不同的明细项目。子目名称由各省、自治区、直辖市、计划单列市税务机关根据本地区实际情况确定。

4.第3栏“折算率或换算比”：反映精矿销售额折算为原矿销售额或者原矿销售额换算为精矿销售额的比值。除煤炭折算率由纳税人所在省、自治区、直辖市财税部门或其授权地市级财税部门确定外，其他应税产品的折算率或换算比由当地省级财税部门确定。

5.第4栏“计量单位”：反映计税销售量的计量单位，如吨、立方米、千克等。

6.第5栏“计税销售量”：反映计征资源税的应税产品销售数量，包括应税产品实际销售和视同销售两部分。从价计征税目计税销售额对应的销售数量视为计税销售量自动导入到本栏。计税销售量即课税数量。

7.第6栏“计税销售额”：反映计征资源税的应税产品销售收入，包括应税产品实际销售和视同销售两部分。

8.第7栏“适用税率”：从价计征税目的适用税率为比例税率，如原油资源税率为6%，即填6%；从量计征税目的适用税率为定额税率，如某税目每立方米3元，即填3。

9.第8栏“本期应纳税额”：反映本期按适用税率计算缴纳的应纳税额。从价计征税目应纳税额的计算公式为8①=6×7；从量计征税目应纳税额的计算公式为8②=5×7。

10.第9栏“本期减免税额”：反映本期减免的资源税税额。如不涉及减免税事项，纳税人不需填写附表（三），系统会将其“本期减免税额”默认为0。

11.第10栏“本期已缴税额”：填写本期应纳税额中已经缴纳的部分。

12.第11栏“本期应补（退）税额”：本期应补（退）税额=本期应纳税额-本期减免税额-本期已缴税额。

13.中外合作及海上自营油气田按照《国家税务总局关于发布〈中外合作及海上自营油气田资源税纳税申报表〉的公告》（2012年第3号）进行纳税申报。

任务七　车辆购置税

一、车辆购置税的概念和特点

车辆购置税是以在中国境内购置规定车辆为课税对象、在特定的环节向车辆购置者征收的一种税。就其性质而言，车辆购置税属于直接税的范畴。

车辆购置税法是指国家制定的用来调整车辆购置税的征收与缴纳之间权利及义务关系的法律规范。我国现行车辆购置税的基本规范是2000年10月22日国务院令第294号颁布并于2001年1月1日起施行的《中华人民共和国车辆购置税暂行条例》（以下简称《车辆购置税暂行条例》)。

车辆购置税是2001年1月1日在我国开征的新税种，是在原交通部门收取的车辆购置税附加费的基础上，通过“费改税”方式改革而来的。车辆购置税基本上保留了原车辆附加费的特点。

车辆购置税的特点如下：

1.征收范围单一

作为财产税的车辆购置税，是以购置的特定车辆为课税对象，征收范围窄，是一种特种财产税。

2.征收环节单一

车辆购置税实行一次课征制，它只是在退出流通并进入消费领域的特定环节征收。

3.税率单一

车辆购置税只确定一个统一比例税率征收，计征简便，负担稳定，有利于依法治税。

4.征收方法单一

车辆购置税根据纳税人购置应税车辆的计税价格实行从价计征，以价格为计税标准。

5.征税具有特定目的

车辆购置税具有专门用途，由中央财政部门根据国家交通建设投资计划统筹安排。

6.价外征收，税负不发生转嫁

车辆购置税的计税依据中不包含车辆购置税税额，车辆购置税税额是附加在价格之外的，纳税人即为负税人，税负不发生转嫁。

二、车辆购置税的纳税人

车辆购置税的纳税人是指在我国境内购置应税车辆的单位和个人。

三、车辆购置税的征税对象与征税范围

车辆购置税以列举的车辆作为征税对象，未列举的车辆不纳税。其征税范围包括汽车、摩托车、电车、挂车、农用运输车，具体规定如下；

1.汽车

汽车包括各类汽车。

2.摩托车

(1) 轻便摩托车：最高设计时速不大于50千米/时，发动机气缸总排量不大于50毫升的两个或三个车轮的机动车。

(2) 二轮摩托车：最高设计车速大于50千米/时，发动机气缸总排量大于50毫升的两个车轮的机动车。

(3) 三轮摩托车：最高设计车速大于50千米/时，发动机气缸总排量大于50毫升，空车质量不大于400千克的三个车轮的机动车。

3.电车

(1) 无轨电车：以电能为动力，由专用输电电缆供电的轮式公共车辆。

(2) 有轨电车：以电能为动力，在轨道上行驶的公共车辆。

4.挂车

（1）全挂车：无动力设备，独立承载，由牵引车辆牵引行驶的车辆。

（2）半挂车：无动力设备，与牵引车共同承载，由牵引车辆牵引行驶的车辆。

5.农用运输车

（1）三轮农用运输车：柴油发动机，功率不大于7.4千瓦，载重量不大于500千克，最高车速不大于40千米/时的三个车轮的机动车。

（2）四轮农用运输车：柴油发动机，功率不大于28千瓦，载重量不大于1 500千克，最高车速不大于50千米/时的四个车轮的机动车。

为了体现税法的统一性、固定性、强制性和严肃性的特征，车辆购置税征收范围的调整由国务院决定，其他任何部门、单位和个人无权擅自扩大或缩小车辆购置税的征税范围。

四、车辆购置税的税率与计税依据

（一）税率

车辆购置税实行统一比例税率，税率为10%。

（二）计税依据

车辆购置税以应税车辆为课税对象，应税车辆的价格即计税价格就是车辆购置税的计税依据。但是，由于应税车辆购置的来源不同，应税行为的发生环节不同，计税价格的组成也就不一样。车辆购置税的计税依据有以下几种情况：

1.购买自用应税车辆计税依据的确定

纳税人购买自用的应税车辆的计税依据，为纳税人购买应税车辆而支付给销售方的全部价款和价外费用（不含增值税）。

购买的应税自用车辆包括购买自用的国产应税车辆和购买自用的进口应税车辆，如从国内汽车市场、汽车贸易公司购买自用的进口应税车辆。

价外费用是指销售方向购买方收取的手续费、基金、违约金、包装费、运输费、保管费、代垫款项、代收款项和其他各种性质的价外收费，但不包括增值税税款。

2.进口自用应税车辆计税依据的确定

纳税人进口自用的应税车辆以组成计税价格为计税依据。组成计税价格的计算公式如下：

组成计税价格=关税完税价格+关税+消费税

3.其他自用应税车辆计税依据的确定

现行政策规定，纳税人自产、受赠、获奖和以其他方式取得并自用的应税车辆的计税依据，凡不能或不能准确提供车辆价格的，由主管税务机关依国家税务总局核定的相应类型的应税车辆的最低计税价格确定。因此，纳税人自产自用、受赠使用、获奖使用和以其他方式取得并自用的应税车辆一般以国家税务总局核定的最低计税价格为计税依据。

4.最低计税价格作为计税依据的确定

《车辆购置税条例》规定，纳税人购买自用或者进口自用应税车辆，申报的计税价格低于同类型应税车辆的最低计税价格，又无正当理由的，按照最低计税价格征收车辆购置税。

最低计税价格由国家税务总局依据全国市场的平均销售价格制定。

五、车辆购置税应纳税额的计算

车辆购置税实行从价定率的方法计算应纳税额，其计算公式如下：

应纳税额=计税价格×税率

【例8-14】宋某1月份从某汽车有限公司购买一辆小汽车供自己使用，支付了含增值税税款在内的款项234 000元，另支付购买工具件和零配件价款3 000元，车辆装饰费1 170元。所支付的款项均由该汽车有限公司开具“机动车销售统一发票”和有关票据。请计算宋某应纳车辆购置税税额。

【解析】宋某应纳车辆购置税税额的计算如下：

（1）计税价格=（234 000+1 170）÷（1+17%）=201 000（元）

（2）应纳税额=201 000×10%=20 100（元）

【例8-15】某外贸进出口公司3月份从国外进口10辆奔驰公司生产的某型号小轿车。该公司报关进口这批小轿车时，经报关地海关对有关报关资料的审查，确定关税完税价格为每辆185 000元人民币，海关按关税政策规定每辆征收关税203 500元，并按消费税、增值税的有关规定分别代征每辆小轿车的进口消费税11 655元和增值税66 045元。由于联系业务需要，该公司将一辆小轿车留在本单位使用。根据以上资料，计算该公司应纳车辆购置税税额。

【解析】该公司应纳车辆购置税税额的计算如下：

计税价格=（185 000+203 500+11 655）×10=4 001 550（元）

应纳税额=4 001 550×10%=400 155（元）

六、车辆购置税的税收优惠

我国车辆购置税实行法定减免，减免税范围的具体规定如下：

（1）外国驻华使馆、领事馆和国际组织驻华机构及其外交人员自用的车辆免税。

（2）中国人民解放军和中国人民武装警察部队列入军队武器装备订货计划的车辆免税。

（3）设有固定装置的非运输车辆免税。

（4）防汛部门和森林消防部门用于指挥、检查、调度、报汛（警）、联络的设有固定装置的指定型号的车辆免税。

（5）回国服务的留学人员用现汇购买1辆自用国产小汽车免税。

（6）长期来华定居专家1辆自用小汽车免税。

（7）自2004年10月1日起，对三轮农用运输车免征车辆购置税。

（8）有国务院规定予以免税或减税的其他情形的，按照规定免税或者减税。

七、车辆购置税的征收管理

根据2006年1月1日开始试行的《车辆购置税征收管理办法》，对车辆购置税的征收规定如下：

1.纳税申报

车辆购置税实行一车一申报制度。

纳税人在办理纳税申报时应如实填写《车辆购置税纳税申报表》，同时提供车主身份证明、车辆价格证明、车辆合格证明及税务机关要求提供的其他资料的原件和复印件，经车购办审核后，由税务机关保存有关复印件。

2.纳税环节

车辆购置税的纳税环节为使用环节，即最终消费环节。具体而言，纳税人应当在向公安机关等车辆管理机构办理车辆登记注册手续前，缴纳车辆购置税。

3.纳税地点

纳税人购置应税车辆，应当向车辆登记注册地的主管税务机关申报纳税；购置不需办理车辆登记注册手续的应税车辆，应当向纳税人所在地主管税务机关申报纳税。车辆登记注册地是指车辆的上牌落籍地或落户地。

4.纳税期限

纳税人购买自用的应税车辆，自购买之日起60日内申报纳税；进口自用的应税车辆，应当自进口之日起60日内申报纳税；自产、受赠、获奖和以其他方式取得并自用的应税车辆，应当自取得之日起60日内申报纳税。

这里的“购买之日”是指纳税人购车发票上注明的销售日期；“进口之日”是指纳税人报关进口的当天。

项目小结

1.城市维护建设税是我国为了加强城市的维护建设，扩大和稳定城市维护建设资金的来源，而对有经营收入的单位和个人征收的一个税种。城市维护建设税是1984年工商税制全面改革中设置的一个新税种。它是对从事工商经营，缴纳消费税、增值税的单位和个人征收的一种税。

2.教育费附加是对缴纳增值税、消费税的单位和个人征收的一种附加费。作用在于发展地方性教育事业，扩大地方教育经费的资金来源。

3.印花税是对经济活动和经济交往中书立、领受、使用的应税经济凭证所征收的一种税。印花税由纳税人按规定应税的比例和定额自行购买并粘贴印花税票，即完成纳税义务。

4.房产税是以房屋为征税对象，以房屋的计税余值或租金收入为计税依据，向产权所有人征收的一种财产税。现行的房产税是第二步利改税以后开征的，1986年9月15日，国务院正式发布了《房产税暂行条例》，并从当年10月1日开始实施。2010年7月22日，在财政部举行的地方税改革研讨会上，相关人士表示，房产税试点于2012年开始推行，但鉴于全国推行难度较大，试点从个别城市开始。

5.车船税是指对在我国境内应依法到公安、交通、农业、渔业、军事等管理部门办理登记的车辆、船舶，根据其种类，按照规定的计税依据和年税额标准计算征收的一种财产税。

6.耕地占用税是指国家对占用耕地建房或从事其他非农业建设的单位和个人，就其实际占用的耕地面积征收的一种税。耕地占用税以纳税人实际占用的耕地面积为计税依据，以县为单位，按其人均耕地的多少，采用幅度差别税额，于占用耕地行为发生时一次征收。

7.城镇土地使用税是指对城市、县城、建制镇、工矿区范围内使用土地的单位和个人，以实际占用的土地面积为计税依据，按规定税额计算征收的一种税。对外商投资企业和外国企业在华机构的用地不征收城镇土地使用税。城镇土地使用税以纳税人实际占用的土地面积为计税依据，采用有差别的幅度税额，以调节不同地区、不同地段之间的土地级差收入，平衡税负。

8.资源税是以特定自然资源为课税对象，为调节资源级差收入而征收的一种税。

9.车辆购置税是对在我国境内购置规定车辆的单位和个人征收的一种税。现行车辆购置税的基本规范是从2001年1月1日起实施的《车辆购置税暂行条例》。车辆购置税的纳税人为购置（包括购买、进口、自产、受赠、获奖或以其他方式取得并自用）应税车辆的单位和个人，征税范围为汽车、摩托车、电车、挂车、农用运输车，税率为10%。

复习思考题

1.简述城市维护建设税和教育费附加的征收范围和计算依据。

2.印花税的税目和税率分别有哪些?

3.房产税的征收范围有哪些?

4.简述城镇土地使用税和资源税的征税范围。

技能训练题

1.某县城生产护肤品的纳税人本月缴纳增值税10万元，消费税30万元，补缴上月应纳消费税2万元，当月取得出口退还增值税5万元，获批出口免抵增值税4万元，缴纳进口关税8万元、进口增值税20万元、进口消费税10万元。

要求：计算本月应缴的城市维护建设税和教育费附加。

2.甲方（某建设单位）与乙方（建筑公司）、丙方（建筑设计单位）签订了一份经济合同，将建筑安装工程承包给乙方，将建筑设计项目承包给丙方。建筑项目投资额为3 000万元，勘察设计费用为200万元。乙方又将部分安装工程分包给丁方，分包额为1 000万元。

要求：计算甲、乙、丙、丁四方各自应缴纳的印花税税额。

3.某企业自有经营性房产原值为1 250万元，该省规定损耗减除率为20%，2016年1月起将其1/4投资联营，经营期限为10年，每年固定分红36万元；2016年7月1日将其余房产的一半出租，月租金为4万元。

要求：计算该企业2016年应纳房产税税额。

4.某国有农场拥有拖拉机25辆，19辆主要用于农业生产，6辆主要用于运输，所挂净吨位5吨的拖车；该农场还拥有净吨位8吨的运输卡车10辆，6台净吨位10吨的卡车挂车；净吨位2吨的客货两用车10辆，其中1辆为农场医院专用；小轿车5辆，其中正、副厂长专用车共2辆。5座以下乘人汽车年税额每辆200元；载货汽车30元/吨。

要求：计算该农场应缴纳的车船税税额。

5.某油田2017年1月共计开采原油8 000吨，当月销售原油6 000吨，取得不含增值税销售收入18 000 000元，同时还向购买方收取违约金23 400元，优质费5 850元；销售收入中含运杂费用20 000元（取得增值税专用发票）。已知销售原油的资源税税率为6%。

要求：计算该油田1月应缴纳的资源税税额。

6.宋某于2016年6月27日购买一辆进口小汽车，支付含增值税的车价款405 000元，支付控购部门控购费45 000元。汽车销售公司开展优质服务，代办车牌，并向宋某收取新车登记费、上牌办证费、手续费共计25 000元。支付的各项价款均由汽车销售公司开具“机动车销售统一发票”和有关票据。

要求：计算宋某应缴纳的车辆购置税税额。

项目九　其他涉税事务

知识目标

▶ 了解涉税文书、减免税、涉税业务备案的概念、特点以及涉税备案项目及提供资料。

▶ 理解涉税文书填制的基本要求、格式等，减免税的分类，办理涉税业务备案的步骤。

▶ 掌握减免税收制度的各项要求。

技能目标

▶ 熟练掌握涉税文书的写作、减免税、涉税业务备案的具体操作。

案例导读

某钢铁生产企业，以钢材为其主要产品，由于附近并无矿山，因而其生产原料主要为废旧钢铁，而废旧钢铁的主要来源除了外地废旧物资经营单位外，主要从本地的“破烂王”（个体捡破烂的）处收购，从外地废旧物资经营单位购进废钢，由于对方可开具增值税专用发票，因而本企业可抵扣进项税额，而按现行税收政策，除专门的废旧物资经营单位可按收购额10%计提进项税额外，从个人（“破烂王”）处收购废旧物资，工业企业是不能按此办法处理的，因而该钢铁企业从“破烂王”处收购的废钢铁无法抵扣进项税额，这给企业加重了负担。

请问：该企业应如何减轻这部分税收负担？

任务一　涉税文书写作

一、涉税文书概述

涉税文书是根据税收征管规程的要求，征纳双方为处理税务事宜所使用的具有固定格式的文表。涉税文书大致可分为两类：一类是由纳税人、扣缴义务人制作的涉税文书；另一类是税务机关制作的涉税文书。

（一）涉税文书的特点

涉税文书的特点如下：

（1）具有特定的目的。涉税文书都是为了解决某一具体涉税问题而制作的，因此具有很强的目的性。

（2）具有固定的格式。涉税文书几乎都有标准的固定格式，既便于税务机关履行审批程序，又方便制作和存档。

（3）具有较强的时限规定。涉税文书都有一定的时限规定，要求在规定的时限内报送，不能逾期。

（4）具有严格的程序。涉税文书要按照税收征管程序及时报送，不同程序对涉税文书的格式、报送时限都有不同的要求，文书的填制和报送要按规定程序进行。

（5）具有较强的约束力。涉税文书大多具有很强的指令性和约束力，征纳双方为解决某一特定税务问题，必须填制统一的涉税文书，代理人不能随意编报。

（二）涉税文书的基本格式

涉税文书因主送对象、目的、要求和文书种类不同，有着不同的格式、内容和书写方法。代理人代理填报的涉税文书，通常有固定的格式和填报要求。其他的税务代理执业文书一般由文头、正文和出具日期三部分组成。文头包括单位名称和文号两部分。正文包括标题、主送部门、正文内容、附件、抄送或抄报部门、执业人员签章等。

（三）涉税文书填制的基本要求

（1）记录情况真实。通常情况下，涉税文书的使用人会根据涉税文书记载的情况做出相应的处理，或者将其作为主要的参考因素。因此，代理人必须对文书所要反映的内容进行深入调查，在充分了解事实真相的情况下出具，以保证文书记载的真实性。

（2）涉税文书的制作要符合税收法规和办税程序。税务涉税文书载明的是税务问题，填制涉税文书要符合国家的税法规定和办税程序。代理人按照国家规定的税收政策或者办税制度、措施、方法等程序要求提出处理意见。

（3）数据要准确。涉税文书经常会涉及税额的计算问题，这既涉及纳税人的权益，又涉及国家税款的安全，因此涉税文书所涉及的数据必须准确无误。

（4）附件资料要完整真实。涉税文书的填制除文书本身外，还需要有相应的附件材料佐证。因此，附件资料必须完整真实。

（四）涉税文书的种类

常见的涉税文书主要有三种：

（1）国家税务机关用来处理税务公务活动所使用的国务院办公厅规定的税务公文。

（2）在税务公务活动中使用的其他税务公文。

（3）由税收法规确定的各种税务专用文书，包括各种税务登记表、纳税鉴定书、纳税申报表、税务专用报告书、税务专用申请书、税务专用通知书等。代理人代理填报的涉税文书主要是指由税收法规确定的各种税务专用文书。

二、代理填报涉税文书操作规范

注册税务师填报涉税文书是在提供与此相关的税务代理事项中进行的，它贯穿于税务代理业务范围的始终，因受托代理项目不同而内容各异。填报符合税收征管规范要求的涉税文书，是顺利完成委托代理事项必不可少的工作环节。

（一）代理填报涉税文书的种类

注册税务师代理制作的涉税文书是按照税收征管的业务流程要求确定的，主要有税务登记文书、发票管理文书、减免税文书、纳税申报文书、税款征收文书和税务行政复议文书。通常情况下，税务机关都规定有各种涉税文书的格式、填报要求和报送份数，注册税务师在代理填报时，应按要求填报使用。

（二）填报涉税文书的基本程序

涉税文书的一个显著特征是与办税有关，注册税务师代理填报涉税文书，除了要有一般文书填报的知识外，还必须对文书所涉及的税收相关法律、法规有深入的了解，对实际操作的运行环节有一定的经验。

1.搜集整理原始资料

首先，根据涉税文书的内容搜集有关资料。例如，为纳税人制作《税务登记表》就要取得营业执照、银行账号证明、企业法人代码证书等证件，以及企业生产经营方面的基本情况资料等。其次，要对搜集的资料进行整理、分析，将涉税文书所需要的数据和内容进行择录，为填报涉税文书做好准备。

2.规范填写涉税文书

在搜集整理资料的基础上，根据涉税文书具体的格式要求填写各项内容，做到字迹清晰工整、填列完整、内容不缺漏。例如，填报属于申请类涉税文书，申请理由要符合纳税人的实际情况和政策规定，引用的法律条文要准确；填报属于纳税申报类涉税文书，反映的数据、逻辑关系要计算无误。

3.交由纳税人审验签收

涉税文书制作完毕后，应将文书交给纳税人审验，确认文书中填报的内容和申办要求是否符合意愿；如果无异议，由纳税人签字、盖章。

4.按规定时限报送主管税务机关

注册税务师应将填报完毕的涉税文书及附报的各种资料，按规定时限及时报送主管税务机关。

【例9-1】××税务师事务所代理填报市自来水公司申请自制“水费专用发票”的文书操作规范如下：

首先，由自来水公司提供税务登记证、发票领购簿、工商营业执照副本等资料，注册税务师要了解该公司生产经营的基本情况，自制发票需求的数量及内容方面的特殊要求。

其次，代理填报《企业自制发票申请审批表》，按各栏目的要求填写有关内容，说明印制发票的理由、发票名称、数量、版本、字轨号码等。

最后，根据税务机关对发票格式设计的一般要求和该公司的实际业务需要，提供发票式样和其他附送资料，一并报送主管税务机关。

三、几种涉税文书的填写示例

（一）《税务行政许可申请表》

《税务行政许可申请表》见表9-1。

（二）《变更税务登记表》

《变更税务登记表》见表9-2。

表 9-1 **税务行政许可申请表**

申请日期：　　年　　月　　日　　　　　　　　　　　　　　　　编号：

<table>
<tr><td rowspan="8">申请人</td><td>姓名</td><td></td><td>身份证件</td><td></td></tr>
<tr><td>电话</td><td></td><td>邮政编码</td><td></td></tr>
<tr><td>住址</td><td colspan="3"></td></tr>
<tr><td>单位</td><td></td><td>法定代表人</td><td></td></tr>
<tr><td>邮政编码</td><td></td><td>电话</td><td></td></tr>
<tr><td>地址</td><td colspan="3"></td></tr>
<tr><td>委托代理人</td><td></td><td>身份证件</td><td></td></tr>
<tr><td>住址</td><td></td><td>电话</td><td></td></tr>
<tr><td>申请事项</td><td colspan="4">（在申请事项前面画“√”）
1.指定企业印制发票；
2.对发票使用和管理的审批；
3.对增值税防伪税控系统最高开票限额的审批；
4.印花税票代售许可</td></tr>
</table>

受理人（审核人）：　　　　　　　　　　收到日期：　　年　　月　　日

表 9-2 **变更税务登记表**

<table>
<tr><td colspan="2">纳税人名称</td><td></td><td>纳税人识别号</td><td></td></tr>
<tr><td colspan="5">变更登记事项</td></tr>
<tr><td>序号</td><td>变更项目</td><td>变更前内容</td><td>变更后内容</td><td>批准机关名称及文件</td></tr>
<tr><td></td><td></td><td></td><td></td><td></td></tr>
<tr><td></td><td></td><td></td><td></td><td></td></tr>
<tr><td></td><td></td><td></td><td></td><td></td></tr>
<tr><td></td><td></td><td></td><td></td><td></td></tr>
<tr><td></td><td></td><td></td><td></td><td></td></tr>
<tr><td></td><td></td><td></td><td></td><td></td></tr>
<tr><td></td><td></td><td></td><td></td><td></td></tr>
<tr><td></td><td></td><td></td><td></td><td></td></tr>
<tr><td colspan="5">送缴证件情况：</td></tr>
<tr><td colspan="5">纳税人
经办人：　　　　　　　　法定代表人（负责人）：　　　　　　纳税人（签章）
年　　月　　日　　　　　　　　年　　月　　日　　　　　　　　年　　月　　日</td></tr>
<tr><td colspan="5">经办税务机关审核意见：
经办人：　　　　　　　　负责人：　　　　　　税务机关（签章）
年　　月　　日　　　　　　　　年　　月　　日　　　　　　　　年　　月　　日</td></tr>
</table>

使用说明：

（1）本表适用于各类纳税人变更税务登记填用。

（2）报送此表时还应附送如下资料：

①税务登记变更内容与工商行政管理部门登记变更内容一致的应提交：

A.工商执照及工商变更登记表复印件；

B.纳税人变更登记内容的决议及有关证明文件；

C.主管税务机关发放的原税务登记证件（税务登记证正、副本和税务登记表等）；

D.主管税务机关需要的其他资料。

②变更税务登记内容与工商行政管理部门登记内容无关的应提交：

A.纳税人变更登记内容的决议及有关证明、资料；

B.主管税务机关需要的其他资料。

（3）变更项目：填需要变更的税务登记项目。

（4）变更前内容：填变更税务登记前的登记内容。

（5）变更后内容：填变更的登记内容。

（6）批准机关名称及文件：凡需要经过批准才能变更的项目必须填写此项。

（7）本表一式两份，税务机关一份，纳税人一份。

（三）《停业复业（提前复业）报告书》

《停业复业（提前复业）报告书》见表9-3。

表9-3 **停业复业（提前复业）报告书**

填表日期：　　年　　月　　日

<table>
<tr><td rowspan="2">纳税人
基本情况</td><td colspan="2">纳税人名称</td><td colspan="3">纳税人识别号</td><td colspan="2">经营地点</td></tr>
<tr><td colspan="2"></td><td colspan="3"></td><td colspan="2"></td></tr>
<tr><td>停业期限</td><td colspan="3"></td><td>复业时间</td><td colspan="3"></td></tr>
<tr><td rowspan="4">缴回
发票
情况</td><td>种类</td><td>号码</td><td>本数</td><td rowspan="4">领回
发票
情况</td><td>种类</td><td>号码</td><td>本数</td></tr>
<tr><td></td><td></td><td></td><td></td><td></td><td></td></tr>
<tr><td></td><td></td><td></td><td></td><td></td><td></td></tr>
<tr><td></td><td></td><td></td><td></td><td></td><td></td></tr>
<tr><td rowspan="2">缴存税务
资料情况</td><td>发票领购簿</td><td>税务登记证</td><td>其他资料</td><td rowspan="2">领用税务
资料情况</td><td>发票领购簿</td><td>税务登记证</td><td>其他资料</td></tr>
<tr><td>是（否）</td><td>是（否）</td><td>是（否）</td><td>是（否）</td><td>是（否）</td><td>是（否）</td></tr>
<tr><td rowspan="2">结清税
款情况</td><td>应纳税款</td><td>滞纳金</td><td>罚款</td><td rowspan="2">停业期是
（否）纳税</td><td>已缴应纳税款</td><td>已缴滞纳金</td><td>已缴罚款</td></tr>
<tr><td>是（否）</td><td>是（否）</td><td>是（否）</td><td>是（否）</td><td>是（否）</td><td>是（否）</td></tr>
<tr><td colspan="8">纳税人（签章）：
年　　月　　日</td></tr>
<tr><td>税务机关
复核</td><td colspan="2">经办人：
年　　月　　日</td><td colspan="3">负责人：
年　　月　　日</td><td colspan="2">税务机关（签章）
年　　月　　日</td></tr>
</table>

注：（1）申请提前复业的纳税人在表头“提前复业”字样上画钩。

（2）已缴还或领用税务资料的纳税人，在“是”字上画钩；未缴还或未领用税务资料的纳税人，在“否”字上画钩。

（3）纳税人在停业期间有义务缴纳税款的，在“停业期是（否）纳税”项目的“是”字上画钩，然后填写后面内容；没有纳税义务的，在“停业期是（否）纳税”项目的“否”字上画钩，后面内容不用填写。

（四）《注销税务登记申请审批表》

《注销税务登记申请审批表》见表9-4。

表9-4　　**注销税务登记申请审批表**

<table>
<tr><td>纳税人名称</td><td colspan="2"></td><td colspan="2">纳税人识别号</td><td></td></tr>
<tr><td>注销原因</td><td colspan="5"></td></tr>
<tr><td rowspan="3">附送资料</td><td colspan="4"></td><td></td></tr>
<tr><td colspan="4"></td><td></td></tr>
<tr><td colspan="4"></td><td></td></tr>
<tr><td colspan="6">纳税人
经办人：　　　　　　　法定代表人（负责人）：　　　　　　　纳税人（签章）
年　月　日　　　　　　年　月　日　　　　　　年　月　日</td></tr>
<tr><td colspan="6">以下由税务机关填写</td></tr>
<tr><td>受理时间</td><td colspan="5">经办人：　　　　　　负责人：
年　月　日　　　　年　月　日</td></tr>
<tr><td>清缴税款、滞纳金、罚款情况</td><td colspan="5">经办人：　　　　　　负责人：
年　月　日　　　　年　月　日</td></tr>
<tr><td>缴销发票情况</td><td colspan="5">经办人：　　　　　　负责人：
年　月　日　　　　年　月　日</td></tr>
<tr><td>税务检查意见</td><td colspan="5">经办人：　　　　　　负责人：
年　月　日　　　　年　月　日</td></tr>
<tr><td rowspan="3">收缴税务证件情况</td><td>种类</td><td>税务登记证正本</td><td>税务登记证副本</td><td>临时税务登记证正本</td><td>临时税务登记证副本</td></tr>
<tr><td>收缴数量</td><td></td><td></td><td></td><td></td></tr>
<tr><td colspan="5">经办人：　　　　　　负责人：
年　月　日　　　　年　月　日</td></tr>
<tr><td>批准意见</td><td colspan="5">部门负责人：　　　　　　税务机关（签章）
年　月　日　　　　年　月　日</td></tr>
</table>

使用说明：

（1）本表依据《税收征管法实施细则》第十五条设置。

（2）适用范围：纳税人发生解散、破产、撤销、被吊销营业执照及其他情形而依法终止纳税义务，或者因住所、经营地点变动而涉及改变税务登记机关的，向原税务登记机关申报办理注销税务登记时使用。

（3）填表说明：

①附送资料：填写附报的有关注销的文件和证明资料；

②清缴税款、滞纳金、罚款情况：填写纳税人应纳税款、滞纳金、罚款缴纳情况；

③缴销发票情况：纳税人发票领购簿及发票缴销情况；

④税务检查意见：检查人员对需要清查的纳税人，在纳税人缴清查补的税款、滞纳金、罚款后签署意见；

⑤收缴税务证件情况：在相应的栏内填写收缴数量并签字确认，收缴的证件如果为“临时税务登记证”，添加“临时”字样。

任务二 减免税申请

减税免税是对某些纳税人或课税对象的鼓励或照顾措施。减税是减征部分应纳税款；免税是免征全部应纳税款。减税免税规定是为了解决按税制规定的税率征税时所不能解决的具体问题而采取的一种措施，是在一定时期内给予纳税人的一种税收优惠，同时也是税收的统一性和灵活性相结合的具体体现。

一、减免税的具体形式

（一）税基式减免

税基式减免即通过缩小计税依据的方式来实现税收减免。具体应用形式有设起征点、免征额和允许跨期结转等。

（二）税率式减免

税率式减免就是通过降低税率的方式来实现税收的减免。

（三）税额式减免

税额式减免就是通过直接减免税收的方式来实现税收减免，具体包括全额免征、减半征收、核定减征率和核定减征额等。

二、减免税的分类

（一）法定减免

法定减免是减免税的一种分类。凡是由各种税的基本法规定的减税、免税都称为法定减免。它体现了该种税减免的基本原则规定，具有长期的适用性。法定减免必须在基本法规中明确列举减免税项目、减免税的范围和时间。例如，我国现行《增值税暂行条例》明确规定，农业生产者销售的自产农业产品、避孕用品等免税。

（二）临时减免

临时减免又称“困难减免”，是指除法定减免和特定减免以外的其他临时性减税、免税，主要是为了照顾纳税人的某些特殊的、暂时的困难而临时批准的一些减税免税。它通常是定期的减免税或一次性的减免税。例如，纳税人遇有风、火、水等自然灾害或其他特殊原因，纳税确有困难的，经税务机关批准后，可给予定期的或一次性的减税、免税照顾。

（三）特定减免

特定减免是根据社会经济情况的发展变化和发挥税收调节作用的需要，而规定的减税、免税。特定减免主要有两种情况：一是在税收的基本法确定以后，随着国家政治经济情况的发展变化所做的新的减免税补充规定；二是在税收基本法不能或不宜一一列举时，而采用补充规定的减免税形式。以上两种特定减免，通常是由国务院或作为国家主管业务部门的财政部、国家税务总局、海关总署作出规定。特定减免可分为无限期的减免和有限期的减免两种。大多特定减免都是有限期的，减免税到了规定的期限，就应该按规定恢复征税。

三、减免税收制度

根据《税收征收管理法》的有关规定，办理减税、免税应注意下列事项：

（1）减免税必须有法律、行政法规的明确规定（具体规定将在税收实体法中体现）。地方各级人民政府、各级人民政府主管部门、单位和个人违反法律、行政法规规定，擅自做出的减税、免税决定无效，税务机关不得执行，并向上级税务机关报告。

（2）纳税人申请减免税，应向主管税务机关提出书面申请，并按规定附送有关资料。

（3）减免税的申请必须经法律、行政法规规定的减税、免税审查批准机关审批。

（4）纳税人在享受减免税待遇期间，仍应按规定办理纳税申报。

（5）纳税人享受减税、免税的条件发生变化时，应当自发生变化之日起15日内向税务机关报告，经税务机关审核后，停止对其减税、免税；对不报告的，又不再符合减税、免税条件的，税务机关有权追回已减免的税款。

（6）减税、免税期满，纳税人应当自期满次日起恢复纳税。

（7）减免税分为报批类减免税和备案类减免税。报批类减免税是指应由税务机关审批的减免税项目；备案类减免税是指取消审批手续的减免税项目和不需要税务机关审批的减免税项目。

纳税人享受报批类减免税，应提交相应的资料，提出申请，经按《税收减免管理办法（试行）》规定具有审批权限的税务机关（以下简称有权税务机关）审批确认后执行。未按规定申请或虽申请但未经有权税务机关审批确认的，纳税人不得享受减免税。

纳税人享受备案类减免税，应提请备案，经税务机关登记备案后，自登记备案之日起执行。纳税人未按规定备案的，一律不得减免税。

（8）纳税人同时从事减免项目与非减免项目的，应分别核算，独立计算减免项目的计税依据以及减免税额度。不能分别核算的，不能享受减免税；核算不清的，由税务机关按合理方法核定。

（9）纳税人依法可以享受减免税待遇，但未享受而多缴税款的，凡属于无明确规定需要经税务机关审批或没有规定申请期限的，纳税人可以在《税收征收管理法》第五十一条规定的期限内申请减免税，要求退还多缴的税款，但不加算银行同期存款利息。

（10）减免税审批机关由税收法律、法规、规章设定。凡规定应由国家税务总局审批的，经由各省、自治区、直辖市和计划单列市税务机关上报国家税务总局；凡规定应由省级税务机关及省级以下税务机关审批的，由各省级税务机关审批或确定审批权限，原则上由纳税人所在地的县（区）税务机关审批；对减免税金额较大或减免税条件复杂的项目，各省、自治区、直辖市和计划单列市税务机关可根据效能及便民、监督与责任的原则适当划分审批权限。

（11）纳税人申请报批类减免税的，应当在政策规定的减免税期限内，向主管税务机关提出书面申请，并报送以下资料：

①减免税申请报告，列明减免税理由、依据、范围、期限、数量、金额等（见表9-5）。

②财务会计报表、纳税申报表。

③有关部门出具的证明材料。

④税务机关要求提供的其他资料。

纳税人报送的材料应真实、准确、齐全。税务机关不得要求纳税人提交与其申请的减免税项目无关的技术资料和其他材料。

（12）纳税人可以向主管税务机关申请减免税，也可以直接向有权审批的税务机关申请。由纳税人所在地主管税务机关受理、应当由上级税务机关审批的减免税申请，主管税务机关应当自受理申请之日起10个工作日内直接上报有权审批的上级税务机关。

税务机关对纳税人提出的减免税申请，应当根据以下情况分别做出处理：

①申请的减免税项目，依法不需要由税务机关审查后执行的，应当即时告知纳税人不受理。

②申请的减免税材料不详或存在错误的，应当告知并允许纳税人更正。

③申请的减免税材料不齐全或者不符合法定形式的，应在5个工作日内一次告知纳税人需要补正的全部内容。

④申请的减免税材料齐全、符合法定形式的，或者纳税人按照税务机关的要求提交全部补正减免税材料的，应当受理纳税人的申请。

（13）税务机关受理或者不予受理减免税申请，应当出具加盖本机关专用印章和注明日期的书面凭证。

（14）减免税审批是对纳税人提供的资料与减免税法定条件的相关性进行的审核，不改变纳税人的真实申报责任。

税务机关需要对申请材料的内容进行实地核实的，应当指派两名以上工作人员按规定程序进行实地核查，并将核查情况记录在案。上级税务机关对减免税实地核查工作量大、耗时长的，可委托企业所在地区县级税务机关具体组织实施。

（15）减免税期限超过1个纳税年度的，进行一次性审批。

纳税人享受减免税的条件发生变化的，应自发生变化之日起15个工作日内向税务机关报告，经税务机关审核后，停止其减免税。

有审批权的税务机关对纳税人的减免税申请，应按以下规定时限及时完成审批工作，做出审批决定：县、区级税务机关负责审批的减免税，必须在20个工作日做出审批决定；地市级税务机关负责审批的，必须在30个工作日内做出审批决定；省级税务机关负责审批的，必须在60个工作日内做出审批决定。在规定期限内不能做出决定的，经本级税务机关负责人批准，可以延长10个工作日，并将延长期限的理由告知纳税人。

（16）减免税申请符合法定条件、标准的，主管税务机关应当在规定的期限内做出准予减免税的书面决定。依法不予减免税的，应当说明理由，并告知纳税人享有依法申请行政复议或者提起行政诉讼的权利。

税务机关做出的减免税审批决定，应当自做出决定之日起10个工作日内向纳税人送达减免税审批书面决定。

减免税批复未下达前，纳税人应按规定办理申报缴纳税款。

（17）纳税人在执行备案类减免税之前，必须向主管税务机关申报以下资料备案：

①减免税政策的执行情况；

②主管税务机关要求提供的有关资料。

主管税务机关应在受理纳税人减免税备案后7个工作日内完成登记备案工作，并告知纳税人执行。

（18）纳税人已享受减免税的，应纳入正常申报，进行减免税申报。纳税人享受减免税到期的，应当申报缴纳税款。税务机关和税收管理员应当对纳税人已享受减免税情况加强管理监督。税务机关应结合纳税检查、执法检查或其他专项检查，每年定期对纳税人减免税事项进行清查、清理，加强监督检查，主要内容包括：

①纳税人是否符合减免税的资格条件，是否以隐瞒有关情况或者提供虚假材料等手段骗取减免税。

②纳税人享受减免税的条件发生变化时，是否根据变化情况经税务机关重新审查后办理减免税。

③减免税税款有规定用途的，纳税人是否按规定用途使用减免税款；有规定减免税期限的，是否到期恢复纳税。

④是否存在纳税人未经税务机关批准自行享受减免税的情况。

⑤已享受减免税是否未申报。

《纳税人减免税申请报告表》见表9-5。

表9-5　**纳税人减免税申请报告表**

纳税人电脑编码：　单位：元

申请单位			经济性质		纳税人代码			
申请减免项目		申请减免期限		减免幅度		预计减免金额		
项目时间	营业收入	经营利润	利润总额	计税依据	税率（税额）	应缴税金	已缴税金	欠缴税金
上年实际								
本年计划								
本年实际								
前三年减免税情况	项目	减免期限	减免幅度	减免税额	批准机关	减免税款用途		
申请减免理由：								
地址			职工人数		退休人员			
财务负责人		电话		单位盖章		年　月　日		

说明：

（1）本表一式三份，企业所得税减免税不用此表。

（2）本表不够填写，可另用纸书写，附于表后。

（3）本表计税依据、应缴税金、已缴税金、欠缴税金仅指申请减免税税种。本表为A4型竖式。

任务三　涉税业务备案

涉税业务备案是指税务机关对取消审批手续的涉税项目和不需要税务机关审批但必须向税务机关报送资料备案的涉税项目的备案管理。

一、办理涉税业务备案的程序

（1）企业办理涉税业务备案，应携带相关资料向办税服务厅提出备案申请。

（2）办税服务厅综合窗口工作人员对纳税人提报的资料进行初审，不符合政策规定或不需要备案的，下达“不予受理通知书”；符合申请规定但填写不准确或资料不齐全的，当场告知纳税人应补充的相关资料；符合申请规定且资料齐全的，下达“受理通知书”，制作电子资料进行传递审核。

（3）纳税人收到办税服务厅通知后，携带“受理通知书”到办税服务厅领取相关批复文书或证明。

二、备案项目及提供资料明细表

（一）非企业所得税优惠项目

《非企业所得税优惠项目及资料一览表》见表9-6。

表9-6　非企业所得税优惠项目及资料一览表

业务类别	备案事项	所需资料
税务登记	企业财务、会计制度及企业所得税会计处理方法备案	《财务、会计制度（处理办法、记账软件、程序和使用说明书）报告表》
	个体户聘请财务人员代为建账备案	1.书面申请报告 2.《个体工商户聘请财务人员代为建账申请审批表》
增值税	托儿所、幼儿园、养老院、残疾人福利机构提供的育养服务免征增值税备案	1.《备案类减免税费登记表》 2.税务登记证副本 3.营业执照副本 4.有关部门认定证明
	从事学历教育的学校提供教育劳务取得的收入免征增值税备案	1.《备案类减免税费登记表》 2.财务会计报表、纳税申报表 3.组织机构代码证副本 4.税务登记证副本
	学校提供技术咨询和技术服务业务取得的收入免征增值税备案	1.《备案类减免税费登记表》 2.财务会计报表、纳税申报表 3.组织机构代码证副本 4.税务登记证副本 5.技术咨询合同或技术服务合同

续表

业务类别	备案事项	所需资料
增值税	职业学校校办企业取得的收入免征增值税备案	1.《备案类减免税费登记表》 2.财务会计报表、纳税申报表 3.组织机构代码证副本 4.税务登记证副本
	学生勤工俭学提供劳务取得的收入免征增值税备案	1.《备案类减免税费登记表》 2.学生证等学生身份证明文件 3.取得收入的相关证明
	邮政普遍服务和特殊服务免征增值税备案	1.《备案类减免税费登记表》 2.财务会计报表、纳税申报表 3.营业执照副本 4.税务登记证副本
	对电影发行企业向电影放映单位收取的电影发行收入免征增值税备案	1.《备案类减免税费登记表》 2.财务会计报表、纳税申报表 3.营业执照副本 4.税务登记证副本
	外汇管理部门委托贷款利息收入免征增值税备案	1.《备案类减免税费登记表》 2.外汇管理部门的委托合同 3.贷款合同
	个人住房公积金贷款收入免征增值税备案	1.《备案类减免税费登记表》 2.住房公积金贷款合同
	被撤销金融机构处置财产免征增值税备案	1.《备案类减免税费登记表》 2.税务登记证副本 3.营业执照副本 4.转让财产合同 5.有关部门撤销金融机构的证明文件
	专项债券利息收入免征增值税备案	1.《备案类减免税费登记表》 2.承购专项债券的证明材料 3.营业执照副本 4.税务登记证副本
	社保基金投资证券取得的收入减免增值税备案	1.《备案类减免税费登记表》 2.运用社保基金买卖证券的相关证明材料 3.组织机构代码证副本 4.税务登记证副本
	证券投资基金买卖证券免征增值税备案	1.《备案类减免税费登记表》 2.投资基金管理人运用基金买卖证券的相关证明材料 3.营业执照副本 4.税务登记证副本

续表

业务类别	备案事项	所需资料
房产税和城镇土地使用税	大修理停用期间的房屋减免房产税备案	1.纳税人在房屋大修前应向主管地方税务机关提交房屋大修计划，房屋大修计划应包括如下内容：大修房屋的名称、坐落地点、面积、产权证编号、大修前的房屋原值、原房屋的用途（应注明工业或商业、自用或是出租）、房屋大修的原因、大修预计起止时间、预计的大修价款等 2.大修房屋的产权证和大修的施工合同或协议的复印件 3.《备案类减免税费登记表》
	福利企业自用房产城镇土地使用税减免备案	1.《社会福利企业证书》 2.《福利企业税收优惠资格认定申请审批表》 3.《××市社会福利企业招收残疾人就业认定证明》 4.《××年度企业人员情况表》 5.房产权属证明或者土地权属证明 6.《备案类减免税费登记表》
	科研机构转制减免房产税、城镇土地使用税	1.《备案类减免税费登记表》 2.同意转制文件 3.产权证副本 4.营业执照副本 5.税务登记证副本
	廉租住房和经济适用房减免房产税备案	1.《备案类减免税费登记表》 2.与住房保障对象签订的租赁合同 3.营业执照副本 4.税务登记证副本 5.房产产权证明
	廉租住房、经济适用住房减免城镇土地使用税备案	1.《备案类减免税费登记表》 2.提供政府部门出具的项目审批材料 3.产权证副本 4.营业执照副本 5.税务登记证副本
土地增值税	普通标准住宅免征土地增值税备案	1.《备案类减免税费登记表》 2.财务报表和纳税申报表 3.建设用地许可证 4.政府有关部门的批准文件 5.营业执照副本 6.税务登记证副本 7.土地增值税清算表（国税发〔2009〕91号）

续表

业务类别	备案事项	所需资料
土地增值税	被撤销金融机构处置财产免征土地增值税备案	1.《备案类减免税费登记表》 2.税务登记证副本 3.营业执照副本 4.转让不动产合同 5.有关部门撤销金融机构的证明文件
	依法征用、收回的房地产免征土地增值税备案	1.《备案类减免税费登记表》 2.国家建设依法征用、收回房地产的有关文件
印花税	汇总缴纳印花税备案	××市地方税务局汇总缴纳印花税备案表
	企业改制过程中资金账簿减免印花税备案	1.《备案类减免税费登记表》 2.企业改制批准文件 3.税务登记证副本 4.营业执照副本 5.产权转移收据
个人所得税	个人所得税减免——以股份或出资比例奖励科技人员备案	1.《备案类减免税费登记表》 2.申请报告 3.营业执照复印件 4.税务登记证复印件 5.出资人股高新技术成果认定书 6.科技成果价值评估报告和确认书 7.身份证复印件
	外籍个人住房补贴、伙食补贴、洗衣费、搬迁费、出差补贴、探亲费、语言训练费、子女教育费补贴免征个人所得税备案	1.《备案类减免税费登记表》 2.有关补贴支出的有效凭证及证明资料
	外籍个人在中国期间取得来华之前的工资薪金所得不征个人所得税备案	1.不予征税奖金的说明 2.雇员单位有关奖励制度 3.《备案类减免税费登记表》
企业所得税	税前弥补亏损	1.《企业税前弥补亏损备案明细表》 2.《企业申请弥补亏损年度企业所得税纳税申报表》 3.《企业发生亏损年度企业所得税纳税申报表》 4.企业申请年度财务会计报表 5.由注册税务师出具的相关审核证明报告 6.主管税务机关要求报送的其他资料

（二）企业所得税税收优惠项目

企业所得税税收优惠项目是指按照有关税收法律法规的规定，纳税人对享受企业所得税优惠或相关涉税事项处理事由，在申报处理之前按规定的时限向主管国税机关报告，经主管国税机关登记后执行的行为。

主管国税机关受理纳税人递交的备案资料后，应对资料的完整性、相关性、合规性进行审查；但备案不改变纳税人申报备案资料真实性的法律责任。

除另有规定外，企业所得税税收优惠项目实行“一年一备”。优惠期限超过1个纳税年度的，主管国税机关可以进行一次性确认，但每年必须对是否符合相关企业所得税优惠条件进行审核，对情况变化导致不符合税收优惠条件的，应停止享受企业所得税优惠。

纳税人在1个纳税年度内可享受税法规定的多项税收优惠，应按“一事一备”的原则，分不同项目申请备案。

企业所得税项目备案管理方式分为事前备案和事后备案两种。

1.事前备案

事前备案是纳税人在享受税收优惠的当年或首次申报享受税收优惠前，以及相关涉税处理办法实施以前，向主管国税机关报送相关资料提请备案，经主管国税机关登记备案后执行。

下列项目应作为事先备案项目管理：

（1）房地产开发经营业务企业成本对象的确定。

（2）企业清算所得税事项。

（3）国债利息收入。

（4）符合条件的居民企业之间的股息、红利等权益性投资收益。

（5）符合条件的非营利组织收入。

（6）农、林、牧、渔业项目所得。

（7）从事国家重点扶持的公共基础设施项目投资经营所得。

（8）从事符合条件的环境保护、节能节水项目所得。

（9）符合条件的固定资产加速折旧或缩短折旧年限。

（10）国家需要重点扶持的高新技术企业税率优惠。

（11）软件生产企业优惠。

（12）集成电路设计或生产企业优惠。

（13）技术先进型服务企业优惠。

（14）动漫企业优惠。

（15）经营性文化事业单位优惠。

（16）证券投资基金优惠。

（17）中国清洁发展基金和清洁发展机制项目。

（18）其他需要报国税机关备案的项目。

2.事后备案

事后备案是纳税人按照《企业所得税法》及其实施条例和其他有关税收规定，在年度纳税申报期内附报项目相关资料时提请备案。

下列项目应作为事后备案项目管理：

（1）企业发生符合规定的特殊性重组条件并选择特殊性税务处理。

（2）符合条件的小型微利企业税率优惠。

（3）企业综合利用资源，生产符合国家产业政策规定的产品所取得的收入。

（4）符合条件的技术转让所得。

（5）研究开发费用加计扣除。

（6）安置残疾人员及国家鼓励安置人员工资加计扣除。

（7）创业投资企业从事国家需要重点扶持鼓励创业投资额的抵扣。

（8）购买并实际使用符合条件的专业设备投资额抵免税额。

（9）其他需要报国税机关备案的项目。

纳税人享受税收优惠的条件或相关涉税处理方法的条件发生变化的，应自发生变化之日起15个工作日内向主管国税机关书面报告，说明原因。根据变化情况，经主管国税机关重新备案后执行，或经主管国税机关登记后停止执行。

纳税人发生下列情况的，主管国税机关应书面通知纳税人不得享受税收优惠或采用涉税处理方法：

（1）纳税人虽提出备案申请，但经主管国税机关审核发现不符合相关备案条件。

（2）纳税人享受税收优惠或采用涉税处理方法的条件发生变化，未在规定的时限内向主管国税机关报告。

（3）主管国税机关在日常管理中发现纳税人采用欺骗手段获取税收优惠或采用涉税处理方法。

（4）主管国税机关认为的其他情况。

《企业所得税项目备案申请表》见表9-7。

表9-7 **企业所得税项目备案申请表** 金额单位：元

<table>
<tr><td colspan="4">纳税人基本情况</td></tr>
<tr><td>纳税人识别号</td><td></td><td>纳税人名称</td><td></td></tr>
<tr><td>企业地址</td><td></td><td>生产经营范围</td><td></td></tr>
<tr><td>办税人员</td><td></td><td>联系电话</td><td></td></tr>
<tr><td colspan="4">申请备案事项情况</td></tr>
<tr><td>备案项目</td><td>执行期间</td><td>预计发生金额</td><td>实际发生金额</td></tr>
<tr><td></td><td></td><td></td><td></td></tr>
<tr><td>备案项目情况说明
（可另附页）</td><td colspan="3"></td></tr>
<tr><td colspan="4">纳税人或代理人声明：此申请表及附列资料是根据《中华人民共和国企业所得税法》、《中华人民共和国企业所得税法实施条例》和国家有关税收规定填报的，我对其合法性、真实性、完整性负法律责任。</td></tr>
<tr><td colspan="4">纳税人（代理中介机构）情况</td></tr>
<tr><td colspan="2">纳税人公章：
财务负责人： 年 月 日
经办人： 年 月 日</td><td colspan="2">代理申报中介机构公章：
经办人：
年 月 日</td></tr>
<tr><td colspan="4">国税机关审核情况</td></tr>
<tr><td colspan="2">主管国税机关受理专用章：
受理人：
年 月 日</td><td colspan="2">主管国税机关审核意见：
年 月 日</td></tr>
</table>

填表说明：

（1）本表按照企业所得税备案项目填列，一式两份，一份经主管国税机关加盖受理专用章后由纳税人留存；一份由主管国税机关受理后，按照相应的管理程序进行审核，并签署审核意见后留存。根据审核意见，主管国税机关向纳税人下达税务事项通知书，确定准予或不准予备案。

（2）本表适用于备案管理的企业所得税项目。

（3）“备案项目名称”栏的填写。如属于税收优惠项目的，根据实际享受税收优惠情况，选择填写相应的税收优惠项目，如“农、林、牧、渔业项目所得”“从事国家重点扶持的公共基础设施项目投资经营所得”等；如属于涉税处理项目，根据具体涉税处理项目填写，如“房地产开发经营业务企业成本对象”“适用特殊税务重组”等。

（4）一个纳税人同时备案多个优惠项目的，应一事一备。

（5）“预计金额”栏的填写。如属于事前备案的优惠项目，按优惠项目情况，填写项目发生年度预计的减计收入金额、加计扣除额、抵免税额、减税税额、免税额、减征所得额、免征所得额等。如属于涉税处理项目，可不用填写。

（6）“实际金额”栏的填写。如属于事后备案的优惠项目，按优惠项目情况，填写年度申报所属年度实际的减计收入金额、加计扣除额、抵免税额、减税税额、免税额、减征所得额、免征所得额等。如属于涉税处理项目，可不用填写。

（7）备案项目情况说明的填写。

①说明享受优惠的依据、范围、条件及相关材料等；

②说明是否能准确划分优惠项目与非优惠项目的收入、成本、费用。

【补充阅读案例】企业财会人员涉税文书写作技巧

税务工作是企业日常财务工作的重要组成部分。企业涉税财务人员不仅要和税务机关打交道，也要及时将企业涉税信息传递给企业管理层和企业职工。涉税文书写作已经越来越受到企业涉税会计人员的关注。

一、写好涉税文书，向税务机关争取企业合法利益

某家上市公司从四川成都搬迁到广东东莞。原住所地主管税务机关要求该公司补缴公司股改期间接受大股东捐赠和债务重组产生的所得税。该公司依法抗辩，据理力争，向税务机关说明这些收益并非属于利得，而是属于资本公积。最终国家税务总局批复对企业予以支持，企业避免了补税2 500万元的烦恼。无论这样的业务有多少特殊因素在起作用，但是对业务的定性必须通过有理有据的分析向税务机关陈述，陈述中涉税文书的写作无疑会起到基础性作用。如果企业不能将自己的观点表达给税务机关，就是小秀才遇见大兵，有多少理也说不清。

二、写好涉税文书，向企业管理层传导决策信息

某家国有企业年度发生重大亏损，但是却因为纳税调整导致应纳税所得额由负变正，企业需要补缴大量税款。企业管理层对此火冒三丈，要求财务负责人做出书面解释并向董事会报告。如果不能做出令董事会满意的陈述，就立马走人。财务主管为此心急如焚，最后求教于某注册税务师才化险为夷，以一份非常精彩的陈述顺利过关。过关后，企业领导也深刻认识到日常生产经营必须考虑税收因素，企业的税务风险管理也被提到议事日程上来。

三、写好涉税文书，完成企业对外信息披露的要求

上市公司不仅要做好季报、年报等定期信息披露，还要做好临时重大信息的及时披露

工作。信息披露一旦不及时、不准确，就会造成公司股价的波动。上市公司对外发布的信息包括诸多涉税内容，比如企业获取国家税收优惠的公告、公司被认定为高新技术企业的公告、退补税的公告、税收政策调整影响企业经营的公告等等。

曾经有人称赞一代伟人毛泽东“掌上千秋史，胸中百万兵。眼底六洲风雨，笔下有雷声。唤醒蛰龙飞起，扫灭魔炎魅火，挥剑斩长鲸。春满人间世，日照大旗红”。我们财税人员虽然无法达到“笔下有雷声”的出神入化境界，但是我们完全可以用我们的笔为“企业谋权益、为领导分忧愁、为社会传信息”。希望全体涉税财务人员都要关注涉税文书写作。

项目小结

1.涉税文书是根据税收征管规程的要求，征纳双方为处理税务事宜所使用的具有固定格式的文表。涉税文书大致可分为两类：一类是由纳税人、扣缴义务人制作的涉税文书；另一类是税务机关制作的涉税文书。

2.减税免税是对某些纳税人或课税对象的鼓励或照顾措施。减税是减征部分应纳税款；免税是免征全部应纳税款。减税免税规定是为了解决按税制规定的税率征税时所不能解决的具体问题而采取的一种措施，是在一定时期内给予纳税人的一种税收优惠，同时也是税收的统一性和灵活性相结合的具体体现。

3.涉税业务备案是指税务机关对取消审批手续的涉税项目和不需要税务机关审批但必须向税务机关报送资料备案的涉税项目的备案管理。

复习思考题

1.填报涉税文书的基本要求和操作规范有哪些？

2.减免税的具体形式有哪些？

技能训练题

1.假设某商业批发企业主要从小规模纳税人处购入服装进行批发，年销售额为100万元（不含税销售额），其中可抵扣进项增值税的购入项目金额为50万元，由税务机关代开的增值税专用发票上记载的增值税税款为1.5万元。

要求：分析该企业采取什么方式节税比较有利。

2.卓达房地产开发公司（以下简称卓达公司）2012年实现营业收入9 000万元，各项代收款项2 500万元（包括水电初装费、燃气费、维修基金等各种配套设施费），代收手续费收入125万元（按代收款项的5%计算）。

卓达公司在计算缴纳增值税时，代收款项应作为价外费用并入营业额一并计税：

应纳增值税税额=（9 000+2 500+125）×5%=581.25（万元）

应纳城市维护建设税及教育费附加=581.25×（7%+3%）=58.13（万元）

应纳税费合计=581.25+58.13=639.38（万元）

请问：是否有办法减轻卓达公司的税负呢？

实务操作题

假定合肥高薪技术开发区成立一家高新技术企业，现需要向税务机关申请税收优惠，请你为该公司撰写申请报告。（注：企业基本情况及经营状况等信息可以自己设定）

项目十　纳税申报系统的应用

知识目标

▶ 掌握国税纳税申报系统应用的基本要求。
▶ 掌握地税纳税申报系统应用的基本要求。

技能目标

▶ 熟练掌握及运用国税纳税申报系统。
▶ 熟练掌握及运用通过地税纳税申报系统进行各项税费申报。
▶熟练掌握金税三期之个人所得税申报系统的操作。

案例导读

张燕为一商科高职院校会计专业应届毕业生，通过学院组织的毕业生供需见面会，找到了一份在省城经济开发区某小型机械设备生产公司做会计的工作。她的岗位是公司办税员，其任务是负责公司各项税收的纳税申报工作。该公司为增值税一般纳税人，该区国税、地税均可通过网上申报。

如果你是张燕，请问：(1) 你将如何分别针对国税、地税进行网上申报的准备工作？

(2) 你将如何通过国税办税一体化平台进行增值税、企业所得税的纳税申报？

(3) 你将如何通过地税纳税申报系统进行各项地税税费的纳税申报？

任务一　国税纳税申报系统的应用

一、金税三期工程

1.金税三期工程的意义

金税工程是国家电子政务“十二金”工程之一，从1994年上半年到2001年上半年，先后经历了一期和二期建设阶段。2008年9月24日，发改委正式批准初步设计方案和中央投资概算，标志金税三期工程正式启动。自2013年2月22日起新系统正式启用，新系统可以对外办理除电话申报以外的所有涉税业务。现正在全国各地逐步推行中。

金税三期工程属国家级信息系统工程，是国家电子政务建设的重要组成部分。该系统融合了税收征管变革和技术创新，统一了全国国地税征管应用系统版本，搭建了统一的纳税服务平台，实现了全国税收数据大集中，对于进一步规范全国税收执法、优化纳税服务、实现“降低税务机关征纳成本和执法风险，提高纳税人遵从度和满意度”的“两提高、两降低”的税收征管改革目标具有极其重要的意义。

2. 金税三期工程创新点

金税三期工程在广东、山东、河南、山西、内蒙古、重庆6个省（市）级国地税局先行试点，然后在全国推广。这项具有重要战略意义的国家级信息系统工程，融合了税收业务变革和技术创新，具有六大创新点：

（1）运用先进税收管理理念和信息技术做好总体规划；

（2）统一全国征管数据标准、口径；

（3）实现全国征管数据应用大集中；

（4）统一国地税征管应用系统版本；

（5）统一规范纳税服务系统；

（6）建立统一的网络发票系统。

二、办税一体化平台

（一）办税一体化平台的简要介绍（以安徽省为例）

为优化纳税服务，提高税务局工作效率，使纳税人方便快捷办税，安徽省国税局构建了安徽企业办税一体化代理平台（以下简称办税一体化平台），该平台是通过安徽省国税局的资源整合平台与防伪税控网络版、综合征收管理系统、出口退税系统、税银库等系统进行数据交互，为企业提供一体化办税服务的平台。该平台能够实现网上认证、远程报税、网上申报和自动缴纳税款等办税业务，并实现“一窗式”票表税自动比对与IC卡清零解锁等功能，真正实现了在一个平台上方便、快捷地进行各项涉税业务操作，实现了数据共享，实现了纳税人在外网的一体化办税，大大降低了纳税人的办税成本，也减轻了办税服务厅的压力。办税一体化平台业务功能如图10-1所示。

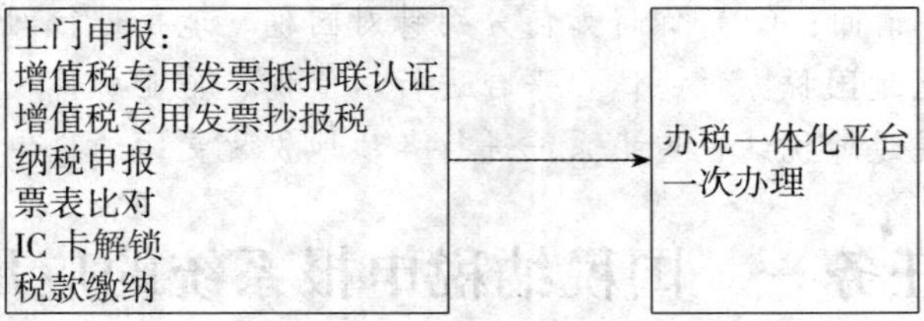

图10-1　办税一体化平台业务功能

（二）平台系统功能

1. 网上认证

以防伪税控系统税务端网络版为基础，由企业自行扫描识别或人工录入发票抵扣联票面信息，系统将生成的电子数据加密后通过网络传输到税务机关，由税务机关完成解密认证，最后将认证结果信息返回企业。

2. 远程报税

防伪税控远程报税是指增值税一般纳税人将本企业的防伪税控系统报税数据，通过互联网报送税务机关，税务机关进行接收处理后，将报税处理结果信息返回纳税人，并能完成企业税控IC卡清卡操作的一种远程报税方式。防伪税控远程报税系统对金税卡和IC卡仍实行“对应一致、一机一密、一户一密”的原则，并对企业通过网络传输的数据进行加密处理，这样可以最大限度地保证企业报税数据的准确性、安全性和完整性。

3.网上申报

网上申报子系统为增值税一般纳税人和小规模纳税人提供纳税申报表的报表填写和网上申报功能，可实现发票明细数据采集，各类纳税申报表填写以及运费发票、海关完税凭证、废旧物资、农副产品等抵扣凭证清单的报送功能；申报数据通过加密传输到服务器，完成申报及相关税款的缴纳，并将操作结果实时返回给纳税人。

4.清卡

清卡是指防伪税控开票系统中IC卡的自动清零解锁功能。

（三）办税一体化平台安装

（1）利用企业的税号、相应的登录密码及校验码登录办税一体化平台，下载“代理平台小助手”“网上办税大厅认证控件”“网上办税大厅抄报控件”。

（2）使用网上认证、远程抄报、网上申报等系统均需要安装“代理平台小助手”。另外使用网上认证的，需要安装“网上认证插件”；使用远程抄报的，需要安装“远程抄报插件”。

三、网上认证

（一）网上认证的相关软硬件的要求与设置

1.网上认证的相关软硬件的要求

选用支持USB接口的计算机，建议选用512M以上内存，采用WIN2000/XP/VISTA等系统。网上认证支持高速、中速自动走纸扫描仪和低档平板扫描仪。对于每月发票数量很少，可以采取手工录入方式的，手工录入时，需要录入发票的代码、号码、开票日期、金额、税额、购方税号、销方税号等七要素以及84位密文。

对有专线连接的客户端，PC机（个人计算机）应连接到其局域网络环境，系统支持通过代理连接税务局服务器。

2.网上认证的相关软硬件的设置

首先要安装“代理平台小助手”，安装结束后，登录办税一体化平台；然后单击“网上认证”，在弹出来的“系统参数设置”中的“企业基本信息”栏，输入企业名称和税务登记号，如图10-2所示。

认证参数设置目前采用“实时认证”，延时采用默认时间，点击“确定”，即可完成初始设置。

扫描仪硬件安装请参考相应扫描仪的使用手册。

（二）网上认证系统的日常使用

登录办税一体化平台，进入“代理业务”，单击“网上认证”，相应地在扫描仪上放置好发票，然后从扫描仪中扫描发票，同时对扫入的发票进行识别和校验。如果认证相符，则自动提示“通过”；对认证未通过的发票，系统将不记录，但要注意开红字发票通知单的要求。对于一些不适合扫描的发票，也可以采取手工录入的方式。

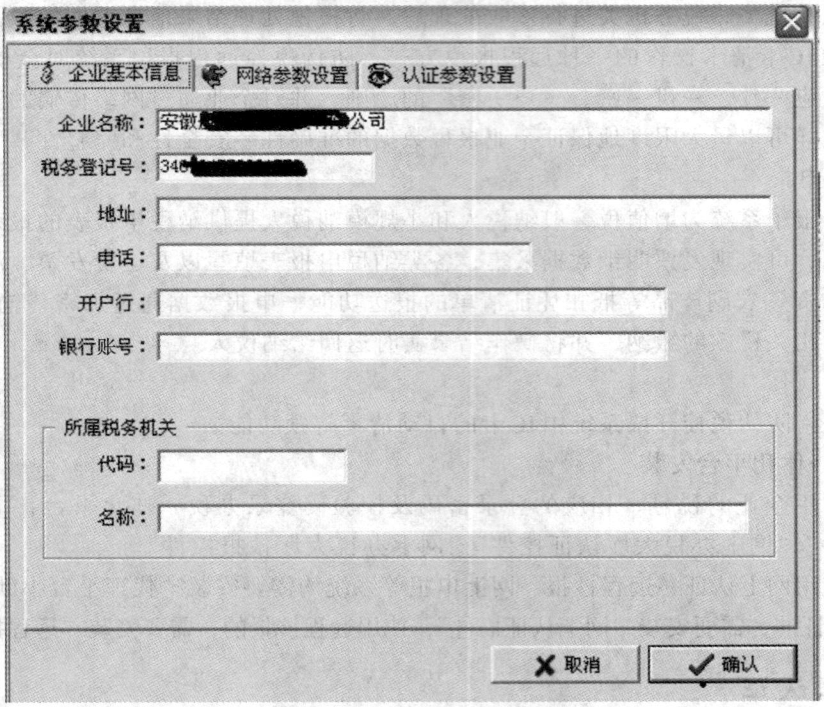

图 10-2　网上认证系统参数的设置

如果需要打印认证结果，可点击“认证结果清单打印”，记住选择相应的“认证月份”或者“认证时间”，并且选择“打印前进行比对”，如图 10-3 所示。

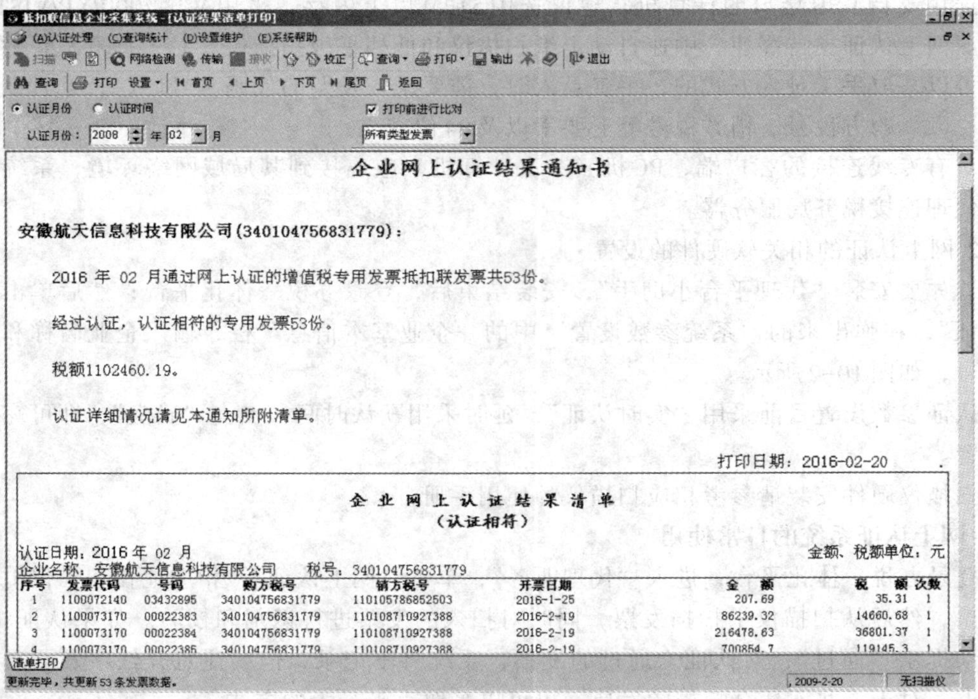

图 10-3　网上认证结果清单打印

四、远程抄报

（一）远程抄报安装

将开票机连入互联网，这时开票系统的计算机需要做好相关的安全措施，如数据备份和安装正版的杀毒软件等。安装完成“代理平台小助手”后，需要安装“远程抄报插件”。

（二）远程抄报的日常使用

单击“企业办税一体化代理平台”上的“远程报税”，系统会自动调用金税卡（注意：远程抄报系统不能与开票系统同时使用，即在远程抄报的时候，需要退出开票系统，否则冲突会造成开票金税卡开启失败）。此过程会先提示开启金税卡，随后提示正在准备数据，接着提示向税务局提交数据，如果报税成功，则提示如图10-4所示。

图10-4 远程抄报成功界面

五、网上申报

（一）网上申报系统安装

纳税申报系统由税务登记信息、纳税申报、申报信息查询功能模块构成。网上申报只要安装“代理平台小助手”即可，第一次打开需要的时间比较长，需要自动下载安装增值税、消费税、所得税等报表。各种报表是根据企业的经营范围自动从综合征收管理系统中抽取的，到相应的征税期后自动出现。

进入系统后，企业应申报、已申报的信息就会显示出来。显示项目包括报表名称、所属时期起止、申报期限、申报状态、已申报日期、申报凭证序号等。点击报表名称，即可以进入相应报表填写页面。

(二) 报表填写

1. 增值税一般纳税人申报表

操作步骤：点击左边的菜单，系统将自动显示附表名称，并按填表顺序填写报表（先附表后主表）。

（1）资产负债表。资产负债表为必报报表，企业根据实际情况手工录入表中各项数据，资产和负债需要平衡，否则不能申报。

（2）利润表。利润表为必报报表，企业根据实际情况手工录入表中各项数据。

（3）附表二——本期进项税额明细。填写抵扣项目数据，其中海关完税凭证、农产品、运费发票数据可从相应附表中自动汇总。

（4）附表一——本期销售情况明细表。填写相应数据。

（5）增值税纳税申报表主表。填写相应数据，可从附表二、附表一汇总相应数据。

首次进入该期报表时，上期留抵，本年累计数可自动带出。增值税一般纳税人申报表主表界面如图10-5所示。

图10-5 增值税一般纳税人申报表主表界面

（6）申报。纳税人应仔细检查上期留抵、期初未缴、本期已缴、预缴等数据，确认无误后提交申报。点击网上申报，系统弹出缴款书的确认对话框，以便纳税人对应缴款信息进行确认，如图10-6所示。

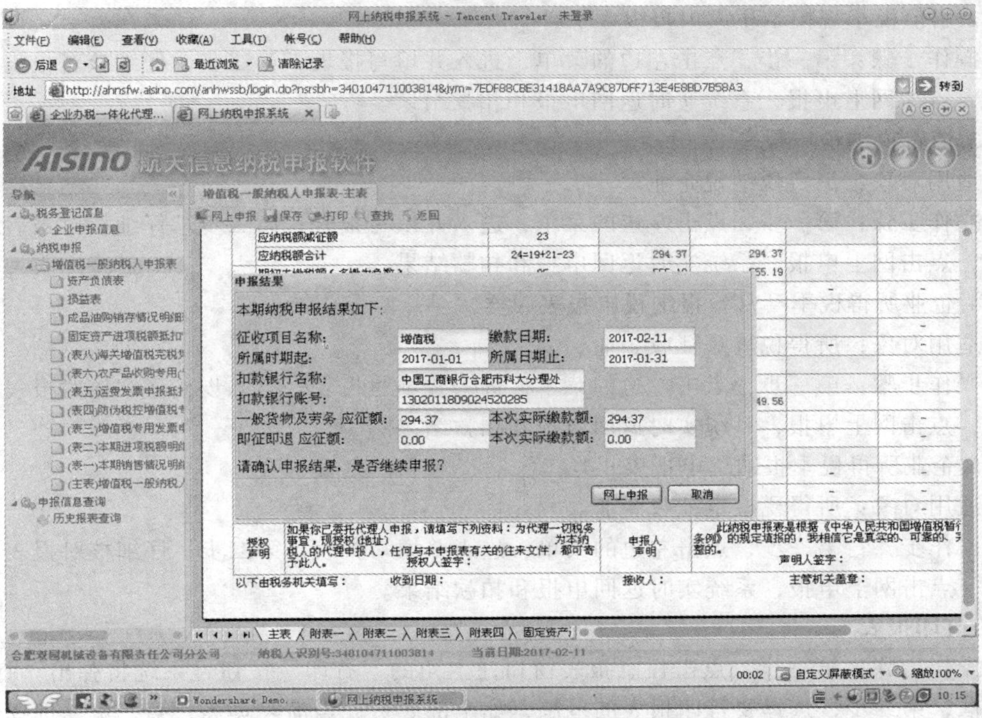

图 10-6　增值税一般纳税人申报表主表的申报结果界面

如果受理申报成功，系统将提示“一窗式比对通过”，申报、扣款、清卡将自动完成。如果进入网上申报系统后，提示如图 10-7 所示，则说明已经申报成功。

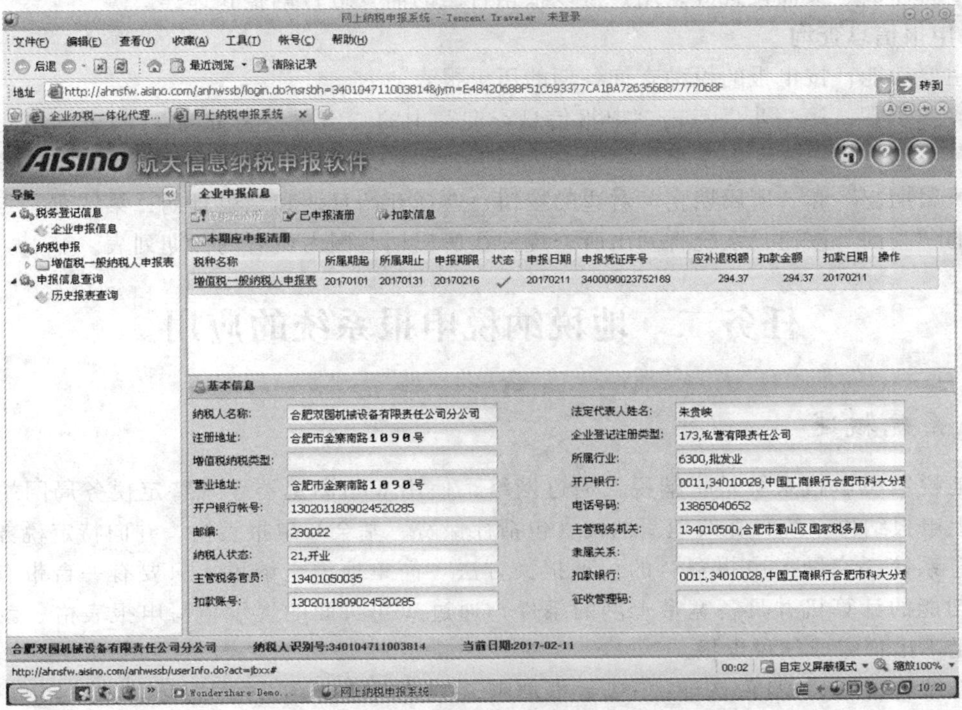

图 10-7　增值税一般纳税人网上申报成功界面

2.增值税小规模纳税人申报表

操作步骤：第一步，点击左边的菜单，进入并填写报表；第二步，仔细核对报表；第三步，点击网上申报，系统实时返回申报和扣款结果。

3.消费税纳税申报表

适用对象：消费税纳税企业。

操作步骤：第一步，点击左边的菜单，进入并填写报表；第二步，仔细核对报表；第三步，点击网上申报，系统实时返回申报和扣款结果。

4.企业所得税季（月）报纳税申报表A类

适用对象：所得税查账征收企业。

操作步骤：第一步，点击左边的菜单，进入并填写报表；第二步，仔细核对报表；第三步，点击网上申报，系统实时返回申报和扣款结果。

5.企业所得税季报纳税申报表B类

适用对象：所得税核定征收企业。

操作步骤：第一步，点击左边的菜单，进入并填写报表；第二步，仔细核对报表；第三步，点击网上申报，系统实时返回申报和扣款结果。

（三）打印报表

操作步骤：第一步，点击任意报表窗口左上角的“打印”按钮，系统将弹出“打印”对话框；第二步，选择要打印报表的范围，如全部表页、当前表页等；第三步，选择好要打印的表页后，点击“打印”按钮，完成打印。

说明：在打印功能中提供了多种选择，如打印份数、自动分页、多份之间连续打印、不中断打印页、页面设置等，用户可以根据自己的需要进行调整和选择。

（四）申报信息查询

主要功能：按申报的税种查询各期的历史报表。

操作步骤：第一步，点击“申报信息查询”中的“历史报表查询”，打开“历史报表查询”页面；第二步，点击报表类型右边的下拉菜单，选择所要查询的报表；第三步，点击“所属期起”和“所属期止”右边的按钮，选择开始日期和结束日期；第四步，点击左上角的“查询”按钮，系统将列出所查税种在所属期范围内所有的征期列表。

任务二　地税纳税申报系统的应用

一、系统概述

地税纳税申报系统是指纳税人通过网络，使用Web浏览器登录特定税务局网站，进入网上申报纳税系统，在线填写纳税（包括社保费、基金）申报表格，并向特定税务局征管信息系统提交纳税申报资料的一种报税方法。简单地说，纳税人只要有一台带有Web浏览功能的计算机并具备宽带上网的条件，通过Web页面的提示填写申报表格，就可以做到足不出户完成纳税申报。

系统将采取CA身份认证、SSL数据加密、CA数字签名等安全技术，以保证用户的数据安全。

（一）CA安全认证简介

CA是英文Certification Authority的缩写，意思是认证授权。它为电子商务环境中各个实体颁发数字证书，以证明各实体身份的真实性，并负责在交易中检验和管理证书。它是电子商务和网上银行交易的权威性、可信赖性及公正性的第三方机构。

数字证书就是网络通信中标志通信各方身份信息的一系列数据，其作用类似于现实生活中的身份证。它是由一个权威机构发行的，人们可以在交往中用它来识别对方的身份。

（二）网上申报安全认证的意义

1.电子签名（数字签名）具有法律效力，是网上交易安全保障的发展趋势

《中华人民共和国电子签名法》于2004年8月28日第十届全国人民代表大会常务委员会第十一次会议审议通过，自2005年4月1日起施行，2015年进行修正。该法通过确立电子签名的法律效力、规范电子签名行为、维护有关各方的合法权益，在法律制度上保障了电子交易安全。

2.对交易双方进行身份验证

系统鉴定使用数字证书后，登录时将自动验证登录者的身份，没有安全认证的或认证信息不准确的都不能登录，这保证了网络通信双方身份的真实、有效。

3.保证了网上交易数据的真实性、完整性和有效性

网上申报、缴纳的数据都是在广域网中进行传输，传输过程中可能存在多种不安全因素，也可能影响纳税人银行账户的资金安全，使用数字证书后，系统将对网上传输的数据进行数字签名，签名后的数据以密文的形式在网络上传输，从而保证了网上交易数据的真实性、完整性和有效性。

4.防止网上交易双方发生抵赖现象

假如说网上申报、缴纳过程中发生经济纠纷、争议，CA安全认证中心作为第三方认证机构，将对原始数据进行技术处理，提供真实的法律证明，防止网上交易双方发生抵赖现象。

二、网上申报办理流程

纳税人配备可以上网的计算机软硬件后，再依次办理以下手续，即可应用“安徽地税网上申报纳税服务系统”，实现税款的网上申报、缴纳：

（一）领取并填写表格

按主管税务机关要求领取并填写《委托缴税（费、基金）三方协议书》《CA证书申请表》。

（二）在联网银行开设账户

网上申报纳税服务系统必须与纳税人的开户银行联网，才可以完成纳税人申报税款的扣划过程。纳税人在联网银行位于市区（或县区）的任何一个网点选定一个账户作为网上税款缴纳账户，即可申请通过网上申报纳税服务系统缴纳税款。

具体联网银行可咨询主管地税机关。

（三）与地税机关、开户银行签订三方扣缴税款的协议

为保证纳税人申报的税款可以顺利地扣划至国库，纳税人需要与地税机关、开户银行签订《委托缴税（费、基金）三方协议书》，使其开户银行有权从纳税人账户上扣划税款。

签订《委托缴税（费、基金）三方协议书》的流程需要咨询主管税务机关。《委托缴税（费、基金）三方协议书》签订后，首先由开户银行将三方协议信息录入到银行端业务

系统，并等待税务部门发起验证；然后由主管税务机关录入三方协议信息，并向开户银行发起三方协议的验证。

（四）向CA安全认证中心申请CA证书，购买CA介质，实现CA身份认证和数字签名

为了保证纳税人的资金安全，“安徽地税网上申报纳税服务系统”要求纳税人向CA认证中心申请数字证书。

CA证书是在网络上标明用户真实身份及数据安全传输的数字证书。“安徽地税网上申报纳税服务系统”应用CA证书认证的目的是通过数字签名与加密，确保报税信息在网上传输的安全性，正确验证申报者的身份，保证申报数据不被泄露、篡改，保证纳税人的资金安全。

纳税人应认真填写《CA证书申请表》后，连同《委托缴税（费、基金）三方协议书》一起提交至主管税务机关。

（五）软硬件准备

1.硬件准备

纳税人需要配置一台能够通过宽带登录互联网并带有Web浏览功能的计算机，建议计算机的配置高一些。

2.软件准备

操作系统：Windows 2000、Windows XP，建议使用Windows XP。

浏览器：IE6.0以上（微软Internet浏览器）。

建议屏幕设置：分辨率为1024×768，16位真彩色。

（六）到主管税务机关领取网上申报密码

完成以上步骤即可到主管税务机关领取网上申报密码。

（七）网上申报的税票使用

1.电子缴税付款凭证

纳税人网上缴纳税款成功后，自次日起可到其开户行领取“电子缴税付款凭证”。该凭证一式两联，第一联作为纳税人开户银行的记账凭证，第二联交纳税人作为付款凭证，纳税人以此作为缴纳税（费）款的会计核算凭证。“电子缴税付款凭证”必须加盖银行收讫章方为有效。

2.开具完税凭证

如纳税人确实需要开具完税凭证用于异地抵扣税款、出境、办理出口退税等事项，可持“电子缴税付款凭证”到主管地税机关办税窗口申请填开，“电子缴税付款凭证”将会加盖“已开完税凭证”的戳记。

三、网上报税操作说明

（一）USB棒驱动程序安装

纳税人从CA安全认证中心领取CA证书后，需要在报税机器上安装USB棒的驱动程序（安装方法可查阅演示光盘中的“USB棒驱动安装说明”）。纳税人可以直接从光盘双击安装程序，或从网站下载驱动程序。

（二）登录

打开IE浏览器，登录“安徽地税网上申报纳税服务系统”界面后，将出现微机编码、密码和CA密码的输入窗口。

首先，在“微机编码”栏，填写本企业的微机编码（后7位即可）。

其次，在“密码”栏内填写网上申报密码（由地税局打印、提供的密码）。

最后，在“CA密码”栏填写CA证书的私钥密码，即“密码信封”撕开后的密码。如果该密码修改了，输入最后一次成功修改后的密码（这里修改的CA密码应在8位以内），“密码信封”同USB棒、光盘一起发放。安徽地税网上申报纳税服务系统登录界面如图10-8所示。

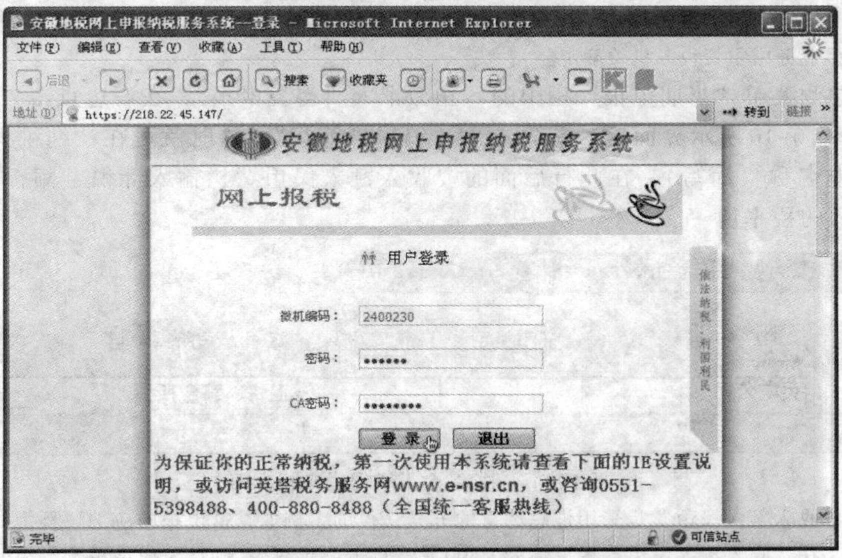

图10-8　安徽地税网上申报纳税服务系统登录界面

纳税人输入各项密码后，单击“登录”按钮，系统将进行密码和身份验证，验证成功后即可登录。

需要注意的是：第一次登录网上报税系统时，若提示修改登录密码，则需要修改从地税局处获得的登录密码，修改后重新登录即可（登录密码修改长度为6~10位）。

（三）申报

1.地方税各税种申报

（1）单击左侧菜单“当期申报查询”栏中的“地方税种申报”，右侧会显示“当期应申报税种”，如图10-9所示。

当前功能：税(费)种认定信息查询

当前功能：税(费)种认定信息查询

主(附)税	征收项目	征收品目	申报期限(天)	纳税期限	税率	征收方式	有效期起	有效期止
主税	其他专项收入	城市生活垃圾处置费	期满之日起15日内	季	0.00050	自行申报	2013-07-01	9999-12-31
主税	残疾人就业保障金	残疾人就业保障金	次年12月31日	月	1.00000	自行申报	2007-07-01	9999-12-31
	教育费附加	增值税教育费附加	期满之日起15日内	月	0.03000	自行申报	2010-12-01	9999-12-31
主税	印花税	建设工程勘察设计合同	期满之日起15日内	月	0.00050	自行申报	2005-06-01	9999-12-31
	城市维护建设税	市区（增值税附征）	期满之日起15日内	月	0.07000	自行申报	2013-01-01	9999-12-31
主税	水利建设专项收入	地方其他水利建设基金	期满之日起15日内	月	0.00060	自行申报	2002-10-01	9999-12-31
	地方教育附加	增值税地方教育附加	期满之日起15日内	月	0.02000	自行申报	2011-03-01	9999-12-31
主税	个人所得税	工资薪金所得	期满之日起15日内	月	0.03000	代扣代缴	2002-10-01	9999-12-31

图10-9　地方税综合申报界面

（2）单击右边相应税种即可填写相应申报表，并进行申报。

2.扣缴个人所得税申报

“扣缴个人所得税申报”有两种报送方法：一种是汇总申报，即根据税率档次（一个税率一条记录）或汇总倒算（一条记录）进行申报；另一种是明细申报，即根据纳税的每个人（一个纳税人一条记录）进行申报，此种方法可以根据金税三期工程个税申报条件申报。

注：具体业务由主管税务机关确定。

点击左侧菜单“当期申报”栏中的“扣缴个人所得税申报”，在右边点击“新申报”。

出现图10-10所示界面后，首先点击“编辑当前行”，这时就可在“纳税人名称”栏里输入企业名称（简写），在此行后面的“收入额人民币”栏输入计税金额，在“税率”栏输入合适的税率值。

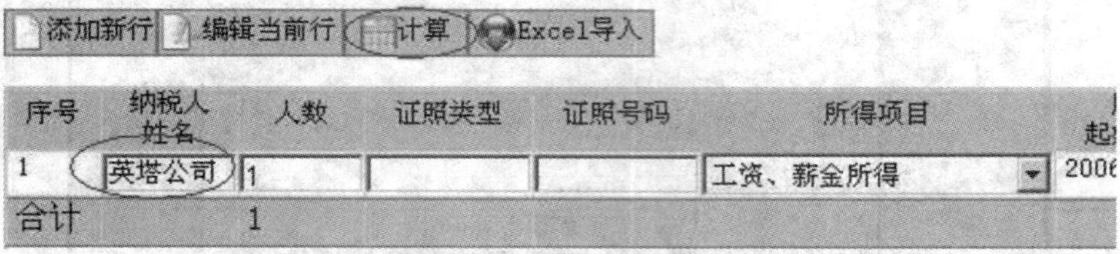

图10-10　扣缴个人所得税申报界面

注：①“收入额人民币”是采用汇总倒算的方式获得的。例如，欲申报的应纳税额为150元，假设税率为10%，在“收入额人民币”栏里输入1 500元，点击“计算”，确认“应纳税额”为150元，最后点击“申报”即可。

②如果是零申报，在“收入额人民币”栏里直接输入“0”（默认为“0”），点击“计算”，最后点击“申报”即可。

（四）缴纳

1.地方税缴纳

（1）单击左侧菜单“税款缴纳”栏中的“当期地方税缴纳”，打开“当期地方税缴纳”窗口并一一勾选。每次缴纳时请选择同一个金库的税款，建议根据系统默认提取进行缴纳，不要自行勾选、缴纳。

（2）点击“选择缴纳银行”，可以选择缴税银行（前提是三方协议都已经录入、验证）。

单击“缴纳”按钮，系统会提示您本次所缴纳的金额，核实无误后，点击“确定”按钮。

扣款成功后，系统会在指定的联网银行扣除您本次缴纳的税款，同时系统会弹出提示，并说明在指定的银行和账号内扣除的实际交款数，如图10-11所示。

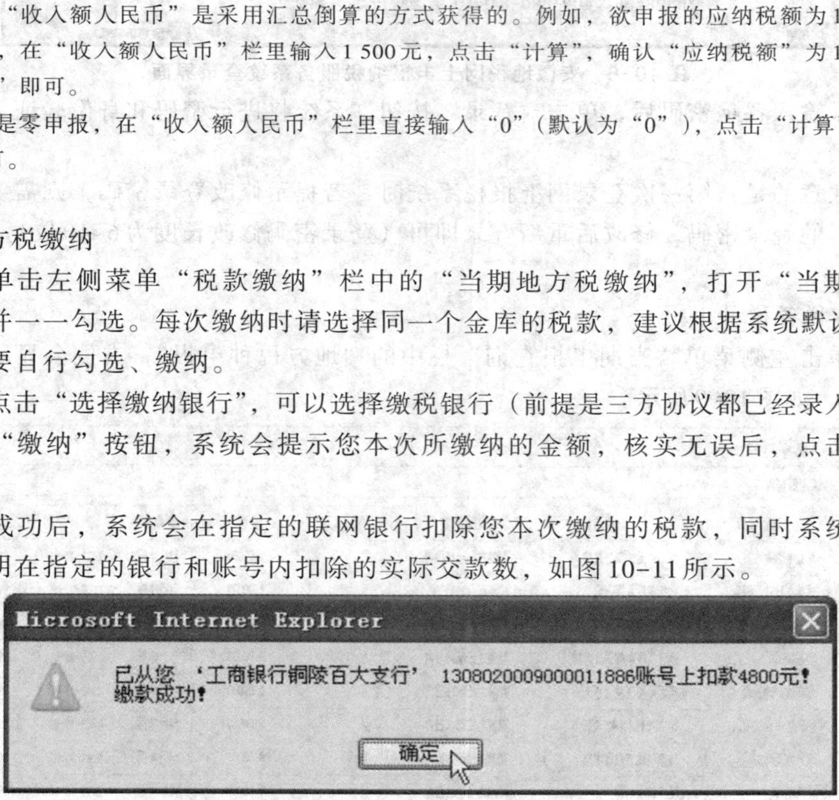

图10-11　地税网上申报缴款成功界面

（3）缴纳完成后，纳税人可以使用“导出打印”按钮，纳税人可以保存、打印该表。

2.当期社保费缴纳

当期社保费缴纳的操作方法类似“当期地方税缴纳”的操作方法。

（五）查询

单击主界面左侧的“查询”栏，打开“查询”窗口。“查询”窗口可分为左侧菜单栏，该栏显示所有可查询的内容；右侧为查询条件定制内容，主要是设置查询条件和纳税人基本信息显示。

1.地方税已申报查询

步骤一：单击“已申报查询”，在“起始日期”框，分别单击年、月、日的向下按钮，选择年、月、日；在“截止日期”框，选择所要查询的截止日期，方法同起始日期的选择。

步骤二：单击“查询”按钮，弹出显示查询的结果，如图10-12所示。

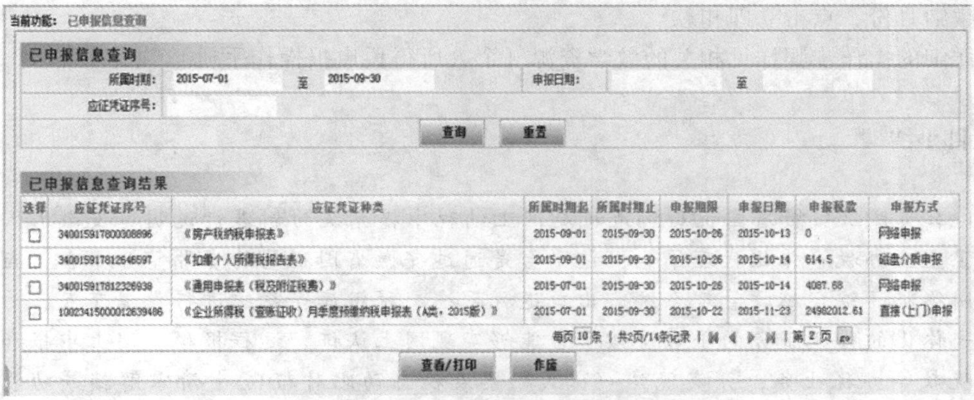

图10-12　地方税已申报查询界面

步骤三：单击“打印”按钮，即可保存、打印各申报表。

2.其他查询

其他查询的操作方法同“地方税综合申报查询”的操作方法。

四、金税三期工程之个人所得税代扣代缴系统

个人所得税代扣代缴系统既为扣缴义务人提供了方便快捷的报税工具，也为税务机关提供了全面准确的基础数据资料。该系统主要包括：人员登记、报表填写、申报表报送、申报更正、查询统计等功能。

1.安装“个人所得税代扣代缴系统”

从当地地税局网站下载“个人所得税代扣代缴系统”软件，按要求安装，系统初始化。安装完毕后，桌面上自动建立本系统的快捷方式，双击该图标启动系统。

2系统初始化

以系统内置的用户登录该系统。

3.基础信息录入

登录系统后即可录入基础信息。

4.填写报表

进入“报表填写”模块可根据需要在“管理表单”里选择要显示或者不显示的报表种

类。正常工资、薪金收入和外籍人员工资、薪金收入必须显示。如欲填写报表，单击表单名称列下的报表名称或者列表右侧的“填写”都可以进入对应报表进行操作。

5.申报表报送

在所有报表填写完成后，需要生成申报数据进行报送。

6.申报

为了避免出现他人冒名申报导致的税款申报问题出现，在申报过程增加了一道填写申报密码流程（即企业第一次申报的时候都需要进行申报密码的修改，以后的申报都需要输入正确的密码才可进行申报），修改密码后即可进行申报。申报成功后选择网络获取反馈，即可得知申报情况。

7.网上扣款

申报获取反馈成功后，报表为“未扣款”状态，即可开始扣款。进入税款缴纳界面，选择缴纳月份，点击立即扣款。

详细的操作步骤详见相关的教学资源（个人所得税申报操作手册）。

项目小结

1.本项目以安徽省国税局和地税局网上纳税申报系统为例进行说明。安徽省国税局构建了企业办税一体化代理平台，该平台是通过安徽省国税局的资源整合平台，与防伪税控网络版、综合征收管理系统、出口退税系统、税银库等系统进行数据交互，为企业提供一体化的办税服务的平台。该平台能够实现网上认证、远程报税、网上申报和自动缴纳税款等办税业务，并实现“一窗式”票表税自动比对与IC卡清零解锁等功能，真正实现了在一个平台上方便、快捷地进行各项涉税业务操作，实现了数据共享，实现了纳税人在外网的一体化办税，大大降低了纳税人的办税成本，也减轻了办税服务厅的压力。

2.地税纳税申报系统是指纳税人通过网络，使用Web浏览器登录特定税务局网站，进入网上申报纳税系统，在线填写纳税（包括社保费、基金）申报表格，并向特定税务局征管信息系统提交纳税申报资料的一种报税方法。简单地说，纳税人只要有一台带有Web浏览功能的计算机并具备宽带上网的条件，通过Web页面的提示填写申报表格，就可以做到足不出户完成纳税申报。掌握金税三期之个人所得税申报系统的操作。

复习思考题

1.简述国税办税一体化平台的基本功能。

2.如何进行增值税专用发票网上认证?

3.说明远程抄报税功能的使用方法。

4.简述国税和地税网上申报的流程。

实务操作题

1.请你查看你所在的省国税局官方网站，了解国税部门是如何进行纳税申报的。

2.请你查看你所在的省或市、县地税局官方网站，了解地税部门是如何进行纳税申报的。

主要参考文献

[1] 国家税务总局. 中华人民共和国税收基本法规（2012年版）[M]. 北京：中国税务出版社，2012.

[2] 全国注册税务师执业资格考试教材编写组. 税法（Ⅰ）[M]. 北京：中国税务出版社，2016.

[3] 全国注册税务师执业资格考试教材编写组. 税法（Ⅱ）[M]. 北京：中国税务出版社，2016.

[4] 全国注册税务师执业资格考试教材编写组. 税务代理实务 [M]. 北京：中国税务出版社，2016.

[5] 国家税务总局所得税司. 企业所得税法规汇编（2012年版）[M]. 北京：中国税务出版社，2012.

[6] 高金平. 最新税收政策疑难解析 [M]. 北京：中国财政经济出版社，2012.

[7] 王碧秀. 税务会计——原理、实务、案例、实训 [M]. 4版. 大连：东北财经大学出版社，2016.

[8] 舒文存. 税收实务 [M]. 北京：北京大学出版社，2006.

[9] 中国注册会计师协会. 税法 [M]. 北京：中国财政经济出版社，2016.